Essentials of Strategic Management
The Quest for Competitive Advantage

战略管理精要

寻求竞争优势

/

第3版

【美】约翰·E. 甘布尔
（John E. Gamble）

【美】阿瑟·A. 汤普森
（Arthur A. Thompson）

【美】玛格丽特·A. 彼得拉夫
（Margaret A. Peteraf）

/著

钟鸿钧

/译

著作权合同登记号　图字：01-2014-0224

图书在版编目(CIP)数据

战略管理精要：寻求竞争优势：第3版/（美）约翰·E.甘布尔（John E. Gamble）著；（美）阿瑟·A.汤普森（Arthur A. Thompson），（美）玛格丽特·A.彼得拉夫（Margaret A. Peteraf）著．—北京：北京大学出版社，2024.1
ISBN 978-7-301-34532-0

Ⅰ.①战… Ⅱ.①约…②阿…③玛… Ⅲ.①企业战略—战略管理—教材 Ⅳ.①F272.1

中国国家版本馆 CIP 数据核字(2023)第 209388 号

John E. Gamble, Arthur A. Thompson, Margaret A. Peteraf
Essentials of Strategic Management: The Quest for Competitive Advantage (Third Edition)
ISBN 978-0-07-802928-8
Copyright © 2013 by McGraw-Hill Education
All rights reserved. No part of this publication may be reproduced or transmitted in any form or by any means, electronic or mechanical, including without limitation photocopying, recording, taping, or any database, information or retrieval system, without the prior written permission of the publisher.
This authorized Chinese abridgement is published by Peking University Press in arrangement with McGraw-Hill Education (Singapore) Pte. Ltd. This edition is authorized for sale in the People's Republic of China only, excluding Hong Kong, Macao SARs and Taiwan.
Translation Copyright © 2023 by McGraw-Hill Education (Singapore) Pte. Ltd. and Peking University Press.

版权所有。未经出版人事先书面许可，对本出版物的任何部分不得以任何方式或途径复制或传播，包括但不限于复印、录制、录音，或通过任何数据库、信息或可检索的系统。

此中文简体字删减版本经授权仅限在中华人民共和国境内（不包括香港特别行政区、澳门特别行政区和台湾地区）销售。

翻译版权©2023由麦格劳-希尔教育（新加坡）有限公司与北京大学出版社所有。

本书封面贴有 McGraw-Hill Education 公司防伪标签，无标签者不得销售。

书　　　名	战略管理精要：寻求竞争优势（第3版）
	ZHANLÜE GUANLI JINGYAO: XUNQIU JINGZHENG YOUSHI (DI-SAN BAN)
著作责任者	〔美〕约翰·E.甘布尔（John E. Gamble）
	〔美〕阿瑟·A.汤普森（Arthur A. Thompson）
	〔美〕玛格丽特·A.彼得拉夫（Margaret A. Peteraf）　著
	钟鸿钧　译
策划编辑	张　燕
责任编辑	王　晶
标准书号	ISBN 978-7-301-34532-0
出版发行	北京大学出版社
地　　　址	北京市海淀区成府路 205 号　100871
网　　　址	http://www.pup.cn
微信公众号	北京大学经管书苑（pupembook）
电子邮箱	编辑部 em@pup.cn　总编室 zpup@pup.cn
电　　　话	邮购部 010-62752015　发行部 010-62750672　编辑部 010-62752926
印　刷　者	北京飞达印刷有限责任公司
经　销　者	新华书店
	787 毫米×1092 毫米　16 开本　14.75 印张　332 千字
	2024 年 1 月第 1 版　2024 年 1 月第 1 次印刷
定　　　价	52.00 元

未经许可，不得以任何方式复制或抄袭本书之部分或全部内容。
版权所有，侵权必究
举报电话：010-62752024　电子邮箱：fd@pup.cn
图书如有印装质量问题，请与出版部联系，电话：010-62756370

前　言

《战略管理精要：寻求竞争优势（第3版）》的突出特点是简明扼要地阐述了战略管理的概念并收集了令人信服的案例。本书强调战略管理原则和分析方法的概念性，其特色是直入主题的讨论、丰富的案例和引起读者兴趣的写作风格。作者进行此次修订的首要目标是融入本领域的最新研究结果，并根据需要修改本书内容的覆盖范围（在一些领域的覆盖范围有所缩小，而在其他领域则有所扩大），以确保内容明确且具有针对性。在第3版中，我们对一些主题进行了重写，对一些主题进行了微调，还有一些主题则基本上保持不变。此外，第3版还增加了许多新的案例以及新的"概念与链接"专栏，使内容更为生动，并为读者提供了关于战略行动的全景视角。本书的基本特征是紧跟战略管理领域最前沿的学术思想和当代最佳的管理实践。各章内容继续坚持了主流倾向，并在学术领域的真知灼见和战略管理实践的实用主义之间保持了精当的平衡。

本书特色

第一，本书对企业资源本位理论（resource-based theory）的覆盖，是任何其他领先的战略书籍所无法比拟的。我们在讨论单一业务和多业务战略的制定时，显著且全面地整合了企业资源本位的原理和概念。从第三章到第八章，我们反复强调，一个公司的战略不仅要与其外部市场环境相适应，还要与公司内部的资源和竞争能力相匹配。此外，我们在讨论公司战略的执行时，全面地整合了企业资源本位的观点，以明确为什么组建智力资本和构建核心竞争力是成功执行战略和实现卓越运营的关键。

第二，本书对商业伦理、核心价值观、社会责任和环境可持续性等议题的覆盖，是任何其他领先的战略书籍所无法比拟的。我们更新了第九章"战略、道德与企业社会责任"的内容，以提醒读者商业伦理和社会责任在决策中的作用和重要性，并满足美国管理商学院联合会（AACSB）对于商业伦理内容必须被明确纳入商学院核心课程的要求。此外，第二章和第十章中也新增了关于价值观和伦理的作用的讨论，以进一步强调与商业伦理、价值观、社会责任和可持续性相关的注意事项，以及应该如何使它们在制定和执行公司战略的过程中扮演重要角色。

章节组织、内容和功能

第一章重点关注以下中心问题："我们现在在哪里？""我们要去哪里？"和"我们将如何到达那里？"通过将这些问题置于商业战略的背景下，我们向学生介绍了建立竞争优势的主要方法和企业层面战略所包括的关键要素。根据亨利·明茨伯格（Henry Mintzberg）的开创性研究，我们也强调了为什么一个公司的战略是部分具有计划性和部分具有被动性的，以及为什么这个战略会随着时间的推移而发展。本章还讨论了为什么有一个能够概述公司的客户价值主张和盈利模式的商业模式，对公司而言是非常重要的。这一章是读者开始了解战略管理是什么以及为什么重要的完美前奏。

第二章更深入地探讨了实际制定和执行战略的管理过程。本章的焦点是制定和执行战略的五阶段管理过程：(1) 形成关于公司目标的战略远景并说明其原因；(2) 制定衡量公司进展的战略和财务目标；(3) 制定实现这些目标的战略，助推公司实现市场目标；(4) 实施和执行战略；(5) 监测进度，并根据需要进行纠正调整。本章也向读者介绍了战略愿景、使命声明、核心价值观、平衡计分卡，以及业务级战略和公司级战略等核心概念。本章对以下问题进行了讨论：为什么所有管理者都在公司的战略制定和战略执行团队中，以及为什么公司的战略计划是组织不同层次的不同级别管理者所设计的战略的集合。本章还讨论了如何进行良好的公司管理，并分析了一些典型的导致企业管理失败的状况。

第三章阐述了现在大家已经熟悉的进行行业与竞争分析的工具和概念，并展示了制定适应公司所属行业情况和竞争环境的战略的重要性。本章的重点是介绍了迈克尔·波特的"五力竞争模型"。

第四章介绍了企业资源本位理论，并且提出了为什么必须围绕公司最具竞争力的宝贵资源和能力来构建战略。我们为读者提供了一种简单的分类法，以确定公司的资源和能力，并讨论如何利用公司的资源和能力来建立可持续的竞争优势。我们介绍了公司动态能力的概念，并将SWOT分析作为一种简单易用的方法来评估公司的整体情况，包括抓住市场机会和消除外部威胁的能力。本章还介绍了价值链分析、标杆管理以及竞争力评估（用于评估公司的相对成本状况和相对于竞争对手的客户价值主张的标准工具）。

第五章讨论用于成功竞争和获得超过市场中竞争对手的竞争优势的基本方法。本章的讨论主要围绕五个一般性竞争战略——低成本供应商战略、广泛差异化战略、最优成本供应商战略、集中差异化战略和集中低成本战略。

第六章讨论了可用于补充公司基本竞争战略并提高公司市场地位的战略选择。本章讨论了进攻战略（包括蓝海战略）、防御战略以及先行者、快速跟随者和后行者战略的优势与劣势，并特别介绍了如何利用垂直整合战略、外包战略、战略联盟和伙伴关系以及并购战略。

第七章探讨了在国际市场上竞争的战略选择：出口战略、许可证战略、特许经营战略、在国外市场设立子公司,以及依靠国际战略联盟和合资企业在国外市场建立竞争力。本章还对下列问题进行了讨论,即如何最好地制定公司的国际战略以适应市场条件和买方偏好方面的跨国差异、如何利用国际运营来提高整体竞争力,以及在新兴市场竞争的战略选择。

第八章介绍了企业层面的战略——这是追求多元化的企业关注的话题。本章首先解释了为什么成功的多元化战略一定要创造股东价值,并阐述了实现这一目标的战略必须通过的三个基本测试(行业吸引力测试、进入成本测试和"相得益彰"的测试)。本章涵盖的公司战略主题包括开发新业务的方法、相关多元化和不相关多元化及其组合,以及提高已经进行了多元化的公司的整体绩效的战略选择。本章的分析焦点是评估多元化公司业务组合的技术和程序——公司已经多元化进入的各种业务的相对吸引力、公司在每条业务线的竞争力,以及多元化公司在不同业务之间的战略契合和资源契合。本章最后简要介绍了公司巩固多元化的四大战略方案:(1) 密切关注现有的业务阵容;(2) 拓宽多元化基群;(3) 剥离部分业务,缩减业务范围;(4) 重组公司的业务阵容。

第九章反映了以下领域的最新文献:(1) 公司按照道德标准经营的义务;(2) 公司作为企业公民有义务做出对社会负责任的行为;(3) 为什么越来越多的公司将战略举措限制在能够以保护后代所需的自然资源和生态支持系统的方式来满足消费者需求。本章的讨论包括确保公司具有与国际一致的道德标准。本章的内容肯定会给读者带来一些思考和帮助,使他们更加从伦理上认识和意识到为什么所有的公司都应该以对社会负责任和可持续的方式开展业务。

第十章具有一个实用的、引人注目的概念框架:(1) 构建成功的战略执行所需的动态能力、核心竞争力、资源和结构;(2) 将充足的资源分配给战略关键活动;(3) 确保政策和程序能够促进而不是妨碍战略执行;(4) 推动价值链活动的持续改进;(5) 安装信息和操作系统,使公司员工能够更好地开展基本活动;(6) 将奖励和激励与实现绩效目标和良好的战略执行直接挂钩;(7) 培育能够促进战略良好执行的企业文化;(8) 发挥推动战略执行所需的内部领导力。整章中重复出现的主题是,实施和执行战略要求我们找出能够平稳支持战略操作所需的具体行动、行为和条件——这里的目标是确保读者能够理解战略的实施和执行阶段是一种"把事情做对"的管理演练,它会带来卓越的运营和良好的绩效。

我们已尽最大努力确保本书的10个章节传达了学术界和从业者在战略管理领域的最佳思考,并涵盖了研究生和MBA的战略管理课程的核心内容。

约翰·E.甘布尔(John E. Gamble)
阿瑟·A.汤普森(Arthur A. Thompson)
玛格丽特·A.彼得拉夫(Margaret A. Peteraf)

目录
Contents

第一章 战略的基本概念与重要性 1
 战略的基本概念 3
 战略与竞争优势探索 5
 公司战略随时间推移而发展的原因 7
 公司战略与商业模式的关系 8
 制胜战略的三项考验 10

第二章 公司方向的制定：愿景和使命、目标以及战略 15
 战略制定和战略执行的过程是什么？ 17
 阶段1：形成战略愿景、使命和核心价值观 19
 阶段2：设定目标 25
 阶段3：制定战略 27
 阶段4：实施与执行已选择的战略 30
 阶段5：评估绩效与纠正调整 30
 公司治理：董事会在战略制定、战略执行过程中的作用 31

第三章 公司外部环境的评估 39
 与战略相关的公司宏观环境构成 41
 公司所属行业和竞争环境的评估 42
 问题1：行业的主导性经济特征是什么？ 42
 问题2：行业中竞争力的强度如何？ 43
 问题3：行业变化的驱动力是什么？它们带来什么影响？ 53
 问题4：如何定位行业竞争对手？ 56
 问题5：竞争对手下一步会采取的战略行动是什么？ 59
 问题6：行业的关键成功因素是什么？ 60
 问题7：行业是否为有吸引力的利润提供了好的前景？ 61

第四章 评估公司的资源、成本地位和竞争力 65
 问题1：公司战略的执行情况如何？ 67
 问题2：公司具有竞争力的重要资源和能力是什么？ 68
 问题3：公司的成本结构和客户价值定位是否具有竞争

力？ 74

问题 4：公司与关键竞争对手相比的竞争力是更强还是更弱？ 79

问题 5：管理者必须考虑哪些战略问题和难题？ 81

第五章　五种一般性竞争战略　87
竞争战略和市场定位　89
低成本供应商战略　90
广泛差异化战略　94
集中（利基市场）战略　98
最优成本供应商战略　102
成功的竞争战略必须基于所拥有的资源　104

第六章　补充已选择的竞争战略　109
发起战略进攻以提高公司的市场地位　111
采取防御战略保护公司的市场地位和竞争优势　114
公司采取进攻战略和防御战略的时机　114
垂直整合：在更多的行业价值链部分进行操作　117
外包战略：缩小业务范围　120
战略联盟和伙伴关系　121
合并和收购战略　123

第七章　国际市场竞争战略　129
为什么公司选择扩张到国际市场？ 131

影响国际市场战略选择的因素　132
进入国外市场的战略选择　134
定制公司针对不同市场条件和买方偏好的国际战略　138
利用国际运营来提高整体竞争力　141
在发展中国家市场竞争的战略　143

第八章　企业战略：多元化和多业务公司　149
何时考虑业务多元化　152
创造股东价值：业务多元化的最终结果　152
业务阵容多元化的方法　153
选择多元化路径：相关业务与不相关业务　154
相关多元化的案例　154
拓展到不相关业务　156
相关多元化与不相关多元化相结合的公司战略　158
评估多元化公司战略　158

第九章　战略、道德与企业社会责任　177
商业道德是什么意思？ 179
不道德战略和商业行为的驱动力　180
道德战略的商业案例　181
确保涉及国际业务的公司信

守商业道德承诺 183
企业的社会责任和环境可持续性 185
承担企业社会责任的商业案例 189

第十章 成功的战略执行:获得竞争优势的另一条途径 195

战略执行过程的主要管理任务 197
建立具备良好战略执行所需的能力、员工和结构的组织 198
将资源分配给战略关键活动 203
制定战略支持政策和程序 204
在流程和活动中实现持续改进 205
安装信息和操作系统 207
使用奖励和鼓励措施以促进更好的战略执行 207
培养促进良好战略执行的企业文化 210
领导战略执行过程 215

附　录 223

第一章

战略的基本概念与重要性

学习目标

LO1 了解为什么每个公司在赢得竞争、管理业务运营和强化长期愿景方面都需要一个健全的战略

LO2 了解五个最可靠的战略方法,为公司赢得区别于对手的可持续竞争优势

LO3 了解公司的战略往往随着时间的推移而变化,因为战略需要根据不断变化的情况和持续的管理来改进

LO4 理解建立一个涵盖客户价值主张及利润公式的可行性商业模式对公司的重要性

LO5 学习制胜战略的三项考验

所有行业的企业管理者都会面临三个核心问题。"在哪里？""到哪去？""怎么走？"我们以一种审慎而试探性的态度分别回答这三个问题。"在哪里"提醒管理者应当检查公司目前的财务状况、市场地位、具备竞争力的宝贵资源和能力、竞争劣势，以及不断变化的可能影响公司经营状况的行业条件。"到哪去"迫使管理者思考什么才是新兴购买者所需的，重视那些成长机会，同时思考如何对公司业务结构做出调整。"怎么走"对管理者提出了一系列关于竞争性举措和商业方法的考验，这些竞争性举措和商业方法今后将被称为公司的战略，它们使得公司能在预定的商业方向上发展，瞄准市场定位，吸引客户，并完成财务目标，赢得良好的市场表现。

本章的作用是阐述以下几个问题：战略和竞争优势的概念、公司战略与商业模式的关系、为什么部分战略是积极的而部分是被动的、为什么公司的战略会随着时间推移而变化。特别要注意的是什么决定一个制胜战略，而不是令人厌恶或有缺陷的战略，以及为什么公司制定战略的水平决定其是享受竞争优势还是承担竞争劣势。到本章结束时，你将会明白，为什么制定和执行战略任务是核心的管理能力，以及为什么对卓越战略的完美实施是将公司转化为出色执行者的良方。

战略的基本概念

➡LO1
了解为什么每个公司在赢得竞争、管理业务运营和强化长期愿景方面都需要一个健全的战略。

➡核心概念
公司**战略**包括竞争性举措和商业方法的管理，它是为了吸引和开发客户，成功竞争，抓住机会拓展业务，应对不断变化的市场环境，落实运营以及执行操作和实现绩效目标。

对"怎么走"这个问题的清晰解答就是战略管理的本质。不依赖于现有的路线图，也不是当情况发生时再来应对新的机会与威胁，实际上，**战略**（strategy）管理是形成一套成熟的制胜战术，其中包含了特定的竞争性举措和运营方法，这些策略方法使得公司能在预定方向上发展，同时巩固其市场地位和竞争力，并达到或超过绩效目标。因此，一个公司的战略制定要涉及如下几点：

- 如何吸引和取悦顾客。
- 如何与竞争对手竞争。
- 如何在市场上给公司定位及如何利用有吸引力的商业增长机会。
- 如何最有效地应对不断变化的经济和市场环境。
- 如何管理企业的各职能部门（例如，研发、供应链活动、生产、销售和市场营销、分销、财务和人力资源等)。

- 如何实现公司的业绩目标。

当然,一个公司的战略计划所包含的内容不仅限于以上几项。重要的是要认识到,每一项涉及为企业提供产品或服务的活动都应该受战略思维的指导。确实没有任何活动、过程、部门或功能区是单独存在的。图1.1描述了制定公司战略的行动和方法。概念与链接1.1描述了快餐业龙头——麦当劳(McDonald's)公司战略的各个要素。这个案例明确了公司战略如何把一些广泛的行动列入其中,包括菜单选择、供应商关系、广告支出、国外市场的扩张、餐厅运营政策和实践,以及应对不断变化的经济和市场条件等。

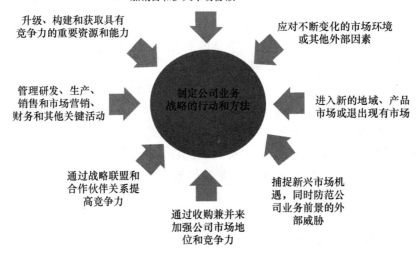

图1.1 公司战略的要素

概念与链接1.1

餐饮业大王麦当劳的公司战略

2011年,尽管美国总体经济增长放缓、消费者信心下降,麦当劳依旧在创造新的销售纪录。平均每日有超过6 000万名顾客光顾麦当劳在117个国家的32 000家餐厅中的一家,这使公司打破2010年的收入记录,营业收入和利润分别超过241亿美元和49亿美元。麦当劳在市场上的表现使其股价在2005—2011年年初增长了超过150%。在2011年年初经济不确定的情况下,这家公司的销售额保持了良好的业绩,全球销售额不断增加,一季度收入增长超过4%。其每股收益已上升近30%。该公司的成功是其精心计划"制胜战略"并落实的结果,它专注于"变得更好,而不仅是更大"。"制胜战略"的关键举措包括以下几个方面:

- **餐厅运营的改善**。麦当劳全球餐厅运营改善过程涉及各种员工培训计划——从新成员的在职培训到公司设立的"汉堡大学"的学院级管理课程。公司每年还派出了近200名高潜力员工到麦当劳的领导力机构培训,以培养下一代高级管理人员所需的领导能力。麦当劳对员工发展的承诺,使公司进入2010年《财富》前25名全球领导企业的名单。公司还培训其商店经理密切关注员工、食品和公用设施费用。

- **产品的低价格**。除了控制每一个餐厅的经营成本,麦当劳还通过压缩行政成本和其他费用保持其产品的低价格。麦当劳以美国的穷人市场为契机重新商谈报纸和电视网络的广告合同。当美国的汽油价格急剧上升时,麦当劳公司开始用更加节能的车型取代公司原有的车辆来压缩成本。麦当劳并不是选择牺牲产品质量来维持较低的价格。公司实施广泛的供应商监控程序,以确保供应商没有通过改变产品规格来降低成本。例如,当鸡胸肉从供应商的生产设施运达时,公司要对鸡胸肉重量情况进行例行检查。这种广泛的压缩非增值费用的方法能使公司在其菜单上提供更多的项目。

- **多样的菜品和饮品选择**。麦当劳已扩大了其菜单,除了流行的巨无霸和大汉堡,还包括在美国畅销的烤鸡沙拉、鸡肉点心和优质鸡肉三明治等既健康又快速的新品种,另外,还有德国市场的柠檬虾汉堡和日本市场的Ebi虾包。公司还拓宽了产品线,在美国、欧洲、亚太地区的麦当劳餐厅出售浓缩咖啡、卡布奇诺和拿铁咖啡等优质咖啡。《芝加哥论坛报》评论,麦当劳的拿铁咖啡被认为与星巴克和唐恩都乐的一样美味,甚至更好。

- **灵活的就餐时间和便捷的就餐机会**。麦咖啡(麦当劳旗下的咖啡品牌)的出现帮助麦当劳通过延长传统的用餐时间来增加同店销售额。顾客对上午咖啡和下午点心的需求有助于餐厅在麦满分、鸡肉堡、鸡肉饼干等早餐售罄后和巨无霸、大汉堡、鸡肉三明治、沙拉等午餐开售前保持店内高人流量。公司将全球超过25 000个城市汽车餐厅的营业时间延长至24小时,这些地方的消费者会在一天内的任何时间用餐。在美国的许多交通枢纽处,麦当劳在两条车道为顾客提供服务以提高效率。

- **餐厅的翻新和国际扩张**。在美国拥有了超过14 000家餐厅后,麦当劳的扩张重点开始转向中国等新兴市场。另外,公司通过翻新室内装潢和店面外景,为前来就餐的顾客和店内员工提供令人愉快的用餐和工作环境。

资料来源:Janet Adamy, "McDonald's Seeks Way to Keep Sizzling," *The Wall Street Journal Online*, March 10, 2009;多份公司年报和公司媒体发布的新闻。

战略与竞争优势探索

所有战略的核心和灵魂都是市场上管理者为获得超过竞争对手的竞争优势而采取的行动。[1]在概念与链接1.1中,麦当劳显然已经通过尽量降低成本、确保食品高质量、创新菜品同时保持低价格,获得了相较于对手的竞争优势。一个类似于麦当劳所采用的有

➡ LO2

了解五个最可靠的战略方法，为公司赢得区别于对手的可持续竞争优势。

➡ 核心概念

尽管公司竞争者努力克服或侵蚀公司的优势，但仍有大量的买家对公司产品或服务的偏好长期高于其竞争对手的产品或服务时，这时就可以说，该公司实现了**可持续的竞争优势**。

➡ 效仿成功的行业竞争对手的战略——要么模仿产品要么抢占相同的市场定位——都几乎不起作用。创造性且独特的战略能使公司甩开对手并获得竞争优势，这是公司获得高于行业平均的利润的最可靠保证。

创造力且独特的战略，对于公司发展可持续的竞争优势并赚取高于行业平均的利润是最可靠的。一个**可持续的竞争优势**（sustainable competitive advantage）使得公司足以吸引到大量的持续偏好于本公司所提供的产品和服务的顾客，尽管竞争对手会采取一系列手段抵消这种吸引力和优势。竞争优势越大、越持久，公司占据市场并获得长期利润的前景就越光明。

大多数工业企业可以灵活选择为形成竞争优势而制定的市场举措和商业方法。例如，一个公司可以努力保持低成本和低售价来与竞争对手相抗衡，也可以为顾客提供功能更多、性能更优越或更具个性化服务的产品。但无论采取什么战略方针，当我们把目标定为以下两方面时便能够带来更大的成功机会：第一，设立一家区别于竞争对手的公司来吸引顾客；第二，瞄准没有太多强劲对手的公司市场定位。事实上，优秀的战略决策的实质是选择竞争差异化的道路，即我们做那些竞争对手不做或者不能做的，从而给顾客提供那些被证明是优于竞争对手且更独特的价值。

设立一家区别于竞争对手且市场上没有太多强劲对手的公司有五个最常用也最可靠的战略方法：

（1）低成本供应商战略——实现基于成本的优势以超过竞争对手。沃尔玛（Walmat）和美国西南航空（Southwest Airlnes）已经通过取得优于其对手的成本优势和随之而来的以低价与对手竞争的能力而赢得了强大的市场地位。当竞争对手很难适应低成本领导者的这种压缩业务开销的方法时，低成本供应商战略就可以维持持久的竞争优势。

（2）广泛差异化战略——寻求将公司的产品或服务区别于竞争对手以吸引到更广泛的顾客群。广泛差异化战略的成功案例有生产婴儿产品的强生（Johnson & Johnson）（产品可靠性）和苹果（Apple）（创新产品）。只要一个公司具备足够创新力来防止竞争对手的简单复制模仿，此时差异化战略就是最强有力的。

（3）聚焦低成本战略——关注一些易被忽视的细分市场（或利基市场），以更低的成本来击败竞争对手，从而能够以更低的价格为这部分市场群体提供服务。自主品牌制造商可以利用他们的成本优势提供比品牌商品更低价的食品、保健品、美容产品和营养品等。

（4）聚焦差异化战略——关注一些易被忽视的细分市场（或利基市场），通过为目标群体量身定制比对手所提供的更符合他们口味和要求的产品和服务来击败竞争对手。香奈儿（Chanel）和劳力士（Rolex）就是通过专注于满足富人所要求的奢华和声望来保持其在奢侈品行业内的优势地位。

（5）最优成本供应商战略——通过满足购买者对核心质量/功能/性能/服务属性的期望，赋予购买者所付出的每一分钱更高的价值，同时将价格保持在他们的预期内。这种方法是一种混合策略，融合了低成本供应商战略和差异化战略的元素，其目的是在提供此类差异化属性产品的厂商中实现更低成本和价格。最优成本优势的目标在于以一个较低的价格提供有吸引力的产品和舒适的购物环境，给顾客物超所值的体验。

公司战略随时间推移而发展的原因

一种能产生可持续竞争优势的战略的吸引力体现在能够为企业提供长时间超过竞争对手的潜力。然而，每一家企业的管理者都必须善于随时修正战略以应对一些挑战，诸如竞争对手意料之外的行动、购买者需求和偏好的转变、新兴市场的机会、改善战略的新思路及已出现的战略效果的下降等。大多数时候，公司战略是进行逐步微调，这时管理部门会调整战略各组成部分以应对新生事件。但当现有战略注定失败或当行业环境发生剧烈变化时，主要战略将快速转变。

➡LO3
了解公司的战略往往随着时间的推移而变化，因为战略需要根据不断变化的情况和持续的管理来改进。

不论公司战略变化是采取逐步微调还是快速转变的方式，最重要的是要知道，制定战略不是一项一劳永逸的工作，而是要一直持续开展的任务。[2]公司战略的持续变化属性意味着，典型的公司战略融合了积极改善公司财务绩效和维持竞争优势的行为，以及针对超预期的市场变化所做出的适应性反应，可参见图1.2。[3]公司现阶段战略的最主要部分既包括正进行的项目（这些项目已经在市场上被验证），也包括旨在建立更大的领先优势同时进一步提高财务业绩的方案。公司管理计划的这部分内容是公司**积极而审慎的战略**。

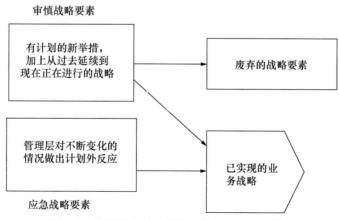

图1.2 公司战略是审慎战略和应急战略的结合

> 不断变化的环境和改善战略的持续经营努力,使得公司的战略随着时间的推移而发展——这决定了制定战略的任务会一直进行,而非一次性的事件。

有时,经过公司深思熟虑的战略的某些组成部分会在市场上失灵,从而成为**废弃的战略要素**。管理者必须经常主动补充或修改计划中的审慎的战略要素,以应对预料之外的事态变化。当市场和竞争条件发生改变时,不可避免地会有突发变化,这就需要某种战略性反应。竞争对手战略的异常变化、消费者偏好的非预期转变、技术的飞速发展和新生的市场机会要求公司能够进行计划之外的灵活性调整,建立公司的**应急战略**。如图 1.2 所示,公司**已实现的战略**往往是审慎战略要素与应急战略因素的组合。

公司战略与商业模式的关系

> ➡ LO4
> 理解建立一个涵盖客户价值主张及利润公式的可行性商业模式对公司的重要性。

> ➡ 核心概念
> 公司的**商业模式**可以解释公司的战略和运营方法如何为客户创造价值,同时产生丰厚的收入以抵扣成本并实现利润。公司商业模式的两个要素是:① 顾客价值主张;② 公司利润公式。

公司**商业模式**(business model)与公司战略的概念密切相关。商业模式也可以看作公司的蓝图,即为顾客提供有价值的产品或服务,以此获得足够收入来支付成本,同时产生不菲的利润。[4] 公司商业模式的两个关键要素是顾客的价值主张和利润公式。顾客的价值主张决定了公司的经营策略,即在顾客认为得到了高价值的价格基础上满足顾客的需求。价值越高而价格越低的价值主张对顾客的吸引力就越大。利润公式描述了公司确定成本结构的方法,它要使得公司能在与顾客价值主张相挂钩的既定价格下获取可接受的利润。在顾客的价值主张上花费的成本越低,该商业模式的盈利能力就越强。公司商业模式的本质问题在于其是否能够在有利可图的情况下实现顾客的价值主张,因为公司管理者制定的竞争和运营战略并不天然能带来盈利能力——可能会也可能不会。[5]

移动电话供应商、卫星广播公司和宽带供应商采用了一种基于订阅的商业模式。网络电视和广播的商业模式是向观众提供免费的节目,然后根据观众规模收取广告费。在吉列(Gillette)剃须刀的商业模式中,剃须产品的生产实现了规模经济,即以一个有吸引力的低价格卖剃须刀,然后在需重复购买的刀片中赚取利润。打印机制造商如惠普(Hewlett-Packard)、利盟(Lexmark)和爱普生(Epson)追求同吉列一样的商业模式,即实现规模化生产并以很低的价格(几乎收支持平)销售打印机,然后利用打印机互补品(特别是墨盒)的重复购买获取大量利润。概念与链接 1.2 对比了在电影租赁行业中公司 Netflix 和 Redbox 的商业模式。

概念与链接 1.2

Netflix 和 Redbox 的商业模式对比

竞争对手之间的战略往往以明显不同的商业模式为基础,例如电影租赁行业中 Redbox 和 Netflix 的商业模式。

电影租赁公司 Netflix 和 Redbox 的商业模式都是盈利的,即使它们有很大的不同。Netflix 基于订阅的商业模式是订阅者每月支付固定费用,从而可以接收通过邮件送到家的电影 DVD(数字多功能光盘),以及通过互联网传输的电影和电视剧。2011 年,Netflix 在美国和加拿大拥有超过 2 300 万用户,在 2010 财年的收入超过 21 亿美元,净收入超过 1.6 亿美元。Redbox 采用的商业模式是在高客流量零售地点(如折扣店、药店、便利店和快餐店)部署超过 30 000 台 DVD 租赁自动售货机。Redbox 每天向客户收取 1 美元,客户可以从自动售货机租借电影并将电影归还到同一位置或任何其他 Redbox 自动售货机中。客户能够通过自动售货机的触摸屏浏览每台机器的可用电影库存,或者通过智能手机在线预订电影。客户还可以从 Redbox 自动售货机购买电影,需支付 7 美元。Redbox 2010 年的年收入和营业收入分别约为 12 亿美元和 1.93 亿美元。

	Netflix	**Redbox**
顾客价值主张	方便地将电影传送到客户的邮箱或者他们的 PC(个人电脑)、Mac 或电视。从 4.99 美元到 47.99 美元的八个订阅套餐允许客户选择有限或无限的视频流并接收有限或无限的 DVD。Netflix 的订阅计划定价允许客户在一个时间仅订阅一张 DVD 或在一个给定的时间内订阅多达 8 部电影	经济的 24 小时电影租借和购买,可以在就近的 DVD 自动售货机租取,可以到任何自动售货机归还。也可以在线预订或从智能手机预订 DVD
利润公式	**创收**:每月的套餐订阅费用最低为 4.99 美元,可使用最多两个小时的传输到 PC 或 Mac 的视频以及两张 DVD;8.99 美元套餐允许每月无限制的 DVD 数量(每次一张),以及无限制传输到 PC、Mac 或电视(通过 Netflix 设备)的视频量;47.99 美元套餐允许一次订阅 8 张 DVD 以及无限制视频量;2011 年,Netflix 的各项套餐拥有超过 2300 万订阅者 **成本结构**:与 DVD 收购、许可费用和收入分享协议、电影选择软件的开发、网站运营和维护、互联网流传输能力、分配中心运营和管理活动相关的固定和可变成本 **利润率**:Netflix 的盈利能力取决于是否能吸引足够数量的订阅者来支付其成本并获得有吸引力的利润	**创收**:客户从 Redbox 的 3 万个 DVD 自动售货机每天租借 DVD 所支付的 1 美元,以及购买 DVD 所支付的 7 美元 **成本结构**:与自动售货机购买、DVD 收购、许可费和收入分成协议,以及网站运营和维护、售货亭存货和管理活动相关的固定和可变成本 **利润率**:Redbox 的盈利能力取决于通过 DVD 租赁和销售获得足够的收入,以支付成本并获得利润

资料来源:公司文件、10-K 年度财务报告及官网公布的信息。

制胜战略的三项考验

> **LO5**
> 学习制胜战略的三项考验。

以下三个问题帮助我们从一般战略或是有缺陷的战略中辨别出制胜战略。

1. 这个战略能够较好地与公司环境相适应吗？

> 制胜战略必须适应公司的外部和内部形势，建立可持续的竞争优势，继而提高公司绩效。

一个称得上成功的战略，应该能很好地与公司内部及外部环境相适应。一方面，它必须能够适应行业内竞争条件和企业外部环境的其他方面。另一方面，它应该适应公司对其具备竞争性的重要资源和能力的整合。对于公司来说，在公司的劣势领域建立战略，或采用基于公司匮乏资源的战略均是不明智的。一个战略必须与公司整体情况的内外两方面均表现出紧密的契合，否则不太可能产生令人叹服的一流商业成效。

2. 这个战略能帮助公司实现可持续竞争优势吗？

无法带来持久竞争优势的战略至多只能在短期内产生卓越的绩效，超过此期限则无效。制胜战略使公司能够相对于重要的竞争对手取得长效的竞争优势。战略所带来的竞争优势越大越持久，该战略就越有效果。

3. 这个战略能产生良好的公司绩效吗？

制胜战略的标志是卓越的公司绩效。以下两方面的绩效改进充分体现了公司战略的成效：① 盈利能力和财务实力的提高；② 公司竞争力和市场地位的提高。

显然，只符合上述 1—2 项标准的战略比通过上述所有 3 项测试的战略吸引力小。在评估新提出的或现有的战略时，管理者应该使用同样的问题。不符合公司的内部和外部情况的新举措应在实施完成前废止，同时必须对现有的战略进行定期检测以确保它们能够较好适应公司状况，为公司提供竞争优势，并且有助于将公司的绩效提高至行业平均水平以上。

本书概览

浏览了整个章节和所附的案例后，我们将内容聚焦在运营企业的首要问题上：管理者必须做什么？怎么才能做好？如何使公司成为市场上的赢家？问题的答案是，做好管理工作本质上需要卓越的战略思维、优秀的管理战略决策能力及完备的战略执行过程。

本书的使命是给每一位商科学生和有抱负的管理者提供一套坚实的理论综述，内容包括其必须知道的战略制定和战略执行方式。我们将探索什么是好的战略思维，描述核心概念和战略分析的工具，并研究制定和执行战略的来龙去脉。所附的案例有助于培养你的技能，即如何判断战略制定与执行的质量，如何通过行动来改善有问题的战略并提高战略执行力。你所参加的战略管理课程也可能包括一个战略模拟演习,在其中你模拟运营一家公司并与同学的公司开展激烈的竞争。你在下面章节中所掌握的战略管理概念将帮助你有效地制定制胜战略,使公司以有效的成本且盈利的方式来运营。随着后续章节的学习,我们希望使你信服这一观点:卓越的管理本质上是一流的战略制定和执行的能力。

关键点

1. 公司战略的制定是管理层的游戏,旨在增长业务,吸引和拓展客户,成功竞争,开展业务,并实现目标的绩效。

2. 公司战略的核心重点是采取措施来建立并提高公司的长期竞争地位和财务业绩。理想情况下,这将帮助公司取得超过竞争对手的竞争优势,使公司利润高于行业平均水平。

3. 公司的战略通常随着时间的推移而发生变化,这是由于:① 公司经理做出积极而审慎的行为;② 针对公司意料之外的发展和最新的市场环境所做出的适应性应急行为。

4. 与战略概念密切相关的是公司的商业模式的概念。公司的商业模式是公司为顾客提供有价值的产品或服务的管理蓝图,将帮助公司产生足以抵扣成本并带来可观利润的收入。公司的商业模式的两个要素是:① 顾客价值主张;② 公司利润公式。

5. 制胜战略能与公司的外部和内部环境相匹配,建立公司的竞争优势,继而提高公司绩效。

巩固练习

1. 根据你对快餐服务行业的了解,概念与链接 1.1 中描述的麦当劳的战略是否能适应行业和竞争环境?该战略对于成本优势、差异化、满足利基市场的独特需求或以上几个方面的组合是否关键?麦当劳的战略能够带来可持续的竞争优势吗?

2. 沃尔玛的战略要素自 1962 年公司成立以来,不断以有意义的方式发展。浏览沃尔玛网站中"About Us"的所有链接(访问网站 walmartstores.com/AboutUs/),准备一份 1—2 页的报告,讨论其公司战略是如何演变的。报告中还应该评估沃尔玛的战略如何通过制胜战略的三个测试。

3. 访问网站 www.nytco.com/investors,查看《纽约时报》(*The New York Times*)最近的财务报告,确定其业务模式是否仍正常有效。随着越来越多的消费者通过访问互联网的方式来获取信息、了解最新的活动和新闻报道,公司的商业模式仍保持健全吗?它的广告收入是增长还是减少了?它的订阅费和流通量是增加还是减少了?

模拟参与者练习

本章讨论了各种规模组织的管理者都必须回答的三个问题：
- 我们现在在哪里？
- 我们想到哪去？
- 我们该怎么走？

在进入你本学期的第一个战略模拟练习之前，你和你的合作经理应对这三个问题提出一或两段简要的答案。第一个问题的答案相对比较明确，第二个和第三个问题则需要你公司的管理成员共同讨论，商定打算如何管理和运营你所分配到的公司。

1. 我们公司目前的情况是什么？这个问题的实质性答案应包括以下几点：
- 贵公司相较于竞争对手是处于良好、中等还是弱势的竞争地位？
- 贵公司的财务状况是否处于良好？
- 贵公司有什么问题需要解决？

2. 管理期间，我们要把公司运作到什么位置？这个问题的完整答案应该包括以下几点：
- 你对贵公司有什么目标或期望？
- 你想让公司因什么而闻名？
- 你希望公司在前五个决策周期后拥有什么样的市场份额？
- 在最终决策周期结束之前，你希望公司总利润增加多少或提高多大比例？
- 什么样的绩效结果能表明你和你的合作伙伴管理公司的方式是成功的？

3. 我们应怎么做？这个问题的答案应涵盖以下几点：
- 你认为本章讨论的哪些基本战略和竞争方法最有意义？
- 你将尝试实现什么样的竞争优势？
- 你将如何描述公司的商业模式？
- 什么样的行动将支持你实现这些目标？

尾注

1. Michael E. Porter, "What Is Strategy?" *Harvard Business Review* 74, no. 6 (November-December 1996).

2. Cynthia A. Montgomery, "Putting Leadership Back Into Strategy," *Harvard Business Review* 86, no. 1 (January 2008).

3. Henry Mintzberg and Joseph Lampel, "Reflecting on the Strategy Process, *Sloan Management Review* 40, no. 3 (Spring 1999); Henry Mintzberg and J. A. Waters, "Of Strategies, Deliberate and Emergent," *Strategic Management Journal* 6 (1985); Costas Markides, "Strategy as Balance: From 'Either-Or' to 'And,'" *Business Strategy Review* 12, no. 3 (September 2001); Henry Mintzberg, Bruce Ahlstrand, and Joseph Lampel, *Strategy Safari: A Guided Tour through the Wilds of Strategic*

Management (New York: Free Press, 1998); and C. K. Prahalad and Gary Hamel, "The Core Competence of the Corporation," *Harvard Business Review* 70, no. 3 (May-June 1990).

4. Mark W. Johnson, Clayton M. Christensen, and Henning Kagermann, "Reinventing Your Business Model," *Harvard Business Review* 86, no. 12 (December 2008); and Joan Magretta, "Why Business Models Matter," *Harvard Business Review* 80, no. 5 (May 2002).

5. W. Chan Kim and Renée Mauborgne, "How Strategy Shapes Structure," *Harvard Business Review* 87, no. 9 (September 2009).

第二章

公司方向的制定：愿景和使命、目标以及战略

学习目标

LO1 掌握为何公司管理者对公司未来发展方向和选择这个方向的原因有明确的战略愿景是非常重要的

LO2 理解设定战略目标和财务目标的重要性

LO3 理解为什么为了达到公司层面的绩效目标，不同组织层次上采取的战略措施必须紧密协调

LO4 了解公司必须做什么才能实现卓越运营，并熟练地执行其战略

LO5 了解公司董事会在监督战略管理过程中的作用和责任

制定和执行战略是管理一家企业的心脏和灵魂,但是制定一项战略并有效执行它的过程中又涉及哪些具体因素呢?战略制定、战略执行过程分为哪些不同的组成部分?公司员工(除高级管理人员外)会在多大程度上参与到此过程中?本章对制定和执行战略的来龙去脉进行概述,并对管理者制定方向的职责进行重点关注,这些职责包括制定战略方针、制定业绩目标,以及选择足以产生预期成果的战略等。我们还将阐述为何战略制定是公司整个管理团队的任务,并讨论何种战略决策应该由何种管理层次进行制定。本章在最后还讨论了公司董事会扮演的角色和责任,以及良好的公司治理是如何保护股东利益并改善管理的。

战略制定和战略执行的过程是什么?

　　制定和执行公司战略的管理流程由五个阶段组成:
　　1. 形成一个描绘公司长期发展方向的战略愿景、一段描述公司业务的使命宣言和一套指导公司追求战略愿景及使命的核心价值观。
　　2. 设定目标来评测公司的业绩,并跟进其在预设的长期发展方向上进步的过程。
　　3. 制定一个战略,促使公司沿着管理者预期的未来道路发展,并实现绩效目标。
　　4. 有效且实际地实施与执行已选择的战略。
　　5. 监测进度、评估绩效并根据公司对长期发展方向、目标、战略或战略执行方式等方面的需要采取纠正调整措施。
　　图2.1展示了这五个阶段的过程。此模型说明了管理者在战略方向的选择、合适目

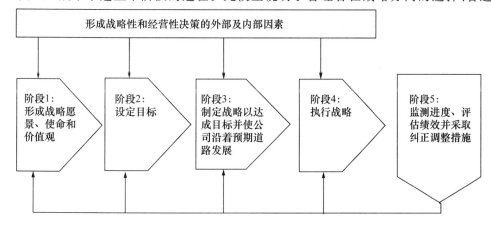

图2.1　战略制定、战略执行过程

标的寻找及制定和执行战略方法的选择上做出决策时,需要对一些外部因素和内部因素进行评估(见表2.1)。在战略管理过程中,管理者须根据现行经济状况、竞争环境、公司内部资源及自身竞争能力做出相应决策。这些决定战略的条件,将会在第三章和第四章集中讨论。

表 2.1　在战略制定和战略执行过程中形成决策的因素

外部注意事项	内部注意事项
• 坚持公司目前的战略路线是否能为增长和盈利提供有吸引力的机会？ • 行业参与者正面临何种竞争力量？他们的行为是增强还是削弱了公司的增长和盈利前景？ • 什么因素推动了行业变革,它们又将对公司的前景产生何种影响？ • 行业竞争对手如何定位？它们下一步又将采取何种战略举措？ • 未来竞争中成功的关键因素是什么？拥有这些能力的公司能否在这些行业中获得有吸引力的利润及良好的前景？	• 公司是否拥有一个有吸引力的顾客价值主张？ • 公司具有竞争力的重要资源和能力是什么？这些资源和能力能否产生可持续的竞争优势？ • 公司是否拥有足够的业务能力和竞争能力来抓住市场机遇,消除外部威胁？ • 与主要竞争对手相比,公司的价格和成本是否有竞争力？ • 与主要竞争对手相比,公司的竞争力更强还是更弱？

图 2.1 中的模型也说明了管理者需要在持续经营的基础上对公司的业绩进行评估,任何表明公司不能实现其目标的迹象,都意味着要对流程的前四个阶段进行纠正调整。公司的执行能力可能不足,此时必须设计新的战术来完全开发公司的战略潜力。如果管理者判定公司的执行能力足够,那么就需要变更公司业务战略的基本假设,并改变战略,以更好地适应竞争环境和公司的内在能力。如果公司的战略被评为良好,那么可能是管理者为公司业绩设定的目标过高。

图 2.1 所示的战略管理过程中的评估阶段也允许公司的愿景发生变化,但只有当管理者发现行业已经发生了重大变化而使得公司的愿景过时时,这种变化才是必要的,这

➡ 一个公司的战略计划展示了其将来的发展方向、业绩目标和战略。

种时机往往被称为战略拐点。当公司到达战略拐点时,管理者要对公司的发展方向做出艰难的决定,因为放弃既定的路线具有相当大的风险。但是,及时应对市场中正在发生的变化,会帮助公司避免业务停滞,减少业务下滑,使公司不至于错失有吸引力的增长机会。

战略管理过程中的前三个阶段构成了一个战略计划,该计划为公司的发展方向做了规划,制定了战略目标和财务目标,并概述了用于达成预期业务目标的竞争举措和方法。[1]

阶段 1：形成战略愿景、使命和核心价值观

在战略制定过程的一开始，公司的高级管理者就必须全力克服下面两个问题：公司应采取何种方向性路径；以及公司是否能够通过改变当前的产品和/或参与的市场、客户和/或使用的技术来改善公司的市场定位和未来的业绩前景。高级管理者对公司方向和未来产品、客户、市场、技术的焦点看法构成了公司的**战略愿景**（strategic vision）。明确阐述的战略愿景将管理者对于"我们将要走向何方"的愿望传达给利益相关者，并有助于引导公司全体人员向同一个方向努力。例如，亨利·福特（Henry Ford）关于"每个车库中有一辆车"的愿景是很有力量的，因为它激发了其他人的想象力，帮助调动了福特汽车公司（Ford Motor Company）的内部资源，并成为衡量公司战略行动价值的参考点。

> ➡ LO1
> 掌握为何公司管理者对公司未来发展方向和选择这个方向的原因有明确的战略愿景是非常重要的。

> ➡ 核心概念
> **战略愿景**描述了"我们将要走向何方"——进程和方向管理决定了公司的未来产品、客户、市场、技术的重点。

精心设计的愿景对于特定组织而言是独特且具体的；它们避免了类似"我们将成为全球领导者，并在我们选择服务的每个市场中成为客户的首选"这样通用和感觉良好的声明——这样的声明往往适用于成百上千组织中的任何一个。[2] 它们也不是这样一种产物，即委员会负责提出一句无害且有益的愿景并得到各利益相关方的一致同意。没有包含公司的产品、市场、客户、技术焦点等具体细节的愿景声明，即使措辞再合适，也远远达不到愿景所需衡量的各个方面。

为了使战略愿景成为一个有价值的管理工具，它必须传达出管理者对业务的期望，并为管理者制定战略决策提供参考点。它必须明确说明一些关于公司领导者打算如何对公司的将来定位的内容。表 2.2 列出了有效的愿景声明的一些特征。

众多公司的网站和年度报告中只有模糊的战略愿景甚至缺失战略愿景，这些战略愿景声明对公司未来的产品、市场、客户、技术的关注非常少，其中一些甚至可以应用于任何行业的任何公司。很多战略愿景读起来像一个公共关系声明——别人提出的寓意深厚的句子，因为公司拥有一个官方愿景声明看起来很时髦。[3] 表 2.3 提供了公司愿景声明中最常见的缺点的列表。愿景声明和任何工具一样，其正确使用与否，会影响到企业能否正确地传达公司的战略路线。概念与链接 2.1 提供了对几家著名公司的战略愿景的评论。

表 2.2　有效愿景声明的特征

图形——绘制图画来表达管理者想要创造的公司类型和公司正在努力建立的市场定位
方向——前瞻性；描述管理者已经制定的战略路线，以及有助于公司为将来做准备的产品、市场、客户、技术变革的种类
聚焦——具体到足以为管理者做决策和进行资源分配提供指导
灵活性——不会过于集中，而使管理者难以适应市场、客户偏好或技术的不断变化
可行性——在公司可以合理预期实现的范围内
合意性——表明为什么此方向性路径具有良好的商业意义
易于沟通——在 5 到 10 分钟内可以解释清楚，在理想的情况下，可以简化为一个简单、难忘的"标语"（如亨利·福特关于"每个车库中有一辆车"的著名的愿景）

资料来源：部分基于 John P. Kotter, *Leading Change* (Boston：Harvard Business School Press, 1996), p.72。

表 2.3　公司愿景声明中的常见缺点

模糊或不完整——缺乏有关公司发展方向或正在为将来做的准备的具体细节
缺乏前瞻性——没有表明管理者是否会改变或将如何改变公司当前的产品、市场、客户、技术的焦点
太宽泛——无所不包，公司可以在任何方向领先，抓住几乎所有的机会或进入绝大多数行业
乏味且缺乏创建性——缺乏能够激励公司人员或股东对公司发展方向信心的力量
不具特色——没有提供公司独一无二的特征；可适用于多个行业的多个公司（包括同一市场的竞争对手）
过分依赖于最高级——除了追求成为公认的领导者、全球或世界领导者、客户的首选，没有对公司的战略路线做出任何具体说明

资料来源：基于 Hugh Davidson, *The Committed Enterprise* (Oxford：Butterworth Heinemann, 2002)中第 2 章；Michel Robert, *Strategy Pure and Simple II* (New York：McGraw-Hill, 1998)中第 2、3、6 章。

概念与链接 2.1

战略愿景的例子——它们如何达到标准？

愿景声明	有效要素	缺点
可口可乐（Coca-Cola） 我们的愿景作为我们今后发展路线的框架而存在，并指导着我们业务的每一个方面，它描述了我们为了继续实现可持续、高质量增长所需要完成的工作。 • 人：成为一个伟大的工作场所，在这里人们受到激励并成为最好的自己 • 投资组合：向全世界推出一系列高品质的饮料品牌，满足人们的欲望和需求 • 合作伙伴：培育一个成功的客户和供应商网络，共同创造相互的、持久的价值	• 聚焦 • 灵活性 • 可行性 • 合意性	• 长 • 缺乏前瞻性

(续表)

愿景声明	有效要素	缺点
• 地球：通过帮助建设和支持可持续发展社区，成为一个负责任且做出贡献的公民 • 利润：最大限度地实现股东的长期回报，同时注意我们的整体责任 • 生产率：成为一个高效、精益且快速行动的组织		
瑞士联合银行（UBS）		
我们决心成为最好的全球金融服务公司，我们专注于财富和资产管理，以及投资银行和证券业务，我们通过对未来的预测、学习和塑造能力，不断获得客户、股东和员工的认可和信任。我们有共同的目标，即通过传递我们所做业务的质量来获得成功。我们的目的是帮助我们的客户充满信心地做出财务决策。我们使用我们的资源为客户开发有效的解决方案和服务。我们在目标、绩效和学习方面培养出了独特的经营管理的文化，这使得我们吸引、留住和发展了公司最好的人才。通过增加我们的客户和人才储备，我们为股东增加了可持续性价值。	• 聚焦 • 可行性 • 合意性	• 缺乏前瞻性 • 乏味且缺乏创建性
沃尔玛		
为人们省钱，由此他们会过得更好。	• 聚焦 • 易于沟通 • 灵活性 • 可行性 • 合意性	• 缺乏前瞻性

资料来源：公司文件和官网。

传播战略愿景的重要性

战略愿景并不能给组织带来什么价值，除非管理者能够与下层经理和员工进行彻底有效的沟通。愿景声明很难为决策者提供方向指导，也很难激励员工实现长期战略意图，除非员工们知道愿景本身并看到管理者对愿景的承诺。将愿景传达给组织成员几乎总是意味着以书面形式表达"我们要去哪里及其原因"，并在组织范围内发布声明，由高层管理者亲自向尽可能多的人解释该愿景及其基本原理。理想情况下，高管们应该以一种能够引起人们注意的方式向公司提出自己的愿景。一个富有吸引力和令人信服的战略愿景具有巨大的激励价值——就像建造一座伟大的大教堂对石匠有着长久的激励一样。因此，管理者绘制令人信服和鼓舞人心的公司未来发展图景的能力，是有效战略领导力的重要因素。[4]

以标语表达愿景的实质 当管理者能够捕捉到一种有吸引力且容易记住的标语形式的愿景时，将会更加有效地将愿景传递给公司员工。许多组

➡ 一个进行了有效沟通的愿景是一种有价值的管理工具，它能够赢得公司人员的承诺，使员工投入行动，推动公司朝着预期的方向发展。

织使用简洁的短语来总结他们的愿景。耐克(Nike)的愿景标语是"为世界上的每一个运动员带来创新和灵感",梅奥诊所(Mayo Clinic)的愿景是"每天为每个病人提供最好的照顾",而绿色和平组织(Greenpeace)的未来设想是"停止环境虐待和促进环境解决方案"。创造一个简短的标语来阐明组织的方向,然后反复使用它来提醒"我们将要做什么及其原因",这会帮助组织成员跨越公司路径中的任何障碍并保持他们的关注点。

为什么一个健全、沟通良好的战略愿景如此重要? 一个深思熟虑、有力传播的战略愿景在以下几个方面得到了回报:

(1) 它将高管对于公司长期发展方向的看法具体化;
(2) 它降低了各级管理者决策不一致的风险;
(3) 它有助于赢得员工支持并最终实现愿景;
(4) 它为下层管理者制定部门任务提供了一个信号灯;
(5) 它有助于组织为未来做好准备。

制定公司的使命声明

> ➡ 战略愿景和使命声明之间的区别是相当明确的:战略愿景描绘了公司未来的业务范围,即"我们要去哪里";而使命声明通常描述公司当前的业务和目的,即"我们是谁,我们在做什么,以及我们为什么在这里"。

一个精心构思的战略愿景的根本特点是它对公司将来战略路线的描述——"我们前进的方向,以及我们未来的产品、客户、市场、技术的焦点是什么"。大多数公司的**使命声明**(mission statement)更多地说明了企业当前的业务范畴和目的——"我们是谁,我们在做什么,以及我们为什么在这里"。使命声明很少涉及前瞻性的内容或重点。例如,乔氏超市(Trader Joe's,一个专做杂货的连锁店)的使命声明如下:

> 乔氏超市的使命是为我们的客户提供在任何地方均能找到的最好的食品和饮料,并为他们的购买决策提供所需信息。我们向客户传递热情、友好、乐趣、个人的自豪感和公司精神,以获取最高的客户满意度。

需要注意的是,乔氏超市的使命声明很好地传达了"我们是谁,我们在做什么,以及我们为什么在这里",但它没有指出"我们前进的方向是哪里"。

职业安全与健康管理局(Occupational Safety and Health Administration,OSHA)的使命声明是一个很好的例子,它详细说明了组织的工作:通过制定和执行标准,提供培训、外展服务和教育,建立伙伴关系,鼓励持续改善工作场所的安全和健康等方式,来确保美国工人的安全和健康。谷歌(Google)的使命声明"组织起全世界的信息,使其更具可用性且更方便使用"虽然简短但仍然把握了公司的核心。微软(Microsoft)的使命声明代表了一个不那么明显的使命声明的例子:"帮助世界各地的人们和企业实现他们的全部潜力"——它没有对公司的产品或业务构成进行任何说明,并且可以应用

> ➡ **核心概念**
> 一个精心设计的**使命声明**以足够具体的语言传达了公司的目的,并给公司独属于自己的身份。

于不同行业的很多公司。一个精心设计的使命声明应该采用足够具体的语言来说明公司自己的特色,而只提供了"我们是谁和我们在做什么"的使命声明缺乏指示性,没有明显的价值。

理想情况下,公司的使命声明充分描述了:
- 确定公司的产品或服务;
- 列举其尝试满足的客户需求;
- 列举其正在努力服务的客户群或市场;
- 列举其取悦客户的方法;
- 给出公司自己的身份定位。

有时公司声称它们的使命是简单地赚取利润,这是一种误导。利润更准确地说是公司的目标和结果,此外,赚取利润是每个商业企业的明显意图。类似的公司比如宝马(BMW)、奈飞(Netflix)、壳牌石油(Shell Oil)、宝洁(Procter & Gamble)、谷歌和麦当劳等,都在努力地为股东赚取利润,但当涉及"我们是谁和我们在做什么"的业务基本面时,则存在非常大的区别。

将战略愿景和使命与公司价值观联系起来

许多公司都制定了价值声明(有时称之为"核心价值观")来指导公司人员在开展公司业务、实现公司战略愿景和使命方面的行动与行为。这些**价值观**(value)是公司在做事时的指定信念和期望方式,经常涉及公平待遇、荣誉和诚信、道德行为、创新精神、团队合作、追求卓越的激情、社会责任和社区公民责任等事情。

> ➡ 核心概念
>
> 公司的**价值观**是公司人员在开展公司业务、实现公司战略愿景和使命时应该展现的信念、特质和行为规范。

大多数公司通常有四到八个核心价值观。在柯达(Kodak),核心价值包括尊重个人尊严、诚信经营、毋庸置疑的信任、持续的信誉、持续改善和个人革新,以及对个人和团队成就的公开庆祝。家得宝(Home Depot)拥有八个核心价值观——企业精神、卓越的客户服务、回馈社区、尊重所有人、做正确的事、照顾他人、建立牢固的关系、创造股东价值——家得宝的追求是成为世界领先的家装零售商。[5]

公司是否具体实践了其宣称的价值观呢?答案有时是否定的,有时是肯定的——市场上几乎所有的公司都是这样的。一种极端情况是对核心价值观进行粉饰的公司,它们的价值观只是高层管理者口头说说,但对公司人员的行为或公司运营几乎没有任何明显的影响。另一种极端情况是公司的高管以核心价值观运营公司,并按照原则开展业务,这些公司的管理者特意将制定的价值观融入企业文化中——核心价值观因此成为公司DNA 的组成部分并成为其标志。在这样价值驱动的公司中,高管"言行一致",公司人员对展示公司价值具有责任。概念与链接 2.2 描述了在美捷步(Zappos)(一个广为人知且相当成功的在线鞋和服装零售商),核心价值观是如何推动公司使命的。

概念与链接 2.2

美捷步的使命和核心价值

我们被很多人问过为什么我们的增长如此迅速，答案其实很简单……我们使整个组织围绕一个使命：尽己所能提供最好的客户服务。在内部，我们将其称为我们的"WOW 哲学"。

这些是我们赖以生存的十项核心价值：

通过服务传递"WOW"
在美捷步，所有值得做的事情都值得尽己所能做到最好。"WOW"是一个短小而简单的单词，但它实际上包含了很多东西。为了实现"WOW"，你必须使自己突出，这意味着做一些非常规和创新的事情。你必须做一些超出预期的事情。无论你做什么，都必须对接收者产生情感影响。我们不是一家普通的公司，我们的服务不是平均水平，我们不希望我们的员工是平均水平。我们期待每名员工都能够传达"WOW"

拥抱并勇于变化
不断变化是成长中的公司的一部分，对于一些人，尤其是那些来自较大公司的人而言，不断变化起初可能使他们有些不安，如果你不准备处理这些不断的变化，那么你可能不太适合这家公司

创造乐趣和小小的不可思议
在美捷步，我们总是在创造乐趣和小小的不可思议！使得美捷步与其他公司不同的事情之一是，我们重视乐趣和小小的不可思议，我们不想成为那些感觉起来便很无聊的大公司之一，我们想要能够对自己大笑，我们会在自己的日常工作中寻找乐趣和幽默

冒险、创新、开放
在美捷步，我们认为对员工和公司而言，勇敢和胆大（但不是鲁莽）是非常重要的，我们不希望员工害怕冒险和犯错，我们相信如果员工不犯错误，那么这意味着他们没有承担足够的风险。随着时间的推移，我们希望每个人都能对自己的业务决策有所了解并发展和提高他们的决策技能。我们是鼓励员工犯错误的，只要他们能够从错误中进行学习

追求成长和学习
在美捷步，我们认为员工的个人发展和专业发展都很重要，我们认为员工应该不断去挑战和拓展自己，而不是停留在一个你觉得自己并不能够成长和学习的岗位上

通过沟通建立起开放和诚实的关系
从根本上说，我们相信开放和诚实可以建立最好的关系，因为这带来了信任和信念。我们重视在所有领域建立牢固的关系：与经理、直接下属、客户（内部和外部）、供应商、业务伙伴、团队成员和同事

建立积极的团队和家庭精神
在美捷步，我们非常重视我们的文化，因为我们既是一个团队，也是一个家庭。我们想创造一个友好、温暖、令人兴奋的环境，我们鼓励思想、主张和观点的多样性

少花钱多办事
美捷步一直关注于用更少的钱做更多的事情。尽管我们可能和彼此的互动比较随意，但我们对待我们的业务运营非常专注和严肃。我们信奉通过努力工作和付出额外的努力来完成事情

有激情、有决心
激情是驱动我们和我们公司前进的燃料。我们珍视激情、决心、毅力和紧迫感。我们备受鼓舞，因为我们相信我们做的事情和走的道路，我们不会采取"否"或"这没有用"作为答案，因为如果我们是这样做的，那么美捷步就不会有开始

要谦虚
虽然我们过去成长迅速，但我们认识到，我们时刻面临着挑战。我们相信，无论发生什么事情，都应该尊重每一个人

资料来源：www.zappos.com 网站公布的信息，访问日期为 2010 年 6 月 6 日。

阶段 2：设定目标

设定目标的管理目的是将战略愿景转化为具体的绩效目标，**目标**（objective）反映的是管理者基于行业当前经济、竞争情况以及公司内在能力而对公司业绩的期望。明确的目标是可量化或可衡量的，并包含最后实现期限。具体的、可衡量的目标具有管理价值，因为它可作为跟踪公司绩效和愿景进展的标准，诸如"利润最大化""降低成本""变得更有效率"或"增加销售"等含糊的目标，既不指定数量也不指定时间，作为管理工具在提高公司绩效上几乎没有价值。理想情况下，管理者应该制定具有挑战性但可实现的目标，使组织能够充分发挥其潜能。正如汽车零部件和服务零售商 Pep Boys 的前 CEO（首席执行官）Mitchell Leibovitz 曾经说过的："如果你想要乏味的结果，那就设定乏味的目标。"

> **➡LO2**
> 理解设定战略目标和财务目标的重要性。

> **➡核心概念**
> **目标**是一个组织的业绩目标——管理者想要达到的结果。

设定什么样的目标

每个公司都需要两种不同类型的绩效标准：与财务绩效相关的目标和与战略绩效相关的目标。**财务目标**（financial objective）用以传达管理者的财务绩效目标，常见的财务目标涉及收入增长、盈利能力和投资回报。**战略目标**（strategic objective）与公司的市场地位及竞争活力有关。实现财务目标的重要性是非常直观的，如果没有足够的盈利能力和财务实力，公司的长期健康发展甚至最终生存都将受到威胁。此外，标准线下的收益水平和疲软的资产负债表会令股东和债权人感到担心，从而使高级管理者的工作面临风险。但是，仅仅有良好的财务绩效本身是不够的。

> **➡核心概念**
> **财务目标**与管理者已建立的希望组织实现的财务绩效目标有关。
> **战略目标**与公司加强市场地位、提升竞争活力和未来业务前景的目标相关。

公司的财务目标是反映过去的决策和组织活动成果的滞后指标。[6] 过去决策和组织活动的成果不是反映公司未来前景的可靠指标。财务表现不佳的公司有时候能够扭转事态，同样，财务绩效良好的公司有时也会陷入困境。因此，就市场和未来财务绩效而言，对公司成功最优和最可靠的预测指标是战略目标。战略目标是公司财务绩效和业务前景的先行指标，战略目标的实现表明公司有能力维持或改善其绩效。例如，如果一个公司正在实现雄心勃勃的战略目标，那么有理由预计其未来的财务绩效将会优于当前或过去的绩效。如果一家公司开始失去竞争能力且不能够实现重要的战略目标，那么其保持现有盈利水平的能力将会受到高度怀疑。

因此，利用一种绩效测量系统，使财务目标和战略目标之间达成均衡是最佳的选择。[7] 仅仅跟踪公司的财务绩效就忽略了一个事实,即公司的财务绩效最终表现良好是因为战略目标的实现使得公司提高了竞争力和市场实力。有关财务目标和战略目标的典型案例是公司通常使用**平衡计分卡**(balanced scorecard)方法测量其绩效,如表 2.4 所示。[8]

表 2.4 使用平衡计分卡方法测量绩效

财务目标	战略目标	
• 年收入增长 $x\%$ • 每股收益年增长 $x\%$ • 资本回报率(ROCE)或股东投资回报率(ROE)为 $x\%$ • 债券和信用评级为 x • 资助新资本投资的内部现金流为 x	• 获得 $x\%$ 的市场份额 • 获得 $x\%$ 的消费者满意度 • 实现 $x\%$ 的客户保留率 • 获得 x 名新消费者 • 在接下来的三年中引进 x 种新产品 • 将产品开发时间缩短至 x 个月	• 将来自新产品销售额的比例增加到 $x\%$ • 改进信息系统能力,在 x 分钟内向前台管理人员提供缺陷信息 • 通过将涉及的项目数量从一个业务单元增加至 x 个业务单元的方式,来改进团队合作

> ➡ **核心概念**
>
> **平衡计分卡**是广泛使用的用以结合战略目标和财务目标的方法,通过跟踪战略目标和财务目标的结果,能够给予管理者关于组织表现情况的更为完善和平衡的观点。

2010 年,近 50% 的跨国公司使用平衡计分卡方法来测量战略和财务绩效。[9] 采用此方法设定目标并测量绩效的组织包括赛什软件研究所(SAS Institute)、UPS、安·泰勒(Ann Taylor)商店、卡特彼勒(Caterpillar)、戴姆勒公司(Daimler AG)、希尔顿酒店(Hilton Hotels)、苏珊·科曼乳腺癌防治基金会(Susan G. Komen for the Cure),以及西门子公司(Siemens AG)。[10] 概念与链接 2.3 提供了三家杰出公司的战略目标和财务目标。

短期目标和长期目标 公司的财务目标和战略目标应该包括短期和长期绩效目标。短期目标侧重于在当期进行绩效改进,而长期目标则迫使组织考虑当前正在进行的行动将在之后对公司产生何种影响。具体来说,目光短浅的管理者过分考虑短期结果,他们将长期目标视为障碍。当需要在实现长期目标和短期目标之间进行权衡时,应该以长期目标优先(除非一个或多个短期绩效目标的实现具有独特的重要性)。

所有组织层面的目标需求 目标设定不应该止步于建立全公司的绩效目标,公司目标应该分解为各组织的每个单独业务、产品线、职能部门和各个工作单元的绩效目标。与广泛的组织层面目标相比,各个职能领域和操作水平的员工将在与其部门活动直接相关的细分目标中得到更好的指导。因此目标设定是一个自上而下的过程,必须延伸到最低的组织层次。这意味着每个组织单元都必须在设定目标时注意,要支持公司层面战略目标和财务目标的实现,而不是否定或与之冲突。

概念与链接 2.3

公司目标的案例

百事可乐(PEPSICO)

营收增长加速;建立和扩大我们的零食和饮料以及营养部门;到2015年每种产品的水资源利用率提高20%;到2012年减少3.5亿磅的包装重量;到2015年每种产品的用电效率提高20%;保持适当的财务灵活性,以有利的利率随时进入全球资本和信贷市场。

固特异轮胎(GOODYEAR)

营业收入从2010年的9.17亿美元增加到2013年的16亿美元;将国际轮胎部门的营业收入从2010年的8.99亿美元增加到2013年的11.5亿美元;将北美分公司的营业收入从2010年的1800万美元增加到2013年的4.5亿美元;将没有品牌的更换轮胎的销售百分比从2010年的16%降至2013年的9%;提高在墨西哥的品牌知名度;将中国的零售店数量从2010年的735家增加到2015年的1555家;提高汽车和卡车轮胎的燃油效率;在新轮胎设计中增加制动距离;在新轮胎设计中增加胎面寿命;与美国和欧洲的监管机构合作,在2013年之前制定轮胎标签标准。

百胜品牌(YUM! BRANDS)[肯德基(KFC)、必胜客(PIZZA HUT)、塔可钟(TACO BEL)、海滋客(LONG JOHN SILVER'S)]

将国际业务的营业利润从2010年的65%提高到2010年的75%;将来自新兴市场的营业利润从2010年的48%提高到2015年的60%;将非洲的肯德基门店数量从2010年的655家增加到2020年的2100家;将肯德基在非洲的收入从2010年的8.65亿美元增加到2014年的19.4亿美元;将印度的肯德基门店数量从2010年的101家增加到2020年的1250家;将越南的肯德基门店数量从2010年的87家增加到2020年的500家;将俄罗斯的肯德基门店数量从2010年的150家增加到2020年的500家;2015年在国际市场上开辟超过100个新的塔可钟门店;将经营活动的年现金流量从2010年的15亿美元增加到2015年的20亿美元及以上。

资料来源:公司网站上公布的信息,访问日期为2011年5月27日。

阶段3:制定战略

如前所述,将战略组合在一起需要解决一系列的问题:如何吸引和取悦客户,如何与对手竞争,如何确定公司的市场定位并抓住诱人的机会来发展业

➡LO3
理解为什么为了达到公司层面的绩效目标,不同组织层次上采取的战略措施必须紧密协调。

务,如何最好地应对不断变化的经济和市场条件,如何管理业务的每个功能模块,以及如

何实现公司的绩效目标。它还意味着在不同的战略替代方案中进行选择,积极寻找机会做新的事情,或以更新、更好的方式做当前的事情。[11]

战略制定涉及所有组织层面的管理者

> ➡ 在大多数公司中,制定战略是一个团队协作努力的结果,参与者包括处于不同职位和不同组织级别的经理,战略的制定很少是由高层管理者单独完成的。

在一些企业中,CEO 或企业所有者起到战略远见者和战略首席架构师的作用,他们亲自决定公司战略的关键因素,但是 CEO 在制定整体战略和决定重要战略举措时,可能会寻求关键下属的建议。然而,将战略制定视为诸如企业所有者、CEO、高级管理者和董事会成员等高层管理者的专属职权是错误的。公司运营跨越的产品、行业和地理区域越多,总部管理者的选择就越少,只能将相当大的战略制定权力委托给下级管理者。现场管理人员对其监督的特定经营单位的战略问题和战略选择可能有更为详细的指示——了解当前的市场和竞争条件、客户要求和期望,以及其他影响可用战略选择的相关方面。

公司战略决策的层次结构

> ➡ **公司战略**建立一个整体计划,用于管理多元化、多业务公司的一系列业务。
> **业务战略**主要聚焦单一业务公司或多元化多业务公司中的单一业务部门,用于加强其市场地位,建立竞争优势。

一个企业的运营规模越大、越多样化,它拥有的战略主动权就越多,在不同组织层级扮演相关战略决策角色的管理人员也就越多。在多元化公司中,管理者往往需要管理多种甚至截然不同的业务。制定一个完整的战略包含四种不同类型的战略行动和举措,每种都在组织的不同层级进行,部分或全部由不同组织层级的管理者制定,如图 2.2 所示。因此,公司的整体战略是整个上下管理层设计的战略举措和行动的集合。理想情况下,公司上下层级的战略应该具有凝聚力并相互增强,如同一个拼图游戏一样拼接在一起。

如图 2.2 所示,**公司战略**(corporate strategy)是由 CEO 和其他高级管理者精心策划并建立的整体计划,用于管理多元化、多业务公司的一系列业务。公司战略涉及以下问题:如何捕捉跨业务协同效应,持有或剥离何种业务,进入哪个新市场,以及如何更好地进入新市场——通过收购、创建战略联盟或通过内部发展。公司战略和业务多元化是第八章的主题,我们将在那一章进行详细讨论。

业务战略(business strategy)主要关注如何在多元化公司的单一业务部门建立竞争优势,或加强非多元化单一业务公司的市场地位。业务战略也是 CEO 和其他高级管理者的责任,但关键业务部门的负责人也可能有影响力,特别是在他们领导的业务的战略决策方面。在单一业务公司中,公司战略和业务战略这两个层级的战略制定会合并为一个层级——业务战略,因为整个企业的战略只涉及一种业务。因此,单一业务公司有三个层级的战略:业务战略、功能区战略和运营战略。

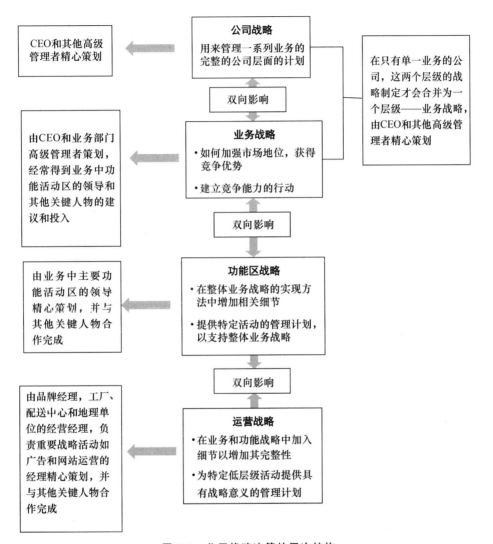

图 2.2 公司战略决策的层次结构

功能区战略涉及与业务内特定功能或过程相关的行动。例如,一家公司的产品开发战略代表了创造与客户期望相符的新产品的管理计划。业务内功能区战略的领导责任通常授予各部门的负责人,其中业务总经理对功能区战略有最终的审批权。为了使整体业务战略产生最大的影响力,公司的营销战略、生产战略、财务战略、客户服务战略、产品开发战略和人力资源战略应该是兼容且相互强化的,而不是仅为各自狭窄的范畴服务。

运营战略涉及管理主要经营单位(工厂、配送中心、地理单位)的相对狭窄的战略举措、方法及具体的经营活动,如材料采购和互联网销售。运营战略的范围有限,但对功能区战略和整体业务战略进行了进一步细化。运营战略的领导责任通常赋予前线管理人员,但要经过高级管理人员的审核和批准。

阶段 4：实施与执行已选择的战略

➡ LO4
了解公司必须做什么才能实现卓越运营，并熟练地执行其战略。

对战略的实施和执行进行管理往往容易成为战略管理过程中最为费力和耗时的部分。良好的战略执行需要管理者特别留心关键的内部业务流程如何执行，并确保员工的努力能够实现所需的业务成果。实施和执行战略的任务还需要对公司内部活动的效率和有效性进行持续分析，并对可能改进业务流程的新技术开发保持管理意识。在大多数情况下，战略执行过程的管理包括以下主要方面：

- 在人员编制方面，能够为战略的执行提供必要的技能和专业知识；
- 将充足的资源分配给有助于良好执行战略的重要活动；
- 确保政策和程序能促进战略有效执行，而不是起到阻碍作用；
- 安装能够使公司人员执行基本活动的信息系统和操作系统；
- 推动价值链活动的执行方式持续改进；
- 将奖励和激励与绩效目标的实现直接挂钩；
- 创造有利于战略实施的公司文化和工作风气；
- 发挥内部领导作用，推进战略实施。

阶段 5：评估绩效与纠正调整

战略管理过程的第五阶段——监测新的外部发展、评估公司的发展进程并进行纠正调整——是决定继续公司现有的愿景、目标、战略和/或战略执行方法还是对其加以改变的触发点。只要公司的方向和战略看起来与行业、竞争条件及绩效目标相匹配，公司高管就可能决定保持现在的进程。只需要对战略计划进行微调并继续努力完善战略执行就足够了。

但是，当公司遭遇环境中的破坏性变化时，则需要对其方向和战略是否适当提出质疑。如果公司经历市场状况恶化或绩效表现持续不佳，那么公司经理有义务找出原因——这究竟是与不恰当的战略有关，与不到位的战略执行有关，还是与二者均有关？然后及时采取纠正措施。公司必须在外部或内部条件允许的情况下重新审核其方向、目标和战略。

此外，公司可能发现其战略实施和执行的某个或多个方面并不如预期那么好，这也并非不常见。熟练的战略执行总是通过大量组织学习得来的，它的实现并不均衡——在一些领域可以迅速实现而在其他领域则非常麻烦。成功的战略执行需要留心寻找改进的方法，然后在有必要的任何时间和地点进行纠正调整。

公司治理：董事会在战略制定、战略执行过程中的作用

虽然高级管理者有制定和执行公司战略的责任，但董事会也有责任对其进行强有力的监督，并保证战略管理的五个阶段是以有利于股东（在投资者所有的企业的情况下）或利益相关者（在非营利组织的情况下）的方式完成的。在审视管理层的战略制定、战略执行行动时，公司董事会需要履行四个重要的公司治理义务：

> ➡LO5
> 了解公司董事会在监督战略管理过程中的作用和责任。

第一，监督公司财务会计和财务报表的制作。虽然高级管理者尤其是公司的 CEO 和 CFO（首席财务官）主要负责查看公司的财务报表是否能够准确报告公司的业务结果，但董事会成员也有受托责任，即通过监督公司的财务活动来保护股东的利益。此外，公司董事会必须确保在编制公司财务报表时正确使用公认的会计原则（GAAP），并确定是否存在适当的财务控制措施来防止欺诈和资金的不当使用。实际上，所有董事会都通过任命一个审计委员会来监督财务报告活动，该审计委员会总是完全由外部董事（内部董事在公司担任管理职位，直接或间接向 CEO 报告）组成。审计委员会的成员负责监督公司财务高级管理人员的决策，并与内部和外部审计师协商，以确保财务报告准确并进行充分的财务控制。2000 年年初审计委员会和公司董事会对公司会计和财务报表实践的错误监督导致 2000—2002 年间联邦政府对 20 多家大公司进行了调查。通过对美国在线时代华纳（AOL Time Warner）、环球电讯（Global Crossing）、安然（Enron）、奎斯特通讯（Qwest Communications）和世界通讯（WorldCom）等知名公司的调查发现，高级管理者采用欺诈或不合理的会计实务人为地增加收入、夸大资产和降低开支。这些丑闻导致了一些公司高管获罪，并促使美国于 2002 年通过了《萨班斯—奥克斯利法案》（Sarbanes-Oxley Act），该法案严格化了财务报告标准，并为公共委员会制定了更多的合规要求。

第二，仔细评论并监督公司的方向、战略和经营对策。尽管董事会成员有法律义务保证公司财务报告的准确性，但董事必须留出时间来指导管理层对于战略方向的选择，并对管理层所提战略行动的有效性和明智与否做出独立判断。许多董事会发现，会议议程往往被各种合规事务而消耗，而很少用于讨论具有战略重要性的事项。飞利浦电子（Philips Electronics）的董事会和管理层每年举行一次两到三天的会议，专门评估公司的长期发展方向和各种战略方案。该公司退出半导体业务，增加对医疗技术和家庭保健的关注，均源自在上述会议讨论期间做出的决定。[12]

第三，评估高级管理者制定战略和执行战略技能的能力。董事会始终有责任判定当前 CEO 是否做好了战略领导工作，以及高级管理者是否积极为 CEO 和其他高级管理者创建潜在继任者人才库。[13]当外部董事进入现场，亲自评估战略执行情况时，对高级管理者战略制定和战略执行技能的评估会加强。通用电气（GE）的独立董事会成员每年均会访问各个主要业务部门的运营主管，以评估公司的人才库并跟踪调查影响公司各部门新

兴战略和运营的问题。家得宝董事会成员每季度访问一家店，以确定公司运营的健康状况。[14]

第四，为高级管理者制定薪酬计划，奖励他们为股东利益服务的行为。公司治理的一个基本原则是，公司的所有者将经营权和管理权委托给高级管理者并提供薪酬。作为股东的代理，高级管理者有清晰和明确的责任，即根据股东利益进行决策和经营公司（但这并不意味着无视其他利益相关者的利益，特别是同样存在代理关系的员工的利益）。大多数董事会都有一个薪酬委员会，完全由公司外的董事组成，制定薪酬和激励补偿计划，奖励高级管理者，以提高公司的长期业绩，并代表股东提高企业的经济价值；薪酬委员会的建议提交全体董事会进行批准。但是在过去的 10 到 15 年间，许多董事会将涨薪、奖金和股票期权奖励与真正符合股东长远利益的绩效措施相联系方面做得很差。相反，许多公司的薪酬体系越来越多地对短期绩效的改善进行奖励，最显著的表现是实现季度和年度盈利目标，以及按指定的百分比提高股价。这已经产生了不利的影响，公司经理专注于提高公司短期业绩的行动，往往会激励他们发展不明智的高风险业务，并由此来获得高达数百万美元的奖金和股票期权奖励（在很多人看来，这有很大的弊端）。越来越多的对短期绩效改进的重视对股东产生了不利影响，因为在许多情况下，过度冒险已经被证明会对公司的长期业绩造成损害——证据即为 2008—2009 年许多金融机构股东财富的巨大损失，因为 2006—2007 年管理者在次级贷款、信用违约掉期和担保抵押证券方面制造了很多风险。因此，对高管薪酬的彻底改革已经成为公众和董事会共同关注的热门话题，概念与链接 2.4 讨论了房利美和房地美的薄弱治理是如何允许机会主义的高级管理者做出危害他们管理的公司的未来决策，并获得高额奖金的。

每个公司都应该有一个强大、独立的董事会，它能够做到：① 熟悉公司的业绩；② 指导和评判 CEO 及其他高级管理者；③ 有勇气遏制其认为不适当或风险过高的管理行为；④ 向股东证明 CEO 正在做董事会预期的事情；⑤ 为管理层提供洞察力和建议；⑥ 积极参与关键决策和行动的利弊讨论。[15] 面对具有强烈意志或"霸权"的 CEO，那些缺乏挑战意志的董事会，或者基本代表 CEO 意志的无主见的人，往往会没有经过探究查询和辩论就放弃了代表和保护股东利益的义务。

概念与链接 2.4

房利美和房地美：公司治理的失败

在 20 世纪中期，金融服务业的高管薪酬问题在失败的公司治理案例中排名很高。政府资助的抵押贷款巨头房利美（Fannie Mae）和房地美（Freddie Mac）两家公司的公司治理尤其薄弱。两家企业因政治原因而任命的董事会没有理解所采用的次级贷款战略的风险，没有充分监督 CEO 的决策，没有对所采用的会计原则进行有效监督（导致收益虚增），并批准了高管薪酬制度，允许管理层操纵收益以获得丰厚的绩效奖金。房利美的审计和薪酬委员会在保护股东利益方面尤其缺乏效力，审计委员会允许这家政府资助的企业的财务主管对其自己指导编写的财务报告进行审计，并用于确定绩效奖金。房利美的审计委员会还知道管理层使用可疑会计做法,减少损失和记录一次性收益,以实现与奖金相关的 EPS(每股收益)目标。此外,审计委员会未能调查财务主管办公室的一位经理对公司不当会计行为的正式指控。

房利美的薪酬委员会同样无效。该委员会允许公司的 CEO Franklin Raines 选择聘用的顾问来设计抵押贷款公司的高管薪酬计划,并接受了一个分层奖金计划,允许 Raines 和其他高级管理者轻而易举地获得最大化的奖金。该薪酬计划允许 Raines 在 1999—2004 年获得 5 200 万美元的绩效奖金和 9 000 万美元的总薪酬。Raines 在 2004 年 12 月被迫辞职,当时联邦住房企业监督办公室(Office of Federal Housing Enterprise Oversight)发现房利美的高管们使用欺诈手段夸大了公司收入,以获得与财务绩效相关的奖金。美国证券交易委员会(SEC)调查员还发现了房利美做假账的证据,并要求其重估 2002—2004 年间 63 亿美元的收入。

房地美的公司治理不善同样使其 CEO 和其他高级管理者能操纵财务数据,以获得绩效薪酬。房地美的 CEO Richard Syron 在 2007 年获得了 1 980 万美元的薪酬,而抵押贷款贷款公司的股价却从 2005 年 70 美元的高点跌至 2007 年年底的 25 美元。在 Syron 担任 CEO 期间,公司卷入了一个数十亿美元的会计丑闻,而且 Syron 个人没有理会 2004 年公司内部报告中已警示的即将发生的金融危机。房地美内部、联邦监管机构和外部行业观察家的预警被证明是正确的,房地美和房利美的贷款承保政策导致两家公司 2008 年的损失总额超过 1 000 亿美元。随着 Syron 在 2008 年 9 月辞职,房地美的股价跌至 1 美元以下。

2008 年 9 月,这两个组织在美国政府的指导下被接管,并在 2011 年年初接受了超过 1 500 亿美元的救助资金。美国联邦住房金融机构(The U. S. Federal Housing Finance Agency)估计,到 2013 年,对房利美和房地美的救助可能达到 2 000 亿到 3 000 亿美元。

资料来源:Chris Isidore, "Fannie, Freddie Bailout: $ 153 Billion... and Counting," *CNNMoney*, February 11, 2011; "Adding Up the Government's Total Bailout Tab," *The New York Times Online*, February 4, 2009; Eric Dash, "Fannie Mae to Restate Results by $ 6.3 Billion Because of Accounting," *The New York Times Online*, www.nytimes.com, December 7, 2006; Annys Shin, "Fannie Mae Sets Executive Salaries," *The Washington Post*, February 9, 2006, p. D4; Scott DeCarlo, Eric Weiss, Mark Jickling, and James R. Cristie, *Fannie Mae and Freddie Mac: Scandal in U. S. Housing* (Nova Publishers, 2006), pp. 266-286。

关键点

战略管理过程包括五个相互关联的综合的阶段:

1. 制定关于公司目标领域及未来产品、客户、市场、技术焦点的战略愿景。这一管理步骤提供了长期方向,为组织注入了有目的的行动感,并就管理层对公司的愿景与利益相关者进行了沟通。

2. 设定目标并使用目标结果作为衡量公司绩效的标准。目标需要讲明何时达到何种具体数量的绩效,此外,用于衡量公司绩效的平衡计分卡方法需要设定财务目标和战略目标。

3. 制定战略以实现目标,并使公司沿着管理层所绘制的战略路线前进。总体战略实际上是战略行动和经营对策的集合,它们部分是由公司高管开创,部分由主要业务部门负责人开创,部分由功能区经理开创,部分由前线运营经理开创。单一业务企业具有三个层次的战略——公司的整体业务战略、每个业务范围内的功能区战略、下层管理者执行的经营战略。在多元化、多业务公司中,战略制定任务涉及四种不同类型或水平的战略:公司的整体公司战略、业务战略(公司多元化业务中的一个)、每个业务范围内的功能区战略、下层管理者执行的经营策略。通常,战略制定任务更多是自上而下而不是自下而上,更高层次的战略往往会作为制定下层战略的指南。

4. 有效且高效地实施和执行选定的战略。管理战略的实施和执行是一个操作层面的、使事情发生的活动,旨在以战略支持的方式塑造核心业务活动的绩效。如果事情进行得足够顺利,使得公司达到或超过其战略和财务绩效目标,并在实现管理层的战略愿景方面取得良好进展,那么管理层对战略实施流程的处理是成功的。

5. 根据实际经验、变化的条件、新的想法和新的机会,对愿景、长期发展方向、目标、战略或执行进行绩效评估并及时纠正调整。战略管理过程的这个阶段是决定继续还是改变公司愿景、目标、战略和/或战略执行方法的触发点。

公司的战略愿景、目标和战略的总和构成了一个战略计划。

董事会对股东负有责任,在监督管理层进行战略制定和战略执行过程中发挥警醒作用。公司的董事会有义务:

(1) 确保公司发布准确的财务报告,并有足够的财务控制能力;

(2) 严格评估并最终批准战略行动计划;

(3) 评估 CEO 的战略领导能力;

(4) 为高级管理者制定薪酬计划,奖励他们为利益相关者,尤其是股东的利益服务的行动和成果。

巩固练习

1. 使用表 2.2 和表 2.3 中的信息,对以下公司愿景声明的充分性和价值进行评估,并列出有效元素和缺点,完成评估后对其进行由好到差的排名。

富国银行(Wells Fargo)

我们希望满足客户所有的财务需求,帮助他们在财务上取得成功,成为我们每个市场上金融服务的首要供应商,并被称为美国伟大的公司之一。

希尔顿酒店公司(Hilton Hotels Corporation)

我们的愿景是成为世界旅行者的第一选择。希尔顿希望通过以下方式建立我们品牌的丰富文化遗产和实力：
- 始终如一地让我们的客户满意；
- 投资我们的团队成员；
- 提供创新的产品和服务；
- 持续改善绩效；
- 增加股东价值；
- 创建文化自豪感；
- 增强我们客户的忠诚度。

亨氏公司（H. J. Heinz Company）

成为世界上最好的食品公司，为世界各地的人们提供营养、美味的食品。成为最好的食品公司并不意味着是最大的，而意味着在消费者价值、客户服务、员工素质和可持续且可预测的增长等方面是最好的。

巴斯夫（BASF）

我们是在所有主要市场成功运作的"化工公司"。
- 我们的客户认为巴斯夫是他们的首选合作伙伴；
- 我们的创新产品、智能解决方案和服务使我们成为化工行业最具竞争力的全球供应商；
- 我们拥有高资产回报率；
- 我们致力于可持续发展；
- 我们视变革为机遇；
- 我们，巴斯夫的员工，共同确保我们的成功。

资料来源：各公司网站及其年度报告。

2. 访问三家公司的投资者关系网站：家得宝（http://corporate.homedepot.com/wps/portal）、雅芳（www.avoncompany.com/）和英特尔（www.intc.com），查找关于战略和财务目标的案例。为每个公司列出四个目标，并指出哪些目标是战略性的，哪些目标是财务性的。

3. 福特汽车公司在 2005—2010 年实施的重组计划的主要战略举措包括加快客户重视的新车的开发、改善资产负债表、与工会员工一起提高制造竞争力、降低产品工程成本、削减约 40% 的产能，以及将小时制工人数量减少 40% 至 50%。当 2010 年重组计划结束时，福特汽车公司在 J. D. Power 对美国汽车制造商基本质量的排名中位居第一，并且以 644 亿美元的净收入获得了超过 54 亿美元的税前利润。解释为什么各种组织层面和职能采取的战略举措必须紧密协调才能实现值得称赞的结果。

4. 访问沃尔玛的投资者关系网站（http://investors.walmartstores.com），并点击导航栏中的"事件"选项，查看其在各种投资者会议期间所做的演示。准备一份一到两页的报告，概述沃尔玛就其战略执行方法向投资者做的描述。具体来说，管理层就公司员工、资源分配、政策和程序、信息和操作系统、持续改进、奖励和激励、企业文化以及内部领导力进行了什么讨论？

5. 根据概念与链接 2.4 中提供的信息，说明房地美的公司治理如何使企业股东和其他利益相关者遭受损失。房利美的董事会对股东负有哪些重要的义务？你如何评价房利美的薪酬委员会对政府资助的巨额抵押贷款的处理方法？

模拟参与者练习

1. 与你的合作经理一起，为公司准备战略愿景声明。它应该至少有一句话，但不要长于一段。完成后，检查你的愿景声明是否符合表 2.2 中列出的有效特征，并避免表 2.3 中列出的缺点。如果不符合要求，请相应地修改。能够捕捉到本质并有助于公司员工、股东和其他利益相关者沟通的战略愿景声明应该是什么样子？
2. 贵公司的财务目标是什么？战略目标又是什么？
3. 贵公司的公司战略的三个或四个关键要素是什么？

尾注

1. Gordon Shaw, Robert Brown, and Philip Bromiley, "Strategic Stories: How 3M Is Rewriting Business Planning," *Harvard Business Review* 76, no. 3 (May-June 1998); David J. Collins and Michael G. Rukstad, "Can You Say What Your Strategy Is?" *Harvard Business Review* 86, no. 4 (April 2008).

2. Hugh Davidson, *The Committed Enterprise: How to Make Vision and Values Work* (Oxford: Butterworth Heinemann, 2002); W. Chan Kim and Renée Mauborgne, "Charting Your Company's Future," *Harvard Business Review* 80, no. 6 (June 2002); James C. Collins and Jerry I. Porras, "Building Your Company's Vision," *Harvard Business Review* 74, no. 5 (September-October 1996); Jim Collins and Jerry Porras, *Built to Last: Successful Habits of Visionary Companies* (New York: HarperCollins, 1994); Michel Robert, *Strategy Pure and Simple II: How Winning Companies Dominate Their Competitors* (New York: McGraw-Hill, 1998).

3. Hugh Davidson, *The Committed Enterprise* (Oxford: Butterworth Heinemann, 2002).

4. 同上。

5. Jeffrey K. Liker, *The Toyota Way* (New York: McGraw-Hill, 2004); and Steve Hamm, "Taking a Page from Toyota's Playbook," *BusinessWeek*, August 22/29, 2005, p. 72.

6. Robert S. Kaplan and David P. Norton, *The Strategy-Focused Organization* (Boston: Harvard Business School Press, 2001).

7. 同上，另见 Robert S. Kaplan and David P. Norton, *The Balanced Scorecard: Translating Strategy into Action* (Boston: Harvard Business School Press, 1996); Kevin B. Hendricks, Larry Menor, and Christine Wiedman, "The Balanced Scorecard: To Adopt or Not to Adopt," *Ivey Business Journal* 69, no. 2 (November-December 2004); Sandy Richardson, "The Key Elements of Balanced Scorecard Success," *Ivey Business Journal* 69, no. 2 (November-December 2004)。

8. Kaplan and Norton, *The Balanced Scorecard: Translating Strategy into Action*, pp. 25-29. 两位作者将战略目标分为顾客导向的战略目标、商业过程的战略目标，以及学习与增长的战略目标。在

实践中,使用平衡计分卡的企业可以选择最能反映其组织的价值创造活动和过程的战略目标类型。

9. Bain & Company 网站,www.bain.com,访问日期为 2011 年 5 月 27 日。

10. Balanced Scorecard Institute 网站,访问日期为 2011 年 5 月 27 日。

11. Henry Mintzberg, Bruce Ahlstrand, and Joseph Lampel, *Strategy Safari: A Guided Tour through the Wilds of Strategic Management* (New York: Free Press, 1998); Bruce Barringer and Allen C. Bluedorn, "The Relationship between Corporate Entrepreneurship and Strategic Management," *Strategic Management Journal* 20 (1999); Jeffrey G. Covin and Morgan P. Miles, "Corporate Entrepreneurship and the Pursuit of Competitive Advantage," *Entrepreneurship: Theory and Practice* 23, no. 3 (Spring 1999); David A. Garvin and Lynned C. Levesque, "Meeting the Challenge of Corporate Entrepreneurship," *Harvard Business Review* 84, no. 10 (October 2006).

12. Jay W. Lorsch and Robert C. Clark, "Leading from the Boardroom," *Harvard Business Review* 86, no. 4 (April 2008).

13. 同上,p. 110。

14. Stephen P. Kaufman, "Evaluating the CEO," *Harvard Business Review* 86, no. 10 (October 2008).

15. David A. Nadler, "Building Better Boards," *Harvard Business Review* 82, no. 5 (May 2004); Cynthia A. Montgomery and Rhonda Kaufman, "The Board's Missing Link," *Harvard Business Review* 81, no. 3 (March 2003); John Carver, "What Continues to Be Wrong with Corporate Governance and How to Fix It," *Ivey Business Journal* 68, no. 1 (September/October 2003); Gordon Donaldson, "A New Tool for Boards: The Strategic Audit," *Harvard Business Review* 73, no. 4 (July-August 1995).

第三章

公司外部环境的评估

学习目标

LO1 掌握基本概念和广泛用于诊断公司所在行业和竞争条件的分析工具

LO2 善于识别导致行业竞争激烈、基本正常或者相对较弱的因素

LO3 了解如何确定行业前景是否给公司提供了足够有吸引力的增长机会和盈利能力

在第一章,我们学习了管理者在评估公司前景时所必须解决的三个核心问题。其中,对于"在哪里"的问题,要尤其注意公司环境的两个方面:一是公司所面临的行业和竞争环境,即外部环境;二是公司所拥有的资源和组织管理水平,即内部环境。在寻找"到哪去"和"怎么走"两个问题的答案时,如果没有先弄清公司的内外环境,企图建立竞争优势和提高公司绩效都是无效的。事实上,制胜战略的首要要求就是"公司战略能够良好地适应公司环境"。

本章将集中介绍分析单业务公司外部环境的概念和工具。我们主要关注公司运营的竞争环境、市场环境变化的动因、竞争对手的市场地位以及赢得竞争的决定性因素。第四章将讨论公司内部环境和竞争力的评估方法。

与战略相关的公司宏观环境构成

所有公司的业绩都会受到各种外部宏观环境的影响,比如整体的经济环境和全球因素,人口特征,社会价值观和生活方式,政治、监管和法律因素,自然环境,技术因素。严格来说,公司的宏观环境包括公司外部的所有相关因素和影响。这里的"相关"是指这些因素是非常重要的,它们会影响公司的长期发展方向、目标、战略和商业模式决策。图3.1描述了很有可能影响公司的业务状况的宏观环境因素。外部环境对公司战略选择的影响可大可小。然而,即使外部宏观环境因素变化缓慢或是对公司业务状况的影响程度很小,它们也值得我们警惕。汽车公司必须使其战略适应现阶段顾客所关注的碳排放和高油价问题。在未来几十年,人口老龄化和预期寿命延长等人口问题将对医疗和处方药行业产生巨大影响。当公司管理者检测外部环境时,他们应该警惕潜在的重要外部因素的发展,评估这些因素的效应和影响,使公司的发展方向和所需战略与之相适应。

➔LO1
掌握基本概念和广泛用于诊断公司所在行业和竞争条件的分析工具。

然而,从公司的宏观环境来看,影响战略形成的最大因素和力量通常来源于公司所属的行业和竞争环境——竞争压力、对手的行动、购买者行为、供应商行为等。因此,本章主要关注公司的行业和竞争环境。

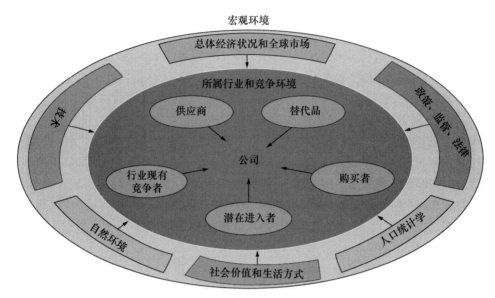

图 3.1 公司宏观环境构成要件

公司所属行业和竞争环境的评估

想要战略性地思考公司所属行业和竞争环境的问题,需要运用一些被验证过的概念和分析工具以清楚地回答以下七个问题:

(1) 行业的主导性经济特征是否给销售者创造了成长和可观收益的机会?
(2) 行业成员正面临什么样的竞争压力?每种压力的强度如何?
(3) 什么力量在推动行业变化?这些变化对竞争强度和行业盈利能力会有什么影响?
(4) 行业内的竞争对手占有什么样的市场地位?即谁处于强势地位,谁处于弱势地位?
(5) 竞争对手接下来很可能会做出什么样的战略举措?
(6) 竞争成功的关键因素是什么?
(7) 行业前景是否提供了良好的盈利前景?

为了找到良好地协调外部环境的战略,先决条件就是分析上述问题并得出答案。本章剩下的部分就来寻找这七个问题的坚实答案。

问题1:行业的主导性经济特征是什么?

分析一个公司所属的行业和竞争环境是从确定行业的主导性经济特征开始的。而宏观环境的总体经济状况可能被证明是具有战略相关性的,行业的经济特征将很大程度上影响行业的成长前景和可观收益。一个行业的主要经济特征包括市场规模和增长率、市场的地理边界(可以从地方到全球)、市场的供需情况、市场分割,以及技术变革的步伐等因素。表3.1对行业的主导性经济特征进行了总结。

表3.1 在确定行业的主导性经济特征时需要考虑的问题

经济特征	需要考虑的问题
市场规模和增长率	• 行业空间有多大以及它的增长速度如何? • 行业在生命周期中的位置(早期发展、快速增长和起飞、早期成熟和增长放缓、成熟和停滞、衰落)揭示了怎样的行业增长前景?
竞争对手的范围	• 大多数公司竞争的地理区域是在本地、地区、全国、跨国还是全球?
供需情况	• 是生产力过剩而导致价格和利润率下降吗? • 行业中的竞争对手是否过多?
市场分割	• 行业的划分是通过产品的特性还是客户的要求或偏好呢?
技术变革的步伐	• 先进的技术在这个行业发挥什么作用? • 是否大多数行业成员都拥有或需要强大的技术能力?为什么?

掌握一个行业的可辨认经济特征不仅要能提供出一个关于行业吸引力的广泛概述,也要进一步了解行业成员有可能采用的各种战略举措。例如,技术变革迅速的行业需要稳定的研发资本投入和较强的产品创新的能力,持续的产品创新力是在类似视频游戏、计算机和药品这样的行业主要的生存战略。

问题2:行业中竞争力的强度如何?

在理解了行业的大体经济特征后,行业与竞争分析的重点应放在行业的竞争态势上。竞争力的本质和微妙之处在不同行业的情况是不同的,因此我

➡LO2
善于识别导致行业竞争激烈、基本正常或者相对较弱的因素。

们必须深入理解进而准确回答我们现在"在哪里"这一问题。迄今为止,评估行业竞争力时运用最广泛且行之有效的工具是迈克尔·波特(Michael E. Porter)的"五力模型"。[1]如图3.2所示,这个模型认为影响行业吸引力的竞争力量除了行业内现有竞争者的竞争力,还有其他四种力量。行业中存在的决定行业吸引力的五种力量具体如下:

(1)购买者的议价能力。
(2)替代品的替代能力。
(3)供应商的议价能力。
(4)潜在进入者的威胁。
(5)行业现有竞争者的竞争力。在五力模型中,这通常是最强的一种力量。

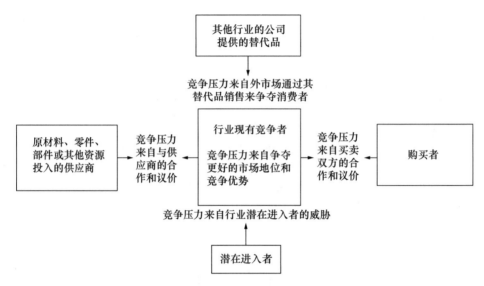

图 3.2 竞争的"五力模型"

资料来源：Michael E. Porter, "How Competitive Forces Shape Strategy," *Harvard Business Review* 57, no. 2(March-April 1979), pp. 137-145；Michael E. Porter, "The Five Competitive Forces Shape Strategy," *Harvard Business Review* 86, no. 1 (January 2008), pp. 80-86.

购买者的议价能力

买卖双方的关系是代表次要的还是显著的竞争力取决于：① 购买者是否有足够的讨价还价能力来获得价格优惠和其他优惠条件；② 购买者对商品价格的敏感度。具有较强的讨价还价能力的买家可以通过压价、要求更好的支付条款以及提供额外的功能和服务来增加行业成本，以此限制了行业的盈利能力。购买者对价格的敏感度会限制卖方提高价格的能力，因为当卖方提高价格时将会折损销售量。

买家在谈判中争取有利条款的能力有强有弱。例如，在个人消费者与卖方谈判价格优惠或其他优惠条款时，他们很少有讨价还价的能力。主要的例外是当个人消费者购买诸如新车、二手汽车、房屋和其他像珠宝、游艇等大件物品时，他们常常把讨价还价作为一种习惯。而对于大多数消费品和服务，个人消费者没有讨价还价的能力，他们只能按照卖方所出价格购买，或者推迟他们的购买时间直到商品降价，又或者货比三家后选择其他低价格的店铺购买。

相比之下，大型零售连锁商场如沃尔玛、百思买（Best Buy）、史泰博（Staples）和家得宝则通常对厂商有相当大的议价能力，因为这些零售商通常只采购两至三个竞争品牌的商品，很少储备所有竞争品牌的商品。此外，像克罗格（Kroger）、西夫韦（Safeway）、艾伯森（Albertsons）等大型零售连锁商场强大的议价能力允许它们向食品厂商要求促销补贴和一次性付款（称为上架费）等，他们会把向其支付报酬的厂商的产品放在最佳位置。汽车制造商在与固特异（Goodyear）、米其林（Michelin）、普利斯通（Bridgestone）、德国马牌（Continental）、倍耐力（Pirelli）等轮胎供应商谈判原装轮胎研发时也有很强的议价能力，这不仅是因为它们的购买量大,也是由于轮胎供应商已断定原装轮胎是品牌意识和品牌忠诚度的重要贡献者。

消费者即使购买量不大,也不能对卖家的产品曝光度或者信誉有帮助,在以下情况中也仍能获得议价能力。

- 购买者将消费转向其他竞争品牌或替代品的成本相对较低。能以较低的成本转换消费产品品牌的购买者比转换成本高的购买者拥有更高的议价能力。当竞争对手间的产品相差无几时,购买者以较低的成本(甚至没有成本)在产品不同品牌间转换消费是比较容易的。例如,像螺丝、铆钉、钢和电容器这些用于生产洗衣机和烘干机等大型家用电器的商品大多类似,且可以从许多卖家处购得。购买者的消费偏好可以在不同品牌间轻松转变,这种潜在条件鼓励卖家做出让步,以赢得和留住客户。
- 产品对应的买方市场很小或者单个消费者对卖方有举足轻重的作用。买家数量越少,卖方就越不容易在客户转向竞争者时找到其他买家。在这种情况下,卖方更愿意对购买者做出让步。由于数码相机的品牌较少,镜头和其他数码相机组件的卖方在与数码相机生产商的谈判中便处于弱势地位。
- 买方需求疲软。需求疲软或需求下降造成了"买方市场";相反,强劲或快速增长的需求则创造了一个"卖方市场",随之,买方将讨价还价的权力转移给卖方。
- 买方对卖方的产品、价格和成本都很了解。买方掌握越多的信息,他们在谈判中的地位就越有利。互联网上关于产品的大量可用信息增强了个体购买者的议价能力。汽车购买者拿着发票价格、经销商返利信息、激励计划和厂商的融资条款到经销商购车已经越来越普遍了。
- 买方向后进行产业链整合的威胁可信。像百威英博(Anheuser-Busch)、库尔斯(Coors)和亨氏(Heinz)等厂商已经向后延伸了金属罐制造的业务,这可以平衡其对金属罐的需求,进而在与大型金属罐制造商的谈判中获得议价能力。

图3.3总结了影响购买者议价能力强弱的因素。

一个行业内并不是所有的购买者对卖方都有同等程度的议价能力,有些购买者可能对产品价格、质量或服务差异并不太敏感。例如,服装制造商在与类似Macy's、T. J. Maxx、Target等大型零售商谈判时没有显著的议价能力,但对于小的自营服装精品店却可以要求更高的销售价格。

替代品的替代能力

当购买者认为两种不同行业的产品可以相互替代的时候,其中一个行业的公司就很容易受到另一个行业变化的影响。例如,食用糖制造商会受到来自类糖(Equal)、三氯蔗糖(Splenda)和低脂糖(Sweet'N Low)营销活动的影响。同样,眼镜和隐形眼镜生产商面临做激光矫正手术的医生带来的竞争压力。随着越来越多的消费者被视频点播所吸引,或者更热衷于通过高清电视和环绕立体声的方式在家中播放电影级DVD,首映影院正倍感竞争压力。金属罐子制造商与蒸煮袋制造商之间的竞争越来越激烈,因为它们都为生

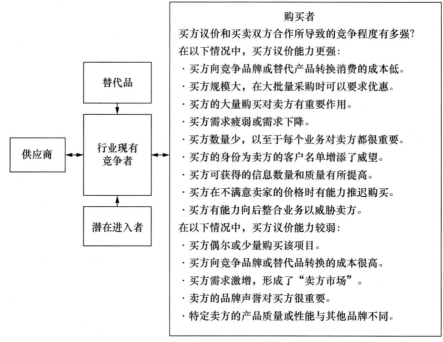

图 3.3　影响购买者议价能力的因素

产袋装果蔬肉类产品的企业提供包装容器。蒸煮袋是由聚丙烯、铝箔、聚酯等合成材料制作的,由于其易于生产、便于运输的性质,蒸煮袋比金属罐拥有更大的价格优势。

替代品的替代能力主要取决于以下三个因素:

(1) 替代品是否易于获得且价格诱人。易于获得且价格诱人的替代品影响了行业产品最高价格的制定。如果替代品的价格低于本产品,在此压力作用下,行业内的厂商就不得不下调其产品价格,同时尽可能降低生产成本以弥补价格下降带来的损失。

(2) 购买者是否认为替代品的质量、性能及相关属性可以与本产品相比,甚至更优。除了对比价格,购买者常常会比较性能和相关属性。例如,消费者认为数码相机可以成为胶片相机的优秀替代品,因为数码相机容易操作,能够连接家庭电脑传输图片,并且可以直接删除不需要的照片而无须为此付胶卷费用。

(3) 购买者在转换消费产品时所承担的成本高低。高转换成本会打消购买者购买替代品的念头,而低转换成本可以让销售替代品的卖家更容易吸引到购买者。转换成本主要包括转向替代品所带来的不便、额外的安装费用、与老供应商解除关系的心理成本及员工的培训成本。

图 3.4 分别列出了替代品在不同强度的替代能力下所处的情况。

一般来说,替代品的价格越低,质量和相关性能越优良,购买者的转换成本越低,替代品的替代能力就越强。

第三章　公司外部环境的评估　47

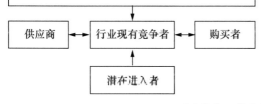

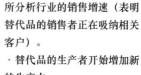

图 3.4　影响替代品替代能力的因素

供应商的议价能力

行业供应商议价能力的强弱取决于其是否有足够影响供应条款和其他条件向其有利方向调整的议价能力。有很强议价能力的供应商可以侵吞行业利润，通过向买方收取更高的价格将成本转嫁给买方，同时限制购买者找到更加划算的交易机会。例如，为电脑厂商提供核心部件的两大巨头微软和英特尔，不仅可以向电脑厂商收取高额费用，也能够对电脑厂商的其他方面施加重要影响。微软和英特尔在谈判中极强的议价能力使两家公司在许多场合都受到反托拉斯法的指控。在达成相关法律协议之前，微软公司要求电脑厂商只能装载微软的产品。英特尔也否认因其议价能力而违背反托拉斯法的指控，但继续给公司的大客户购买英特尔公司新推出芯片的优先权，英特尔优先名单上的客户可以尽早配置公司的最新芯片产品，因此这些享有优先权的电脑厂商在新型机市场上相比竞争对手更具优势。

任何行业的供应商能否发挥实质性的议价能力或杠杆作用，其决定性因素是相当明确的：

• 如果供应商提供的商品易于从其他供应商处获得，那么购买者可以从其他供应商手中购买产品，此时供应商的议价能力很弱甚至完全没有。

• 如果购买者从一个供应商转向另一个供应商或转向替代品的成本高，那么会增强供应商的议价能力，而低的转换成本和优秀的替代品则会削弱供应商的议价能力。

• 如果某些投入是供不应求的，则对于供不应求的商品，其供应商有一定程度的定价权。

- 如果某些供应商提供差异化的投入来提高其产品的性能、质量或形象,那么这种特殊的投入所带来的差异化越大,供应商所拥有的议价能力就越强。
- 如果供应商所提供的设备和服务能够节约买方的产品使用成本,其供应商的议价能力会在一定程度上增强。
- 当行业内产品的部分成本是一个特定的投入成本时,所需的特定部件成本越大,其在市场上的竞争机会就越受到供应商价格调整的影响。
- 如果供应商的主要客户来源于某一行业的企业,一般来说供应商对这一行业的企业的议价能力是很弱的,因为这一行业的企业为供应商贡献了大部分的销量份额。在这种情况下,供应商正确的做法是密切保持与主要客户的关系。
- 行业内企业实现后向一体化是否在经济上是有效率的。自制或外购决策通常取决于供应商提供某一特殊部件的成本是否低于企业进行后向一体化后可以实现的成本。

图 3.5 分别列出了供应商在不同强度的议价能力下所处的情况。

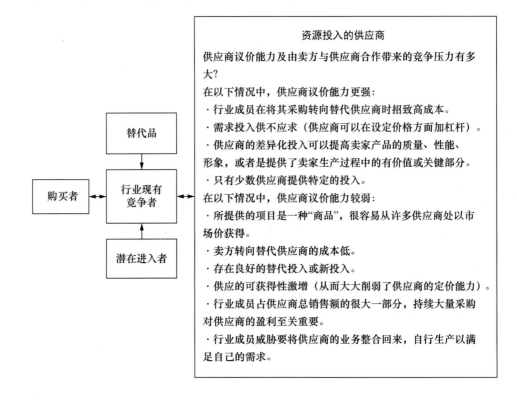

图 3.5　影响供应商议价能力的因素

潜在进入者的威胁

有几个因素决定了新公司进入市场是否会呈现出显著的竞争压力。第一个因素是潜在进入者的规模和所需资源。一般来说,潜在进入者的规模越大,潜在进入者的威胁就越强,特别对于一些拥有足够资源涉足新业务的进入者来说更是如此。通常,与潜在进入者相关的最大的竞争压力不是来自外部,而是来自行业内正在寻找新增长点的现有企业。行业内现有企业往往是进入细分市场和不同地区的开拓者。

第二个因素是潜在进入者所面临的行业壁垒高低与否。高壁垒可以降低潜在进入的竞争威胁,而低壁垒行业则面临更大的来自新进入者的威胁,尤其是在该行业还存在诱人的增长机会和获利机会的时候。以下是潜在进入者最经常遇到的,也是必须克服的行业壁垒:[2]

- 行业在生产和运营方面存在可观的规模经济。当行业现有成员能够享受规模经济所带来的成本优势时,外来者必须以足够规模进入(代价和风险更大),或者接受更大的成本劣势,因此降低了盈利能力。

- 成本和资源劣势与运营规模不相关。行业现有成员的成本优势除了来自规模经济,还来自技术、有利的供应商关系、低固定成本(因为使用的老设备已经计提减值)及学习曲线(也称经验曲线)的效应。微处理器行业的例子很好地说明了学习曲线是如何把新进入者置于相当大的成本劣势地位的。每当微处理器的累计生产量增加一倍,则每单位的成本下降约20%。20%的成本下降是学习曲线的效应,如果生产100万个芯片的单位成本是100美元,那么当产量达到200万个时,每个芯片的单位成本降至80美元(100×80%),当产量达到400万个时,单位成本只需要64美元(100×80%×80%)。[3] 学习曲线效应越强,累计产量所带来的成本优势就越显著。

- 较强的品牌偏好和较高的客户忠诚度。买家对既有品牌的黏性越强,新进入者进入市场的难度就越大。

- 较高的资本要求。成功进入市场所需投资总额越大,潜在进入者的数量就越有限。新进入者最明显的资本要求包括生产所用机器设备的费用、广告费、促销费、营运资金以及足够支付启动成本的现金。

- 建立批发与零售网络,以及确保商品在零售商处有足够陈列位置的困难。潜在进入者会面临众多分销渠道的挑战。批发商可能不愿意购买消费者尚未认可的产品。零售商需要招募人员对消费者进行宣传,并给新品牌足够的展示空间和试用期。潜在的进入者有时候需要以"购买"的方式打通产品批发与零售渠道,通过压低价格给经销商和分销商更高的溢价和利润,或者给他们额外的广告和促销津贴。

- 限制性监管政策。政府机构可以通过颁发牌照和许可证来设置准入门槛。例如有线电视、电信、电力、燃气、广播等公用事业均受到政府监管,实施准入政策。

- 关税和国际贸易限制。各国政府普遍使用关税和贸易限制(反倾销规则、地方性内容要求、地方所有权要求、配额等)来提高外国公司的进入壁垒,保护国内生产商免受外来竞争压力。

- 行业现有成员是否有能力和意愿推出有力的举措以阻止新进入者。即使潜在进入者能够或者已经获得了进入行业所需的能力和资源,但新进入者仍需重视行业现有成员所做出的反应。[4] 有些时候,行业现有成员几乎没有办法给外来者设置进入障碍。但在一些情况下,行业现有成员可以利用降低产品价格、加大广告投入、采用产品改进及提出法律诉讼等举措来阻止新进入者建立客户群。例如,有线电视公司大力打击卫星电视进入行业,它们通过寻求政府的干预来延迟卫星供应商向本地接收站提供节目的时间、给从卫星电视转回有线电视的用户提供折扣,并向使用卫星电视的用户每月收取更高的接入互联网的费用。

图3.6总结了影响外来者进入难易程度的情况。

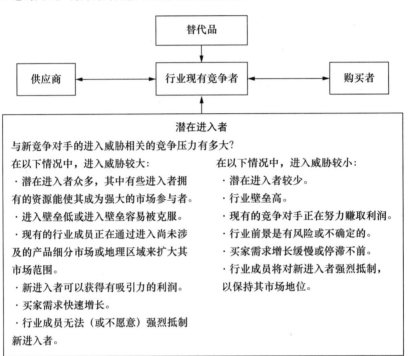

图3.6 影响进入威胁的因素

行业现有竞争者的竞争力

在五力模型中,行业现有企业间产品和服务的竞争通常是最强的一种力量。实际上,市场就是一个争夺买家的永不休止的战场。竞争对手们倾向于利用自身优势来提高市场地位、加强市场占有率并提升获利能力。战略决策的挑战在于制定以下竞争战略:首先,该战略至少可以让公司能与对手抗衡;其次,在理想情况下,该战略能使公司产生超过对手的竞争优势。但是,竞争是一个持续的动态过程。如果一家公司采取了能够产生良好效果的战略举措,它的对手将对此采取进攻或者防守的对策。这种行动和反应模式会产生一种不断变化的竞争格局,即市场兴衰更替伴随着赢家和输家。但对于现在的市场,领导者不能保证其领导的连续性。在每一个行业,企业战略决策的成功与否直接影响其竞争对手对市场的争夺。[5]

图3.7显示了一个企业在与对手竞争时可用的核心优势并指出了影响其竞争强度的因素。其中,影响竞争对手竞争强度的因素包括:

- 当竞争对手会定期推出新的行动以提高它们的市场地位和经营业绩时,对手的竞争强度会被强化。通常情况下,竞争对手之间的竞争是相当激烈的。强劲的竞争指标包括灵活的价格竞争、产品快速的更新换代,以及通过提供更好的性能特征、更高的质量、改进的客户服务或更广泛的产品选择来区分产品。其他用于短期促销的常用策略包括特殊销售促销、大量广告、回扣和低利率融资。

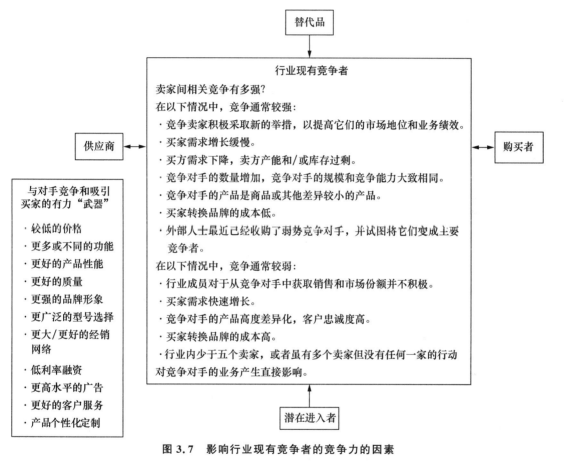

图 3.7　影响行业现有竞争者的竞争力的因素

- 在竞争对手的规模和能力都相当的行业中,竞争更加激烈。对于有许多大小相当的汉堡包、熟食三明治、鸡肉和炸玉米饼的连锁店的快餐服务业,竞争程度尤为激烈。在很大程度上,麦当劳、汉堡王(Burger King)、塔可钟、肯德基、阿尔比(Arby),以及其他国家的快餐连锁店,都拥有相当的能力,需要积极竞争以保持自己的行业地位。
- 竞争通常在增长缓慢的市场更强,在增长快速的市场更弱。快速扩张的购买需求足以为所有行业成员增长提供业务量。但是在增长乏力或购买需求突然下降的市场,竞争对手在市场份额和产量增长方面的争夺更加激烈并不罕见。
- 有大量小竞争对手或是只有少于五个竞争对手的行业竞争通常较弱。如果一个行业充满了很多的竞争对手,那么任何一个竞争对手的战略举措对其他竞争对手的成功几乎没有明显的影响,因此这种竞争倾向很弱。如果一个行业只包括两到四个卖家,这种竞争意愿也会很弱。因为在竞争对手很少的市场中,每个竞争对手很快就会了解到,采取积极措施来增加其销售额和市场份额可以给对手产生直接的不利影响,而这势必会引起对方的强烈报复。然而,一些谨慎的结论认为,竞争之所以是弱的,只是由于行业里只有几个竞争对手。现在谷歌和微软之间激烈的竞争以及可口可乐和百事可乐之间长达数十年的竞争就是最好的例子。

- 在供过于求的市场上,竞争会加剧。超额供应创造了"买方市场",同时给行业竞争对手增加了竞争压力,它们不得不争夺有利可图的销售水平(通常通过价格折扣)。
- 买家转换品牌的成本更低时,竞争会更激烈。购买者从对一个品牌的消费转向另一个品牌时所花费的成本越低,卖家就越容易从竞争对手那里争夺购买者。
- 产品的标准化程度越高,竞争越强;产品的差异化程度越高,竞争越弱。如果竞争对手之间的产品趋同,差异化程度低,那么,它没有理由赢得购买者对其品牌的忠诚度,在这种情况下,竞争对手更容易说服买家转向对它们产品的消费。反之,竞争对手之间的产品差异化程度高会提高购买者对其品牌的忠诚度。
- 如果行业条件诱使竞争对手使用降价或其他竞争性武器来提高销量,竞争会加剧。对于易变质、有季节性或储藏成本较高的产品来说,任何时候,只要有公司决定通过降价向市场倾销产品,竞争压力就会迅速形成。同样,当固定成本占总成本的很大一部分时,单位成本往往在企业接近满负荷生产时达到最低,这样的企业在达到满负荷生产前,有足够的降价压力实行促销。
- 如果存在一个或多个竞争对手对其市场地位不满,竞争会加剧。濒临破产或者面临财务困境的企业常常会采取一些铤而走险的战略,比如价格折扣、大量广告、横向兼并等。这些战略会大幅增加行业的竞争压力。
- 如果行业外有大企业收购业内实力薄弱的小企业,同时积极在业界加大资金投入以建立市场份额,那么行业内竞争强度会提高。将实力薄弱的企业转变为市场上的领导者时离不开充足的启动资金以及相配套的战略举措:通过极大改善企业的产品供应,激发购买者兴趣,赢得更大的市场份额。如果成功,就会给对手带来额外的竞争压力。

当竞争对手采用长期价格战或者其他惯用的造成双方利润受损的攻击性战术时,竞争可以说是残酷或野蛮的。当市场份额的争夺相当激烈以至于大多数行业成员的利润率都被挤压到很低水平时,竞争可以说是激烈的。当行业成员之间的竞争虽然活跃,但仍然允许大部分成员获得可接受的利润时,竞争可以说是适中的。当大多数企业对其销售增长和市场份额相对满意同时很少主动争夺对方的客户时,竞争可以说是比较弱的。

五力模型的整体作用与行业盈利水平

逐一分析每一种力量可以在既定市场下有效地诊断竞争的情况。一旦战略制定者对各项力量所涉及的竞争压力有所了解,下一步就是评估五力模型的整体作用,以及判断企业是否能在行业内获得体面的利润。

➡ 竞争压力越大,业内企业就越难以获得有吸引力的利润。

一般来说,五种力量的整体效应越强,行业参与者的综合盈利能力就越低。一个"毫无竞争吸引力的"行业的最极端情况是五种力量正产生强大的竞争压力:卖家之间的竞争是有力的,进入壁垒低使得新进入者易于取得市场立足点,替代品的竞争异常激烈,供应商和客户掌握相当大的议价筹码。这五个方向的强大竞争压力总能将行业盈利能力拉低到难以令人接受的水平,经常造成行业内企业的损失,迫使一些企业停产。但有的行业虽然并没有产生五种强大的力量却仍然缺乏吸引力,因为仅其中一种力量,如残酷的价格竞争,所形成的竞争压力就足以破坏良好的盈利能力。

相反,当五种力量的整体效应适中或较弱时,在一定意义上该行业是有竞争吸引力的,业内成员有理由预期其投资能够得到不错的利润和回报。企业能够赚取不菲利润的理想竞争条件是供求双方的议价能力都较弱,市场上没有很好的替代品,行业进入壁垒较高,以及行业内现有企业间的竞争是适度的。弱竞争对于那些战略平庸、执行力二流的企业来说是最好不过的,此时,它们甚至可以期望一个不错的利润。

问题3:行业变化的驱动力是什么?它们带来什么影响?

行业的竞争强度与行业吸引力水平是不固定且经常变化的。对于战略制定者来说,了解现阶段的行业竞争情况是必要的,同时,思考行业正在发生怎样的变化及行业变化所带来的影响也同样重要。管理层所制定的任何战略都将在一个不断变化的行业环境中表现出来,因此有必要考虑近期的行业环境情况。

行业驱动力的概念

行业和竞争条件的变化是由于存在驱使行业相关者(竞争对手、客户、供应商)改变其行为的力量。最强大的变革推动者被称为**驱动力**(driving force),因为其具备重塑行业形态及改变竞争条件

> ➡ 核心概念
>
> 驱动力是行业和竞争条件变化的主要潜在原因。

的巨大影响力。一些驱动力源自外部的宏观环境(见图3.1),但大部分来源于与公司直接相关的行业和竞争环境。

驱动力分析有三个步骤:① 确定驱动力是什么;② 评估变化的驱动力是单独还是同时影响了行业的吸引力;③ 确定何种战略改变能做好应对驱动力的冲击的准备。

识别一个行业的驱动力

许多可以有力地影响一个行业的发展都有足够资格被称为驱动力,但大多数行业和竞争情况变化的驱动力属于以下类别之一:

- 行业长期增速的变化。行业增速的变化对供需双方的平衡、进入或是退出行业以及竞争的特征与强度等关系有潜在影响。需求强劲会触发行业现有企业与新进入者之间争夺新的销售机会的竞赛。需求疲软总能增加行业内竞争,因为一些企业需要抢夺对手的市场份额以保持自身的高增长率。

- 全球化程度日益提高。随着经济全球化,各企业为了开拓国际市场,开始将竞争的战场从主要地区和国家的重点区域转向了全球的重点区域。同时,由于各地区劳动力成本有差异,企业倾向于将工厂建在劳动力成本最低的地区和国家。全球化的驱动力如此强大,以至于企业认为,如果条件允许,开拓海外市场是非常有利的。对于一些行业,如信用卡、手机、数码相机、汽车、钢铁、石油、个人电脑和视频游戏等,全球化是其发生变化的最大驱动力。

- 新兴的互联网功能和应用。互联网用户的大量涌现及一系列互联网应用和功能的高速增长,已经成为后工业时代工业变革的主要驱动力。公司通过互联网接触消费者的能力增加了公司竞争对手的数量,并且增强了竞争对手纯粹在网上销售从而与当地的实体店卖家竞争的能力。互联网使买家有能力对比竞争对手之间的产品,同时能够根据市场情况做出最有价值的决策,这种能力是前所未有的。电子邮件的广泛使用掠夺了传真服务和政府一级邮政服务的业务收入,网络视频会议挤占了商务旅行的市场,在线课程对高等教育有深远影响。未来的互联网将具有更快的发展速度,令人眼花缭乱的应用程序和超过十亿个相互连接的小工具执行一系列的功能,从而进一步推动了行业和竞争的变化。但互联网相关的影响因行业而异。这里的挑战是准确地评估新兴互联网发展如何改变特定行业的前景,并将这些影响考虑在战略制定中。

- 购买产品的主体及其使用方式的变化。购买者的人口信息及其使用产品方式的变化可能通过影响客户如何看待价值、客户如何做出购买决定,以及客户购买产品的方式来改变竞争。互联网下载和流媒体传输音乐的迅速普及已经显著地改变了唱片行业。根据IFPI的数据,2009年数字音乐占行业销售额的25%以上。然而,由于消费者购买单个曲目而不是专辑,并且与其他用户共享文件,行业销售额在2004—2009年下降了30%。

- 产品创新。正在进行的产品创新流程通过吸引更多的首次购买者、振兴行业增长以及在竞争对手之间创造更广泛或更窄的产品差异等方式来改变行业竞争的模式。产品创新一直是计算机、数码相机、电视、视频游戏和处方药等行业的关键驱动力。

- 技术变革和制造工艺创新。技术进步可以显著地改变行业的格局,使其有可能以更低的成本生产出更好的新产品,并为行业开辟新的前沿领域。例如,网络电话(VoIP)技术带来了成本更低的基于互联网的电话网络,其开始与全世界的传统电话公司竞争(连接高空和地下的电话电缆使得传统电话公司的技术成本很高)。

- 营销创新。当公司成功地引入新方式来推销它们的产品时,它们可以引起买家兴趣、扩大行业需求、增加产品差异化程度、降低单位成本——任意一个都能改变对手公司的竞争地位并迫使其做出战略调整。

- 主要公司的进入或退出。一家或多家外国公司进入一个由国内公司主导的地区市场几乎总是能撼动现有竞争条件。同样,当来自另一个行业的某家成熟的国内公司试图通过收购或创业的方式进入现有行业时,它通常能够推动新方向上的竞争。

- 在越来越多的公司和国家传播扩散的技术知识。随着关于特定活动或特定制造技术的知识的传播,最初拥有这种知识的公司的竞争优势会受到损害。这些技术知识可以通过学术期刊、商业出版物、现场调研、供应商与客户之间的交流、员工流动和互联网资源等途径传播。
- 成本和效率的变化。关键竞争对手之间成本差异的扩大或缩小往往会极大地改变竞争状态。生产成本的下降使得个人电脑（特别是价格较低的型号）的价格下降、销售增加，继而使全球低收入家庭更容易负担得起。
- 越来越多的买家偏好差异化产品，而不是标准化产品（或更偏好标准化产品，而不是差异化产品）。当发生从标准化产品向差异化产品的消费偏好转变时，竞争对手必须采取差异化的策略。然而，买家有时认为，一个标准化的有预算内价格的产品与一个拥有前卫特征和个性化服务的高价位产品一样，都能够符合他们的要求。
- 监管的影响和政府政策的变化。政府的监管行动往往会迫使行业行为和战略方法发生重大变化。联邦通信委员会（Federal Communications Commission，FCC）在2010年制定的网络中立政策潜在地改变了互联网服务提供商（如 Comcast 和 AT&T）的成本结构、资本预算和定价政策。网络中立政策的实施可以防止互联网服务提供商限制带宽消耗内容（如视频）的下载速度。平等对待所有内容的要求将需要对基础设施进行更大的投资，这为互联网服务提供商带来了额外的成本。然而，增加宽带容量将允许内容提供商通过向消费者提供更多需要大量带宽的内容来潜在地提高站点流量。2011年，大多数内容提供商都在推动全面实施网络中立政策，因为这些政策创造了新的收入机会，而互联网服务提供商都在游说国会通过立法限制联邦通信委员会对互联网服务的权力，以避免额外的资本支出、更高的运营成本和价格的上升。
- 社会焦点、公众态度和人们生活方式的转变。新兴的社会问题、不断变化的公众态度和生活方式可以成为行业变革的强大驱动力。消费者对盐、糖、化学添加剂、饱和脂肪、胆固醇、碳水化合物及营养价值的关注迫使食品生产商改进食品加工技术，将研发工作重心转向使用更健康的原料，并在开发营养、优质的产品等方面进行竞争。

虽然许多变革力量都可能在给定的行业中发挥作用，但是可能只有不超过3—4个因素才是真正的驱动力，它们足够强大，足以成为行业正在发生变化的主要决定因素。因此，公司战略家必须抵制诱惑，不要将每一个变化都标记为驱动力。表3.2列出了最常见的驱动力。

表 3.2　常见的驱动力

1. 行业长期增速的变化。
2. 全球化程度日益提高。
3. 新兴的互联网功能和应用。
4. 购买产品的主体及其使用方式的变化。
5. 产品创新。
6. 技术变革和制造工艺创新。
7. 营销创新。
8. 主要公司的进入或退出。
9. 在越来越多的公司和国家传播扩散的技术知识。
10. 成本和效率的变化。
11. 越来越多的买家偏好差异化产品，而不是标准化产品（或更偏好标准化产品，而不是差异化产品）。
12. 监管的影响和政府政策的变化。
13. 社会焦点、公众态度和人们生活方式的转变。

评估行业驱动力的影响

> ➡ 驱动力分析的一个重要部分是确定驱动力的单独或整体影响是增加还是减少了市场需求,是加剧还是减弱了市场竞争,以及会造成更高还是更低的行业盈利能力。

驱动力分析的第二步是确定当前的驱动力是否影响了行业环境的吸引力。处理驱动力的整体效应通常需要分别观察各个驱动力的可能影响,因为驱动力可能不是都作用在同一个方向上。例如,两个驱动力可能对行业产品的需求起到刺激作用,然而另一个驱动力的效应是减少需求。行业需求的净效应是上升还是下降取决于哪个驱动力更强大。

确定战略改变以应对行业驱动力的影响

> ➡ 驱动力分析的真正收益是帮助管理者理解需要什么样的战略变化来应对行业驱动力带来的影响。

驱动力分析的第三步是管理者要总结出什么样的战略调整可以应对驱动力所带来的影响,这一步提出的战略是真正的收益来源。如果未了解推动行业变化的驱动力及这些驱动力在未来一到三年内对行业环境的影响,管理者就无法制定与新兴条件紧密匹配的战略。同样,如果管理者不确定一个或多个驱动力的影响,或者他们的观点产生偏差,他们将难以制定一个能应对驱动力所带来影响的战略。所以驱动力分析不是轻而易举的事情,它具有实际价值,是战略性思考行业的发展方向和如何应对行业未来变化并为之做好准备的基础。

问题 4:如何定位行业竞争对手?

> ➡ **核心概念**
> **战略群体图**是一种显示竞争对手在行业中占据的不同市场或竞争地位的手段。

竞争战略的本质包含对行业中的竞争公司进行分组定位,可以按照不同价格、质量范围、不同分销渠道、不同产品特征和不同地理覆盖面等标准来分为不同的战略组。展示行业竞争对手市场地位的最佳方法是**战略群体图**(strategic group mapping)。这种分析工具可用于比较行业竞争对手的市场地位或对行业竞争者进行聚类分组。

利用战略群体图分析主要竞争对手

> ➡ **核心概念**
> **战略组**是具有类似竞争方法和市场地位的行业对手集群。

一个**战略组**(strategic group)由市场上具有类似竞争方法和地位的行业成员组成。同一战略组中的公司可以有几个相似之处——它们可能具有可比的产品线宽度,在相同的价格或质量范围内销售,强调相同的分销渠道,使用基本相同的产品属性吸引相似类型的买家,依靠相同的技术方法,或向买家提供类似的服务和技术援助。[6]具有相似商品的行业可能仅包含一个战略组,所有卖方追求本质相同的战略,以及拥有可比的市场位置。但是即使对于标准化产品,也有可能尝试以不同交货时间、融资条件或客户服务水平等形式进行差异化。大多数行业提供了大量的竞争方法,允许公司找到独特的行业定位,避免在拥挤的战略组中激烈竞争。评估战略选择需要检查存在哪些战略组,确定每个战略组内存在哪些公司,以及确定是否存在竞争"空白"使得行业竞争对手能够创建和捕获新兴的需求。

构建战略群体图的过程很简单:

- 确定能描述行业内所使用的战略方法的竞争特征。用于创建战略群体图的典型变量是价格或质量范围(高、中、低),地域范围(地方、区域、国内、全球),垂直整合程度(无、部分、全部),产品线宽度(宽、窄),分销渠道的选择(零售、批发、互联网、多渠道),以及提供的服务程度(只提供必要服务、有限附加服务、全部服务)。
- 根据战略方法,在二维地图上绘制公司。
- 将图中处在相同位置的公司划分到同一个战略组。
- 围绕每个战略组绘制范围圈,这个圆圈应按照所处战略组在总体行业销售收入中的份额的比例绘制。

概念与链接 3.1 展示了零售连锁店行业的二维图。

概念与链接 3.1

零售连锁店的相对市场地位:战略群体图的应用

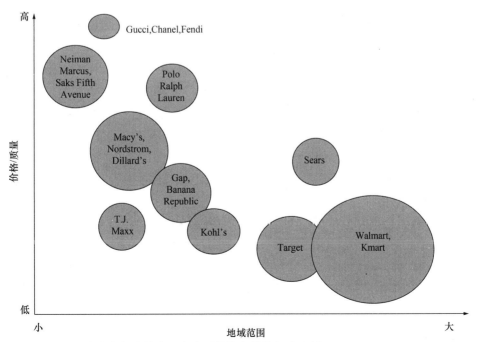

注:图中圆圈的大小与每个战略组中公司的综合销售额成比例。

在绘制战略群体图时需要遵循几个原则。第一，图中所选的二维变量不应高度相关，否则地图上的圆圈将沿对角分布，并且战略制定者将发现在这种情况下所获得的竞争对手的相对位置信息，与只考虑其中一个变量没什么差别。例如，产品线宽泛的公司使用多个分销渠道，而产品线狭窄的公司使用单一分销渠道，那么只需查看产品线宽度就能了解行业定位，等同于查看了两个竞争变量（产品线与渠道之间有高度相关性）。第二，所选的轴变量应该能反映为客户提供价值的关键因素，并揭示在市场中竞争对手定位的巨大差异。第三，所选的轴变量不必是定量或连续的；相反，它们可以是离散变量或根据不同类型和组合来定义。第四，图中圆圈的大小与每个战略组中的公司的综合销售额成比例，这样可以反映每个战略组的相对大小。第五，如果可以选择两个以上的效果较好的竞争变量作为坐标轴，则可以绘制多维图，从不同方面来揭示战略组在行业内的竞争地位。因为不一定存在一个最好的地图来描述市场中竞争公司是如何定位的，所以最好对不同的竞争变量进行实验。

战略群体图的价值

> ➡ 一些战略组比其他战略组的定位更有利，因为它们面对较弱的竞争力量或行业驱动力对其是有利的。

战略群体图能从几个方面来分析。最重要的是确定哪些竞争对手有相似的定位，以此判断哪些是距离相近的对手，哪些是距离较远的对手。一般来说，在地图上越接近的战略组，跨组间的竞争越趋激烈。虽然同一战略组中的企业是最接近的竞争对手，但下一个最接近的竞争对手是紧邻的战略组。[7]通常，在地图上相距甚远的战略组中的公司几乎不会产生竞争。例如，沃尔玛的客户、商品选择和定价点是如此不同，它不能称作马库斯百货（Neiman Marcus）或第五大道精品百货（Saks Fifth Avenue）的直接竞争对手。出于同样的原因，天美时（Timex）不是劳力士真正意义的竞争对手，起亚（Kia）不是保时捷（Porsche）或雷克萨斯（Lexus）的直接竞争对手。

从战略群体图中能看出的另一件事是，并不是地图上的所有位置都具有同样的吸引力。一些位置比其他位置更具吸引力的原因有以下两个：

第一，行业驱动力可能偏向某些战略组并使其他战略组受损。一个行业的驱动力可能会增加一些战略组内公司的产品需求，却减少其他战略组内公司的产品需求。如在新闻行业中，互联网新闻服务和有线新闻网络的发展正在以牺牲报纸和传统电视网络为代价。新兴的互联网功能和应用是行业的驱动力，它改变了产品的消费群体和使用方式，也改变了社会关注焦点、公众态度和生活方式，使得传统媒体越来越难以增加受众从而难以吸引新的广告客户。

第二，竞争压力可能导致不同战略组的利润空间不同。不同战略组中企业的利润前景可能有好有坏，这是由于战略组内的竞争程度不同、行业外替代产品的竞争程度不同，以及战略组之间的供应商或客户议价能力程度不同。例如，沃尔玛和塔吉特百货（Target）之间的竞争（利润空间更小）比范思哲（Versace）、香奈儿、芬迪（Fendi）和其他高端时尚零售商之间的竞争更加激烈。

因此,战略组分析的一部分总是需要得出结论,即地图上的"最佳"位置在哪及其原因。哪些公司或战略组处于发展的最佳位置?哪些公司或战略组可能需要奋斗?同样重要的是,处在不良位置的战略组内的公司如何重新定位以优化其财务业绩前景?

问题5:竞争对手下一步会采取的战略行动是什么?

就像在体育领域中一样,侦察商业对手是比赛计划的重要组成部分。关于竞争对手的战略、它们的最新行动和公告、它们的资源和组织能力,以及它们的高管的思维和领导风格等竞争情报对于预测竞争对手下一步可能做出的战略举措是很有价值的。拥有良好的信息来预测关键竞争对手的可能举动,使公司能够准备防御性的应对措施,并抓住竞争对手因失误带来的任何机会。

试图预测竞争对手下一步可能采取的战略举措时需要考虑以下因素:
- 高管们对行业的发展方向、公司的情况、他们过去的行为及领导风格的看法。
- 确定产品发布或新的营销促销的时机。
- 确定哪些竞争对手非常需要提高单位销售额和市场份额。
- 考虑哪些竞争对手具有强大的动机及资源来进行重大战略变革。
- 知道哪些竞争对手可能进入新的地域市场。
- 确定哪些竞争对手是扩大其产品供应和进入新产品细分领域的强有力的候选者。

为了成功预测竞争对手的下一步行动,公司战略制定者需要对每个竞争对手的情况有很好的了解:其对先前战略攻击进行回应的行为模式和偏好,其最佳战略选择,以及其管理层衡量成功的方式。做基础的侦查工作可能是乏味和耗时的,但充分的侦查可以更好地预测对手们下一步的行动,使得管理者能够准备有效的应对措施,并考虑对手可能采取的行动以制定自己的进攻战略。[9]概念与链接3.2讨论了收集竞争情报的道德限制。

> ➡ 研究竞争对手过去的行为和偏好为预测对手下一步采取的行动,继而采取对策在市场中取胜提供了宝贵的支持。

概念与链接3.2

商业伦理与竞争情报

那些收集对手竞争情报的人有时可能逾越诚信和道德准则甚至法律的界限。例如,打电话询问竞争对手以获得价格、新产品推介时间或工薪水平的信息是合法的,但在此类询问中歪曲其所属公司信息是不道德的。在展销会上,只有佩戴了明确的所属公司信息的标签后,对竞争对手代表的询问才是道德的。雅芳公司通过翻查其最大的竞争对手玫琳凯(MKC)总部周边的垃圾桶,获得了玫琳凯的信息。[8]当玫琳凯发现时对雅芳提起诉讼,但雅芳宣称它没有违法,因为1988年最高法院的裁决宣布,留在公共财产处(如人行道)的垃圾是任何人都可以收集的。雅芳甚至提供了一个在玫琳凯周边收集垃圾的现场录像。最后雅芳赢得了诉讼。雅芳的行动虽然合法,但很难说是符合道德的。

问题6:行业的关键成功因素是什么?

> **➡ 核心概念**
> **关键成功因素**是对市场未来成功具有最大影响的战略要素、产品属性、竞争能力或无形资产。

行业的**关键成功因素**(key success factors,KSFs)是能够影响行业成员在市场上繁荣能力的竞争因素。关键成功因素可能包括特定的战略要素、产品属性、资源、竞争能力或无形资产。关键成功因素本质上对未来的竞争成功如此重要,以至于行业中的所有公司必须密切关注它们,否则会面临最终退出行业的风险。

在成衣行业,关键成功因素是吸引人的设计和颜色组合、较低的制造成本、强大的零售商网络或公司自有的门店、使商店在最畅销货架上保留物品的分销能力,以及有效地传达品牌形象的广告。这些属性和功能适用于所有品牌的服装,从折扣店销售的自有品牌到高档百货商店销售的高档定制成衣品牌。表3.3列出了最常见的行业关键成功因素类型。

表3.3　行业关键成功因素的常见类型

技术因素	• 在特定技术或科学研究方面的专长(在制药、互联网应用、移动通信和大多数高科技行业中尤为重要) • 真正有能力改进生产过程(在改进技术为提高制造效率和降低生产成本开辟道路的行业中很重要)
生产因素	• 能够实现规模经济和获得经验曲线效应(对于需要实现低生产成本的行业尤为重要) • 质量控制知识(在客户坚持产品可靠性的行业中尤为重要) • 固定资产的高利用率(在资本密集型或高固定成本行业中尤为重要) • 熟练劳动力的充分供应 • 高的劳动生产率(在劳动力密集型行业中尤为重要) • 较低的产品设计和工程成本(降低制造成本) • 能够制造或组装符合买者规格要求的产品
分销因素	• 强大的批发分销商或经销商网络 • 通过互联网和/或公司拥有的零售网点提供强大的直销能力 • 能够在零售商货架上确保有利的展示空间
营销因素	• 产品线宽度和产品选择 • 享有声誉的知名品牌 • 快速、精确的技术援助 • 有礼貌、个性化的客户服务 • 准确填写买家订单(订单退回和信息错误较少) • 客户保证和特约条款(在邮购、在线零售、大宗购买和新产品介绍中很重要) • 聪明的广告

(续表)

技能和产能因素	• 有才干的人才（尤其在财务和投资银行等专业服务中很重要） • 国内和国际的分销能力 • 产品创新能力（在需要争夺新产品特性或性能率先进入市场的行业中尤为重要） • 设计专长（在时尚和服装行业中尤为重要） • 缩短交货时间 • 供应链管理能力 • 强大的电子商务能力——用户友好的网站和使用互联网技术应用程序简化内部操作的技能
其他因素	• 整体的低成本（不仅仅是制造成本）能够满足客户对低价的期望 • 便利的地点（在许多零售企业中尤为重要） • 能够提供快速、方便的售后维修和服务 • 优秀的资产负债表和融资能力（在具有高度商业风险的新兴行业和资本密集型行业中尤为重要） • 专利保护

一个行业的关键成功因素通常可以通过确定行业的主导特征、评估五个竞争力、考虑驱动力的影响、比较行业成员的市场定位，以及预测主要竞争对手的下一步行动来推断。此外，以下三个问题的答案也有助于确定行业的关键成功因素：

第一，购买者是基于什么在行业内竞争品牌的产品之间做出选择？也就是说，产品的什么属性是至关重要的？

第二，给定市场上普遍存在的竞争力的性质，公司需要具备哪些资源和竞争能力才能取得成功？

第三，什么缺陷几乎确定使公司处于显著的竞争劣势？

使未来竞争成功的关键因素只有 5—6 个。因此，管理者不应该标记一个不太重要的因素。编制影响不大的因素列表会偏离管理者的注意力，管理者的注意力应集中在真正影响长期竞争成功的重要因素上。

问题 7：行业是否为有吸引力的利润提供了好的前景？

评估行业和竞争环境的最后一步是对问题 1—6 中分析的结果进行总结，以确定行业是否为公司在有吸引力的利润方面提供了光明的前景。这一结论是基于以下重要因素得出的：

➡LO3
了解如何确定行业前景是否给公司提供了足够有吸引力的增长机会和盈利能力。

• 行业的增长潜力。
• 强大的竞争力是否将行业利润率压到低水平，以及竞争会变得更强还是更弱。
• 行业利润率会受到主要驱动力的有利还是不利影响。
• 公司在行业内以及竞争对手之间的竞争地位。（与在陡峭的山坡上战斗的人相比，地位稳固的领导者或有强势定位的竞争者有更好的机会获得有吸引力的利润。）

- 公司如何运用行业关键成功因素。

认为某个行业对所有行业参与者和所有潜在进入者的吸引力是相同的,这个观点本身是错误的。结论必须从一个特定公司的角度来看。对内部人有吸引力的行业可能对外来者不具吸引力;行业环境可能对弱竞争对手没有吸引力,但对强大的竞争对手却具有吸引力。一家定位优越的公司可能会在调查商业环境时发现弱势竞争对手无法捕捉到的大量机会。

> ➡ 对于所有行业参与者和潜在新进入者而言,行业所具有的吸引力的程度是不同的。行业的吸引力取决于公司的竞争能力与行业关键成功因素之间的协调程度。

当一个公司确定一个行业具有根本性的吸引力时,可以做出强有力的决策,它应该积极投资,以抓住所看到的机会。当一个强大的竞争对手认为一个行业相对缺乏吸引力时,它可能选择固守其当前位置,谨慎地投资,并可能开始在其他行业寻找机会。在一个缺乏吸引力的行业中,对一个竞争力弱的公司来说,最好的选择就是找到一个买家,也许是一个竞争对手,来收购它的业务。

关键点

从战略角度思考公司的外部情况包括探索以下七个问题的答案:

1. 行业的主导性经济特征是什么?行业在几个重要经济特征指标方面各不相同,诸如市场规模和增长率、买方和卖方的数量与相对规模、竞争对手的地理范围、产品差异程度、产品创新速度、需求供应条件、垂直整合程度,以及规模经济和学习曲线效应的强度。

2. 行业成员面临什么样的竞争力量?每个力量有多强?竞争的力量是五种力量的综合效应:① 来自买方议价能力和买卖双方协作的竞争压力;② 来自替代品的销售的竞争压力;③ 来自供应商议价能力和供应商与卖方合作的竞争压力;④ 来自市场的新进入者的竞争压力;⑤ 来自竞争对手间博弈的竞争压力。

3. 什么力量在驱动着行业的变化?这些变化对竞争力和行业盈利能力有什么影响?行业和竞争条件在不断改变,因为创造激励或变化压力的力量在运动。第一阶段是确定推动行业变革的驱动力。第二阶段是分析这些驱动力是否正在或多或少地改变行业环境的吸引力。

4. 行业竞争对手占据什么样的市场地位?——谁是强势的,谁是弱势的?战略群体图是了解竞争对手公司市场地位固有的相似性和差异的重要工具。在相同或附近战略组中的竞争对手是很接近的竞争对手,而相距较远的战略组的公司之间通常很少或没有直接威胁。一些战略组比其他战略组更有利。不同战略组的利润潜力可能不一样,因为行业驱动力和竞争力可能对不同的战略组产生截然不同的影响。

5. 对手下一步可能会有哪些战略举措?充分挖掘竞争对手的信息以预测它们可能采取的行动可以帮助公司准备有效的应对策略(甚至可以打败对手的冲击),管理者在设计公司的最佳行动方案时也应该考虑到对手可能采取的行动。

6. 竞争的关键成功因素是什么？一个行业的关键成功因素包括特定的产品属性、竞争能力和无形资产等，这些可以用来区别一个强大的竞争对手和一个弱的竞争对手之间的差异，有时可以用来解释利润和损失的差异。行业关键成功因素的性质对于成功竞争非常重要，行业中的所有企业都必须密切关注这些因素，否则会有退出行业的风险。

7. 行业前景是否给公司带来了有足够吸引力的盈利前景？行业的吸引力是公司战略的主要驱动力。当一个公司认为一个行业具有很强的吸引力并能提供良好的机会时，它应积极投资，以抓住看到的机会。当一个强大的竞争对手认为一个行业相对缺乏吸引力和缺乏机会时，它可能选择只是维持其现在的位置，谨慎地投资，并在其他行业寻找机会。在一个缺乏吸引力的行业中，一个竞争力弱的公司的最好选择可能是找到一个买家，也许是一个竞争对手，来收购它的业务。有时，整体上没有吸引力的行业对于一个有着优越地位的公司来说仍然非常有吸引力，它们拥有技能和资源，可以从较弱的竞争对手中脱颖而出。

巩固练习

1. 使用行业贸易协会网站上提供的信息对咖啡行业进行简要分析。根据这些协会网站提供的信息，为咖啡行业绘制一个波特五力模型图，并简要讨论五个竞争力量中每一个的性质和强度。

2. 根据概念与链接 3.1 中的战略群体图，判断谁是诺德斯特龙（Nordstrom）最接近的竞争对手？哪两个战略组之间的竞争是最强劲的？试分析为什么没有零售连锁店位于图的右上角？哪个公司或战略组所面临的来自其他战略组成员的竞争是最弱的？

3. 快餐食品协会（Snack Food Association）发布了年度行业报告，该报告详见 www.sfa.org。请根据最新报告中的信息，试分析行业的经济特征是如何向行业参与者展示有吸引力的增长和盈利机会的。

模拟参与者练习

1. 五种竞争力中的哪一种给你的公司带来了最强劲的竞争压力？

2. 公司所属行业的竞争对手公司可以使用哪些"竞争武器"来获得销售和市场份额？参见图 3.7 以帮助你识别各种竞争因素。

3. 在贵公司的行业中，什么因素影响着竞争的强度？图 3.7 和相关讨论可以帮助你精确定位影响竞争力的特定因素。根据竞争对手为了争取更有利的市场地位而增加销量抢占市场份额的行为，你能否判断竞争程度（激烈、极强、强、中等或相对较弱）？为什么？

4. 贵公司所处的行业竞争驱动力是什么？这些驱动力会有什么影响？它们会在多大

程度上影响竞争程度？这些驱动力是提高还是挤压了利润率？至少列出贵公司会考虑采取的两个能消除驱动力负面影响的行动。

5. 绘制一个战略群体图，显示贵公司在行业中的市场地位。你认为哪些公司位于图中最有吸引力的位置？哪些公司在最弱的位置？你认为哪些公司很可能会尝试改变其在战略群体图中的位置？

6. 你认为成为行业内最有竞争力的公司的关键因素是什么？至少列出三个。

7. 你对整个行业的整体评估能表明业内竞争对手有足够诱人的增长前景和盈利机会吗？请说明理由。

尾注

1. Michael E. Porter, *Competitive Strategy: Techniques for Analyzing Industries and Competitors* (New York: Free Press, 1980), chap.1; Michael E. Porter, "The Five Competitive Forces That Shape Strategy," *Harvard Business Review* 86, no.1 (January 2008).

2. J. S. Bain, *Barriers to New Competition* (Cambridge, MA: Harvard University Press, 1956); F. M. Scherer, *Industrial Market Structure and Economic Performance* (Chicago: Rand McNally & Co., 1971).

3. Pankaj Ghemawat, "Building Strategy on the Experience Curve," *Harvard Business Review* 64, no.2 (March-April 1985).

4. Michael E. Porter, "How Competitive Forces Shape Strategy," *Harvard Business Review* 57, no.2 (March-April 1979).

5. Pamela J. Derfus, Patrick G. Maggitti, Curtis M. Grimm, and Ken G. Smith, "The Red Queen Effect: Competitive Actions and Firm Performance," *Academy of Management Journal* 51, no.1 (February 2008).

6. Mary Ellen Gordon and George R. Milne, "Selecting the Dimensions That Define Strategic Groups: A Novel Market-Driven Approach," *Journal of Managerial Issues* 11, no.2 (Summer 1999).

7. Avi Fiegenbaum and Howard Thomas, "Strategic Groups as Reference Groups: Theory, Modeling and Empirical Examination of Industry and Competitive Strategy," *Strategic Management Journal* 16 (1995); S. Ade Olusoga, Michael P. Mokwa, and Charles H. Noble, "Strategic Groups, Mobility Barriers, and Competitive Advantage," *Journal of Business Research* 33 (1995).

8. Larry Kahaner, *Competitive Intelligence* (New York: Simon and Schuster, 1996).

9. Kevin P. Coyne and John Horn, "Predicting Your Competitor's Reaction," *Harvard Business Review* 87, no.4 (April 2009).

第四章

评估公司的资源、成本地位和竞争力

学习目标

LO1 了解如何评估公司当前的战略执行

LO2 理解为什么公司的资源和能力是其战略方法的核心,以及如何评估公司相对于竞争对手获得竞争优势的潜力

LO3 掌握公司内部活动执行的方式和原因,以及供应商和前向通道盟友的外部活动是如何决定公司的成本结构和为客户提供的价值的

LO4 了解如何评估公司相对于主要竞争对手的竞争力

LO5 理解如何对公司内外部局势进行全面评估,以帮助管理者做出下一步重要的战略举措

第三章描述了如何使用行业工具和竞争分析来评估公司的外部环境,并为将公司战略与外部情况相匹配奠定基础。本章讨论对公司内部环境进行评估的技术,包括对资源和能力、相对成本状况及相对于竞争对手的竞争力的收集等。分析的焦点主要集中在五个问题上:

(1) 公司战略的执行情况如何?
(2) 公司具有竞争力的重要资源和能力是什么?
(3) 公司的成本结构和客户价值定位是否具有竞争力?
(4) 公司与关键竞争对手相比的竞争力是更强还是更弱?
(5) 管理者必须考虑哪些战略问题和难题?

这五个问题的答案能够使管理层更好地理解"我们在哪里",并通过"制胜战略的三项考验"为公司制定合适的战略——形势定位(见第一章)。

问题1:公司战略的执行情况如何?

衡量一个公司战略执行情况的两个最好的指标是:① 公司的财务实力和盈利能力是否在增长;② 公司的竞争能力和市场地位是否在提高。在满足公司财务绩效目标方面的持续不足和相对于竞争对手的表现不佳都预示着公司存在战略制定不足、战略执行不合格或两者兼而有之的问题。有关公司战略执行情况的其他指标包括:

➡LO1
了解如何评估公司当前的战略执行。

- 公司销售和盈利的增长趋势。
- 公司股票价格的趋势。
- 公司的整体财务实力。
- 公司的客户保持率。
- 获取新客户的速度。
- 公司在客户中的形象和声誉的变化。
- 内部流程改进的证据,例如产品不良率、订单履行情况、交货时间、库存天数和员工生产力。

企业当前的总体绩效越强,对战略进行根本性改变的需要就越少。公司的财务表现和市场地位越弱,当前战略存在的问题就越多。(最常用于评估公司财务绩效和资产负债表稳健性的财务比率汇编见附录）。

问题 2：公司具有竞争力的重要资源和能力是什么？

→ LO2
理解为什么公司的资源和能力是其战略方法的核心，以及如何评估公司相对于竞争对手获得竞争优势的潜力。

如第一章所述，公司的商业模式和战略必须与其资源和能力的集合相匹配。试图依赖稀少或很难获得的资源和能力来创造和提供客户价值是不明智的，甚至会将公司置于失败的境地。公司的竞争方法需要与公司的内部情况紧密配合，并且当公司利用具有竞争力的、罕见的、难以复制的和不容易被竞争对手击败的资源时，其竞争力会得到加强。此外，长期的竞争优势需要持续的开发和资源能力的不断扩展，以寻求新兴市场中的机会，并防御未来对其市场地位和盈利能力的威胁。[1]

例如，戴尔花费大量时间和金钱开发并增强其供应链能力，以保持低成本，并允许在更强大的私人电脑组件可用时快速引入新型号。具有竞争力的宝贵资源和能力也有助于有线新闻渠道加强其在媒体行业的竞争地位。由于福克斯新闻（Fox News）和 CNN 与主要的空中网络 ABC、NBC 和 CBS 相比，具有将更多的通话时间用于突发新闻报道并在现场快速分派记者的能力，所以当重要新闻事件发生时，观众会转向有线网络。

鉴别具有竞争力的重要资源和能力

公司的**资源**（resource）是由公司拥有或控制的竞争性资产，可以是有形资产，如工厂、配送中心、制造设备、专利、信息系统、资本储备和信誉等，也可以是无形资产，如知名品牌或以结果为导向的组织文化。表 4.1 列出了公司可能拥有的有形资源和无形资源的常见类型。

→ 核心概念
资源是由公司拥有或控制的竞争性资产；**能力**是指公司能够胜任一些内部活动的能力。能力是可以通过部署公司的资源来开发和实现的。

能力（capability）是指企业能够胜任一些内部活动的能力，也可以被称为胜任力。能力或胜任力在形式、质量和竞争重要性方面也有所不同，其中一些比另一些更具竞争价值。可以通过部署公司的资源或对资源进行某种组合来开发和实现组织能力。[2]一些能力严重依赖于公司的无形资源，如人力资产和智力资本。例如，美国通用磨坊食品公司（General Mill）的品牌管理能力依赖于公司品牌经理的技能、营销部门的专业知识及公司与零售商的关系。美国艺电公司（Electronic Arts）视频游戏的设计能力来自游戏开发商的创造力和技术专长，以及鼓励创造性思维的公司文化。

表 4.1 有形资源和无形资源的常见类型

有形资源
- 物理资源——最先进的制造工厂和设备、高效的分销设施、有吸引力的房地产位置或有价值的自然资源矿产所有权。
- 财务资源——现金和现金等价物、有价证券和其他金融资产,如公司的信用评级和借款能力。
- 技术资产——专利、版权、卓越的生产工艺和支持活动的技术。
- 组织资源——信息和通信系统(服务器、工作站等)、成熟的质量控制系统和强大的分销商或零售商网络。

无形资源
- 人力资产和智力资本——经验丰富且能干的员工、关键领域的优秀员工、嵌入组织的集体性学习和成熟的管理技能。
- 品牌、形象和声誉资产——品牌名称、商标、产品或公司形象、买家忠诚度、质量和一流服务的声誉。
- 关系——提供技术、专业知识或地域市场的联盟或合资企业、与各种合作伙伴建立起的信任。
- 公司文化——公司内部的行为规范、商业原则和根深蒂固的信念。

确定公司资源和能力的竞争力

关于公司集聚的资源和能力,最有说服力的是它们在市场上有多强大。资源或能力的竞争力通过以下四个测试来测量:[3]

> ➡ 核心概念
>
> **核心竞争力**是熟练执行的内部活动,是公司战略和竞争力的核心。以非常高水平的熟练程度执行的核心竞争力被称为**独特竞争力**。

(1) 资源或能力是否真正具有竞争力价值?所有公司都拥有一系列资源和能力——一些公司有将其转换为竞争优势的潜力,而另一些公司则没有。苹果的个人计算机操作系统在一些方面优于 Windows 7,但是苹果在将其操作系统设计的资源转化为全球个人计算机市场的竞争力上却惨败。

通过了"具有竞争力价值"的测试并且是公司战略和竞争力核心的能力通常被称为**核心竞争力**(core competence)。能够以非常高的熟练程度执行的核心竞争力有时被称为**独特竞争力**(distinctive competence)。最常见的情况是,核心竞争力或独特竞争力是基于知识的,存在于人们和公司的智力资本中,而不是资产负债表上的资产中。

(2) 资源或能力是否具有稀缺性——是竞争对手所缺乏的吗?公司必须谨防认为自己的资源和竞争力比竞争对手更强大的过度自信。谁能真正说明可口可乐的消费者营销能力是否比百事可乐更好?或者奔驰的品牌是否比宝马或雷克萨斯更强?虽然许多零售商都声称自己在产品选择和店内销售方面非常精通,但是仍然有许多零售商在市场上遇到了麻烦,因为它们遇到了产品选择和店内销售能力等于甚至优于它们的竞争对手。

(3) 资源或能力是否难以被复制或模仿?公司的资源或能力越难以被模仿或模仿代价越高,其潜在的竞争价值就越大。独一无二的资源(一个绝佳的房产位置、专利保护)往往难以被复制,已经建立了一段时间的资源(一个品牌名称、一种战略支持的企业文化)也难以被复制,同样,对资本有大量需求的资源(一个制造尖端微处理器的高成本效益的工厂)也难以被复制。过去二十年来,沃尔玛的竞争对手在尝试达到沃尔玛最先进的分销能力方面屡遭惨败。

（4）资源或能力是否会被替代资源和竞争能力所取代？如果竞争对手拥有同样的替代资源，那么具有竞争力价值、罕见且昂贵的资源将丧失提供竞争优势的能力。例如，依靠自动化在生产活动中获得成本优势的制造商可能会发现它们的技术优势被对手使用低薪离岸制造所抵消。只有当资源替代品不存在时，资源才有助于建立竞争优势。

> ➡ **核心概念**
> 缺乏具有竞争力的独立资源的公司，仍然可能通过**资源束**发展竞争优势，以实现重要交叉功能的卓越性能。

了解竞争性重要资源的性质能够使管理者识别出应该进一步发展的、能够在公司未来的战略中发挥重要作用的资源或能力。此外，管理层可能确定公司不具备一种可以高分通过上述所有测试的资源，但可以拥有通过测试的一组**资源束**（resource bundles）。尽管耐克公司的资源致力于研发，但是它的市场调研和产品设计与竞争对手阿迪达斯相比，依然相对较好，其跨功能的设计流程使它能够为运动装和鞋类的创新创造条件，并且在市场上持续优于阿迪达斯和其他竞争对手。耐克的鞋类设计师从认可其产品的专业运动员那里获得关于鞋子新性能特征的想法，然后与鞋类材料研究人员、消费者趋势分析师、颜色设计师及营销人员一起努力，设计新模型，再提交给审查委员会。耐克的审查委员会由数百人组成，他们对产品雏形的细节进行评估，如鞋子比例和颜色的设计、旋风图的大小、缝合图案、鞋底颜色、胎面花纹及鞋垫的设计。审查委员会每年批准约400个新品型号，交由合同制造商生产，并在180多个国家和地区销售。耐克的专业背书、研发活动、市场营销研究、造型专业知识和管理专门知识的捆绑已成为公司竞争优势的重要来源，并使其在运动鞋和服装行业中保持第一位超过20年。

> ➡ 公司可以开发完全不同的资源来替代竞争对手的优势，而不是试图获得竞争对手已拥有的资源。

缺乏某一行业竞争成功所需的某些资源的公司，可能会采用这种战略，即通过识别和开发替代资源来实现相同的目的，并削弱或至少中和某个特定竞争对手的资源和能力的竞争力。例如，亚马逊（Amazon.com）缺乏与竞争对手巴诺书店（Barnes & Noble）竞争的庞大的零售商店网络，但亚马逊拥有大得多的、易于访问且可搜索的图书库存，加上交货时间短、订单满25美元免运费，这对于许多繁忙的消费者而言比逛一个大书店更具吸引力。换句话说，亚马逊已经谨慎并用心地开发了一套具有竞争价值的资源，这些资源被证明是其竞争对手巴诺书店的有效替代品，并且不必要投资数百个实体零售店。[4]

公司的资源和能力必须进行动态管理

> ➡ 一家公司需要一个不断进化的资源和能力组合，以保持其竞争力，并将自己定位于对未来市场机会的寻求上。

公司必须不断加强和培育资源及能力以维持其竞争力，有时可能需要扩展和加深其资源及能力，以使公司能够寻求新兴市场中的机会。[5]过时的组织资源和能力可能会削弱公司的竞争力，除非这些资源和能力根据正在进行的市场变化和公司战略变化加以更新、修正甚至逐步淘汰和被取代。此外,破坏性环境变化可能会破坏关键战略资产的价值,将资源和能力"从钻石转变为腐锈"。⁶ 管理层的组织建设挑战包含两个要素:① 对现有能力和资源持续进行更新调整;② 留意发展全新能力的机会,以提供更好的客户价值和/或击败竞争对手。这种专门知识本身就是一种独特而有价值的组织能力。拥有**动态能力**(dynamic capacity)的公司擅长修正、升级或深化现有资源和能力,以巩固其在市场上的地位,并做好抓住市场机遇的准备,以防御外部威胁。⁷

> **➡ 核心概念**
>
> 当公司精通修正、升级或深化其资源和能力以维持竞争力,并准备抓住未来的市场机会以消除对其福利的外部威胁时,就会形成**动态能力**。

丰田的管理层积极提升了公司在节油混合动力发动机技术方面的能力,并不断调整著名的丰田生产系统,以提高公司已经精通的以相对较低的成本制造高品质车辆的能力。同样,本田的管理层也加速了其在混合动力发动机方面拓展专业知识和技能的努力,以跟紧丰田。微软重塑了程序员为 PC 和服务器的 Windows 7 操作系统编写代码的方式。

公司的资源和能力是否足以允许它抓住市场机会和消除外部威胁?

评估公司整体情况的一个基本要素是,审查公司的资源和竞争能力能够在何种程度上使其实现最佳的市场机会,并抵御影响未来福利的外部威胁。用于进行这种检查的最简单和最容易应用的工具是广为人知的 **SWOT 分析**(SWOT analysis),之所以如此命名,是因为它将公司的内部优势(strength)和劣势(weakness)、市场机会(opportunity)和外部威胁(threat)整合在一起。一流的 SWOT 分析为制定一项战略提供了基础,该战略将利用公司的优势,把握公司的最佳市场机会,并防御影响其福利的外部威胁。

> **➡ 核心概念**
>
> **SWOT 分析**是一个简单但强大的工具,用于测试公司的内部优势和竞争劣势、市场机会及影响其未来福利的外部威胁。

> **➡** 基于最具有竞争力的宝贵资源和能力优势来制定公司战略,将给予公司获得市场成功的最佳机会。

识别公司的内部优势。公司的优势决定了其在市场上的竞争能力是令人印象深刻的强大还是令人失望的薄弱。一家拥有强大资源优势和核心竞争力的公司通常具有相当大的竞争力——尤其是当其管理团队以创造可持续竞争优势的方式巧妙地利用公司资源时。具有适度或弱势竞争资产的公司几乎总是被挤到行业的尾部。表 4.2 列出了编制公司资源优势和劣势时应考虑的各种因素。

表 4.2 确定公司的优势、劣势、机会和威胁时要考虑的因素

潜在的内部优势和竞争能力
- 在_____中的核心竞争力。
- 强大的财务状况;充足的资金资源来发展业务。

(续表)

- 强大的品牌形象/公司声誉。
- 规模经济和/或超过竞争对手的学习和经验曲线优势。
- 专有技术/卓越的技术能力/重要专利。
- 超过竞争对手的成本优势。
- 产品创新能力。
- 生产改进方面的成熟能力。
- 良好的供应链管理能力。
- 良好的客户服务能力。
- 相较于竞争对手更好的产品质量。
- 广泛的地理覆盖和/或强大的全球分销能力。
- 与能够提供有价值的技术、能力和/或有吸引力的地域市场的其他公司联盟/合资。

潜在的市场机会

- 服务附加的客户群体或细分市场。
- 拓展新的地域市场。
- 扩大公司的产品线,满足更广泛的客户需求。
- 利用现有的公司技能或技术知识来进入新产品线或新业务。
- 有吸引力的国外市场的贸易壁垒下降。
- 收购竞争对手公司或者具有技术专长或能力的公司。

潜在的内部劣势和竞争劣势

- 没有明确的战略方向。
- 没有发达或成熟的核心竞争力。
- 资产负债表疲软;债务负担过重。
- 与主要竞争对手相比,整体单位成本更高。
- 产品/服务的特征和属性低于竞争对手。
- 与竞争对手相比,产品线过窄。
- 品牌形象或声誉薄弱。
- 与主要竞争对手相比,经销商网络较弱。
- 产品质量、研发水平和/或技术知识落后。
- 缺乏管理深度。
- 缺乏资金资源来发展业务和寻求有前途的措施。

公司未来前景的潜在外部威胁

- 行业竞争对手间的竞争程度与日俱增——可能会压缩利润率。
- 市场增长放缓。
- 潜在新竞争对手的进入。
- 客户或供应商的议价能力增强。
- 买家对行业产品的需求和偏好改变。
- 不利的人口变化可能会削减对该产业产品的需求。
- 对不利的行业驱动力应对不善。
- 外国政府的限制性贸易政策。
- 高成本的新法规要求。

识别公司的资源劣势和竞争缺陷。资源劣势和竞争缺陷是指公司缺乏资源或能力、在市场中表现不佳或者在市场中处于不利地位的情况。按规则来说,对公司最薄弱或未经证实的能力领域施加强烈要求的战略是可疑的,应该加以避免。公司的劣势可能与以下两点相关：
- 缺乏具有竞争力的重要有形或无形资源；
- 在关键领域缺失竞争能力或存在竞争劣势。

几乎所有公司都存在某一种竞争缺陷。公司的劣势是否会使其竞争力受到影响取决于它们在市场中的重要程度，以及它们是否被公司的优势所抵消。评估公司的优势和不足之处，类似于建立一个战略性资产负债表，其中优势代表竞争性资产，劣势代表竞争性负债。

识别公司的市场机会。市场机会是形成公司战略的一个重要因素。事实上，管理者不能在没有事先确定其市场机会和评估其他公司的增长及利润潜力的情况下，根据公司的情况制定出适当的战略。根据当前的情况，公司的市场机会可能是丰富的也可能是稀少的，可能极具吸引力也可能并不适宜。

在评估公司市场机会的吸引力时，管理者必须防止将每个行业机会都视为一个适当的机会。并不是每个公司都具备资源去追求行业中存在的每一个机会。有些公司比其他公司更有能力处理某些特定机会。与公司最相关的市场机会是与公司的财务状况、组织资源及能力相匹配的，可以提供最佳增长和盈利能力的，并呈现出最具竞争优势潜力的机会。

识别公司未来盈利能力的威胁。通常，公司外部环境中的某些因素会对其盈利能力和福利构成威胁。威胁可能来自更廉价或更好的技术的出现、竞争对手引入新的或改进的产品、低成本外国竞争对手进入公司的市场据点、新法规对公司的影响比对竞争对手的影响更加大、易受利率上升的影响、敌意收购的可能性、不利的人口结构变化或不利的外汇汇率变化。

外部威胁可能仅仅造成超过中等程度的逆境，也可能过于强大以至于令公司的情况和前景相当脆弱。在极少数情况下，市场冲击可能会使公司陷入紧急危机并为生存而战。世界上许多主要航空公司由于以下因素而陷入了前所未有的财务危机：飞机燃料价格上涨，全球经济增长放缓影响了商务和休闲旅行，来自廉价航空公司的竞争日益激烈，旅客偏好于低票价而不是丰富的机上配套设施，以及"失控"的人工成本。管理层的工作是确定公司未来前景的威胁，并评估可采取哪些战略行动来消除或减轻其影响。

SWOT 分析法的价值。SWOT 分析法不仅仅涉及四个列表。SWOT 分析法最重要的部分是：

(1) 从 SWOT 列表中得出关于公司总体情况的结论。

> ➡ 简单地列出公司的优势、劣势、机会和威胁是不够的；SWOT 分析的结果包括根据上述四个列表得到的有关公司情况的结论，以及相应的战略改进。

(2) 将这些结论转化为战略行动，以更好地将公司战略与其优势和市场机会相匹配，纠正存在问题的劣势，并对令人担忧的外部威胁进行防御。

问题3：公司的成本结构和客户价值定位是否具有竞争力？

> **→LO3**
> 掌握公司内部活动执行的方式和原因,以及供应商和前向通道盟友的外部活动是如何决定公司的成本结构和为客户提供的价值的。

当竞争对手将其价格降至"令人难以置信的低水平"或当新的市场进入者以惊人的低价提供了非常好的新产品时,公司经理常常感到震惊。然而,这些竞争对手可能不会以低于成本的价格购买市场地位。它们可能简单地具有明显的低成本,并且因此能够提供更吸引客户的价格。关于公司的业务地位是强大还是不稳定的最明显的迹象之一是,其成本结构和客户价值主张是否比行业竞争对手更有竞争力。

成本比较在那些价格竞争是典型的市场统治力量的行业中尤其关键。但即使在产品差异化的行业中,竞争对手公司也必须保持其成本与基于类似差异化组合来提供价值主张的竞争对手一致。在确定一家公司的价值主张和成本是否具有竞争力时,有两个分析工具尤其有用:价值链分析和标杆管理。

公司价值链

> **→核心概念**
> 公司的**价值链**确定了创造客户价值的基本活动和相关支持活动。

每个公司的业务都包括在设计、生产、营销、交付和支持其产品或服务过程中开展的一系列活动。公司在内部进行的所有活动结合形成一个所谓的**价值链**(value chain),因为公司进行活动的根本意图是最终为买家创造价值。价值链中包括利润率这一组成部分,因为提供有利可图的客户价值(具有足够的投资资本回报率)是一个良好的商业模式的本质。

如图4.1所示,一家公司的价值链由两大类活动组成,这些活动驱动成本并创造客户价值:主要为客户创造价值的基本活动,以及促进和加强基本活动执行的必要支持活动。[8]例如,塔吉特公司等大型零售商的基本活动和成本驱动因素包括商品选择和购买、商店布局和产品展示、广告及客户服务;其影响客户价值和成本的支持活动包括场址选择、招聘和培训、商店维护及常规行政活动。连锁酒店的基本活动和费用主要包括酒店预订和运营(入住和退房、维护和清洁、餐饮和客房服务以及会议);影响成本和客户价值的支持活动包括会计、招聘和培训、行政管理。供应链管理是日产(Nissan)和亚马逊的重要活动,但并不是谷歌和哥伦比亚广播公司(CBS)价值链的组成部分。销售和营销是宝洁和索尼的主要活动,但却在石油钻井公司和天然气管道公司中扮演着微不足道的角色。一种活动被归类为基本活动还是支持活动,会根据每个公司的业务模式和战略而有所不同,因此将图4.1中关于基本活动和支持活动的列表视为说明性的而非确定性的是很重要的。概念与链接4.1展示了Just Coffee(一家公平贸易有机咖啡的合作生产者和烘焙商)开展的各种活动的典型成本。

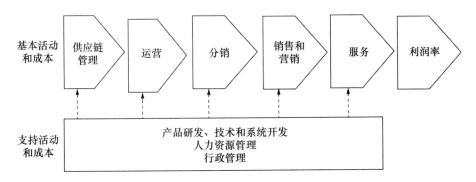

基本活动
- **供应链管理**——与从供应商处购买燃料、能源、原材料、零部件、商品和消耗品相关的活动、成本和资产;接收、存储和传播来自供应商的投入;检查;库存管理。
- **运营**——与将投入转换为最终产品的形式相关的活动、成本和资产(生产、装配、包装、设备维护、设施、运行、质量保证、环境保护)。
- **分销**——以物理分销的方式与买方交易商品的活动、成本和资产(成品仓储、订单处理、订单拣选和包装、运输、运输车辆操作、建立并维护经销商和分销商网络)。
- **销售和营销**——与销售人员、广告和促销、市场研究和规划及经销商/批发商支持相关的活动、成本和资产。
- **服务**——与向买方提供援助相关的活动、成本和资产,例如安装、备件交付、维护和维修、技术援助、买方查询和投诉。

支持活动
- **产品研发、技术和系统开发**——与产品研发、流程研发、流程设计改进、设备设计、计算机软件开发、电信系统、计算机辅助设计和工程、数据库能力及计算机化支持系统开发相关的活动、成本和资产。
- **人力资源管理**——与招聘、雇佣、培训、发展和所有类型的报酬相关的活动、成本和资产;劳动关系活动;发展基于知识的技能和核心竞争力。
- **行政管理**——与一般管理、会计和金融、法律和监管事务、安全和安保、管理信息系统、形成战略联盟、与战略合作伙伴合作及其他"间接"职能相关的活动、成本和资产。

图 4.1 典型的公司价值链

资料来源:Michael E. Porter, *Competitive Advantage* (New York: Free Press, 1985), pp.37-43。

概念与链接 4.1

Just Coffee(一家公平贸易的有机咖啡的生产商)的价值链活动和成本

生产、烘焙和销售一磅公平贸易的有机咖啡的价值链活动和成本

1. 从咖啡种植者合作社采购咖啡的平均成本　　　　　　　　　　　　　　2.3 美元
2. 进口费用、仓储费用和货运费用　　　　　　　　　　　　　　　　　　0.73 美元

3. 烘焙和装袋的人工成本　　　　　　　　　　　　0.89 美元
4. 标签和包装的成本　　　　　　　　　　　　　　0.45 美元
5. 平均管理费用　　　　　　　　　　　　　　　　3.03 美元
6. 公司总成本　　　　　　　　　　　　　　　　　**7.40 美元**
7. 超过公司成本（公司营业利润）的平均零售加价　2.59 美元
8. 零售商的平均销售价格　　　　　　　　　　　　**9.99 美元**

资料来源：作者根据 Just Coffee 网站获得信息，www. justcoffee. coop/the_coffee_dollar_breakdown；访问日期为 2010 年 6 月 16 日。

标杆管理：评估公司价值链活动是否具有竞争力的工具

标杆管理（benchmarking）需要比较不同公司如何执行各种价值链活动——如何购买材料、如何管理库存、如何组装产品、如何完成和运输客户订单，以及如何进行维护——然后跨公司比较这些活动的成本和有效性。[9] 标杆管理的目标是确定执行活动的最佳实践，并效仿他人在进行这些活动时的最佳实践。

> ➡ **核心概念**
>
> **标杆管理**是一种有效的工具，用于向最好地执行特定活动的公司学习，然后使用它们的技术（或"最佳实践"）来提高公司内部活动的成本和有效性。

1979 年，施乐公司（Xerox）成为首批使用标杆管理的公司之一，当时日本制造商开始在美国销售中型复印机，每台价格为 9 600 美元，低于施乐公司的生产成本。[10] 施乐公司管理层派遣了一个生产线经理团队和制造总监到日本去研究竞争对手的业务流程和成本。富士施乐（Fuji-Xerox）是施乐公司在日本的合资伙伴，它对竞争对手非常了解，在富士施乐的帮助下，团队发现，由于公司制造流程和业务实践的严重低效，施乐的成本过高。这些发现触发了施乐公司的一项重大内部活动，使其变得具有成本竞争力，并促使施乐开始对其 67 个关键工作流程进行标杆管理。施乐很快决定不将其标杆管理工作局限于办公设备领域的竞争对手，而是将其扩展到任何与施乐有相关业务的"世界级"公司。其他公司很快就采取了施乐公司的做法。丰田的管理者通过研究美国超市如何补充货架，产生了即时库存交货的想法。西南航空公司通过向赛车道上的车队维修工程师学习，减少了飞机在每个预定停靠点的周转时间。据报道，超过 80％的《财富》500 强公司使用标杆管理的方法，在成本和其他具有竞争力的重要措施上将自己与竞争对手进行比较。

标杆管理最难的部分不在于是否去做，而在于如何获取与其他公司做法和成本相关的信息。公司有时可以从已发布的报告、贸易团体和行业研究公司收集信息，并通过与知识渊博的行业分析师、客户和供应商交流来完成标杆管理；有时可以安排对竞争或非竞争公司的设施进行实地考察，观察其工作情况，将自己的实践和流程与其他公司进行比较，或者交换生产率及其他成本构成的数据。然而，即使这些公司同意举办巡厂活动和回答问题，也不可能共享具有竞争敏感性的成本信息。此外，如果两家公司采用不同的成本会计原则来计算特定活动的成本,那么比较两家公司的成本可能是无效的。

然而,一个相当可靠的标杆管理的信息来源已经出现。公司在基准成本和识别最佳实践方面的强烈兴趣促使咨询组织(例如 Accenture、A. T. Kearney、Benchnet—The Benchmarking Exchange、Towers Watson 以及 Best Practices,LLC)和几个理事会及协会(例如 the APQC,Qualserve Benchmarking Clearinghouse 以及 Strategic Planning Institute's Council on Benchmarking)收集基准数据,发布与最佳实践相关的信息,提供比较成本数据,并且不披露特定公司的名称。拥有一个独立小组进行信息收集并以不披露公司名称的方式进行报告可以避免披露竞争敏感数据,而且可以减少部分公司人员收集有关竞争对手数据的不道德行为的可能性。

整个行业的价值链体系

公司的价值链被嵌在一个更大的活动系统中,该活动系统包括供应商的价值链及在向最终用户提供其产品或服务时所使用的所有分销渠道的价值链。前向通道合作伙伴的价值链具有相关性,这是因为:① 公司的分销商和零售商的成本和利润是消费者最终支付的价格的一部分;② 分销盟友的活动会影响客户价值。基于这些原因,公司通常与其供应商和前向通道盟友密切合作,以互惠的方式进行价值链活动。例如,汽车制造商与它们的前向通道盟友(当地汽车经销商)密切合作,以确保业主对经销商的维修和保养服务感到满意。[11] 此外,许多汽车零部件供应商在其服务的自动装配厂附近建立了工厂,以实现即时交货,降低仓储和运输成本,并促进零件设计和生产计划的紧密协作。灌溉设备公司,葡萄采摘和酿酒设备供应商,以及制造桶、葡萄酒瓶、瓶盖、软木塞和标签的公司,在加利福尼亚这一葡萄酒之乡都有相关设施,以靠近其供应产品和服务的将近 700 家酿酒商。[12] 从这里可以看出,公司的价值链活动通常与其供应商和前向通道盟友的价值链密切相关。

因此,准确评估公司成本结构和价值主张的竞争力,需要公司经理了解一个行业向客户提供产品或服务的整个价值链系统,而不仅仅是公司自己的价值链。一个典型的行业价值链,包括供应商和前向通道盟友(如果有)的价值创造活动、成本和利润,如图 4.2 所示。然而,价值链的行业差异非常大。例如,瓶装水行业中的初级价值链活动(泉水作业或水净化、对用于调味或增强水中维生素的基础成分的处理、装瓶、批发分销、广告和零售)与计算机软件行业(编程、磁盘加载、营销、分销)的价值链活动是不同的。浴室和厨房水龙头的生产者很大程度上依赖于批发商和建筑供应零售商来成功销售其产品给住在精装修或自助装修房屋的消费者,而造纸机的生产者则通过直接将产品卖给造纸厂来内部化其分销活动。

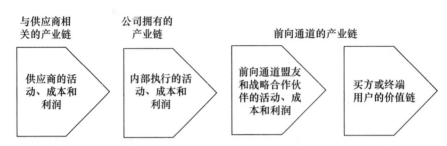

图 4.2　整个行业的典型产业链

资料来源：Michael E. Porter, *Competitive Advantage* (New York: Free Press, 1985), p.35。

用于弥补成本或价值劣势的战略选择

价值链分析和标杆管理的结果可能揭示出公司与主要竞争对手相比的成本或价值劣势。这些竞争劣势可能会降低公司的相对利润率或削弱其客户的价值主张。在这种情况下，需要采取行动来优化公司的成本结构，以提高盈利水平或增加能够驱动客户价值的新特征。一个公司的整体价值链中有三个主要领域可以体现出企业在成本和价值上的重要差异：公司自身的内部活动、行业价值链的供应商部分，以及行业价值链的前向通道部分。

弥补内部成本或价值劣势　当公司劣势源于内部价值链活动的表现时，管理者可以采取以下几种战略方法中的任何一种来恢复成本均衡或纠正客户价值的不足：

(1) 在整个公司中实施最佳实践，特别是对于高成本活动。

(2) 尝试通过改进价值链来减少一些产生成本的活动。许多零售商发现，将退回的物品捐赠给慈善组织并且抵扣相应税款的损失要小于逆向物流所涉及的价值链活动产生的成本。

(3) 将高成本活动(如制造)进行地理区域的转移，如转移到中国、拉丁美洲或东欧，在那里可以更便宜地进行该项活动。

(4) 分析某些内部执行活动是否可以进行外包，或者由承包商以比内部更便宜的方式来执行。

(5) 投资于提高生产力、节省成本的技术改进(机器人、灵活的制造技术、最先进的电子网络)。

(6) 寻找绕过高成本活动或项目的方法——计算机芯片制造商经常绕开他人持有的专利进行设计，以避免支付版权费；汽车制造商在外部车身的许多位置用低成本的塑料来替代金属。

(7) 重新设计产品和/或其某些部件，以促进更快速和更经济地进行制造或组装。

(8) 尝试通过降低供应商或行业价值链中前向通道部分的成本的方式来弥补内部成本劣势——通常是最后的手段。

弥补与供应商相关的成本劣势　与供应商相关的成本劣势可以通过以下方面加以

克服:向供应商施压以降低价格;转向低价替代投入品;与供应商密切合作以寻找相互节省成本的机会。[13]例如,来自供应商的即时交货可以降低公司的库存和内部物流成本,消除额外仓库空间的资本支出,并通过减少应付账款的方式来改善现金流和财务比率。在少数情况下,公司可能会发现,将高成本供应商的业务向后整合并从内部获得商品,比从外部购买商品要便宜。

弥补与前向通道盟友的活动相关的成本劣势　　在行业价值链的前向部分,有三种主要方法来应对成本劣势:① 给经销商、分销商和其他前向通道盟友施加压力,使其降低成本和利润。② 与前向通道盟友密切合作,寻求双赢的机会以降低成本。例如,巧克力制造商得知,用罐车运输液态巧克力而非 10 磅重的巧克力条,不仅可以节省其客户(糖果制造商)的开箱和熔化巧克力的成本,而且能够节省自己给巧克力条塑模和包装的成本。③ 选择更经济的分销策略,或者可以向前整合,使公司拥有自己的零售网点。例如,戴尔通过采用直接销售的业务模式,允许买家直接从制造商处购买定制的 PC,消除了前向通道盟友的所有活动、成本和利润。直接销售模式使得戴尔可以轻松地以低于竞争对手的价格出售产品,同时获得更高的利润率。

问题 4:公司与关键竞争对手相比的竞争力是更强还是更弱?

评估公司情况的另一个组成部分是对公司整体竞争力的综合评估。得出这个结论首先需要回答两个问题:

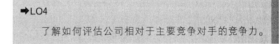

(1) 在决定市场成功的所有重要因素上,公司相对于竞争对手的排名如何?
(2) 考虑所有因素,与竞争对手相比,公司是否拥有净竞争优势或劣势?

进行竞争力评估的第一步是列出行业的关键成功因素及其他竞争优势或劣势的有效度量指标(通常 6 到 10 个度量指标就足够了)。第二步是基于在塑造竞争优势中感知到的重要性,来对每个竞争优势的度量指标分配权重(每个度量的权重总和加起来必须为 1.0)。第三步是在每个优势度量指标上对每个竞争者进行评分(使用 1 到 10 的分数量表,其中 1 表示非常弱,10 表示非常强),并通过将评分乘以分配的权重来计算加权优势得分。第四步是对每种因素的加权优势得分求和,得到每个被评估公司的竞争力的总体度量。第五步是使用总体优势得分来得出关于公司净竞争优势或劣势的规模和程度的结论,并且特别注意优势和劣势领域。表 4.3 提供了一个竞争力评估的例子,假设 ABC 公司有四个竞争对手。ABC 公司的总得分为 5.95,表示与竞争对手 3(得分为 2.10)和竞争对手 4(得分为 3.70)相比有净竞争优势,但也显示了其相对于竞争对手 1(得分为 7.70)和竞争对手 2(总分为 6.85)有净竞争劣势。

表 4.3 竞争力评估的例子

关键成功因素/优势度量指标	重要性权重	ABC 公司 优势等级	ABC 公司 分数	对手 1 优势等级	对手 1 分数	对手 2 优势等级	对手 2 分数	对手 3 优势等级	对手 3 分数	对手 4 优势等级	对手 4 分数
质量/产品表现	0.10	8	0.80	5	0.50	10	1.00	1	0.10	6	0.60
声誉/形象	0.10	8	0.80	7	0.70	10	1.00	1	0.10	6	0.60
制造能力	0.10	2	0.20	10	1.00	4	0.40	5	0.50	1	0.10
技术技能	0.05	10	0.50	1	0.05	7	0.35	3	0.15	8	0.40
经销商网络/分销能力	0.05	9	0.45	4	0.20	10	0.50	5	0.25	1	0.05
新产品创新能力	0.05	9	0.45	4	0.20	10	0.50	5	0.25	1	0.05
财务资源	0.10	5	0.50	10	1.00	7	0.70	3	0.30	1	0.10
相对成本地位	0.30	5	1.50	10	3.00	3	0.95	1	0.30	4	1.20
客户服务能力	0.15	5	0.75	7	1.05	10	1.50	1	0.15	4	0.60
权重加总	1.00										
总体加权优势等级			5.95		7.70		6.85		2.10		3.70

(等级量表:1=非常弱;10=非常强)

竞争力评估的解释

> 公司的竞争力得分准确指出了其相对于对手的优势和劣势,并指出了能够产生一流效果的进攻和防御战略。

竞争力评估提供了有关公司竞争情况的有用结论。得分展示了一家公司按因素和因素或能力和能力与竞争对手进行比较是怎样的,从而展现出公司哪里最强,哪里最弱。总体竞争力分数表明公司与每个竞争对手相比,是处于净竞争优势还是净竞争劣势地位。

此外,优势等级为明智的进攻和防御战略设计提供了指导。例如,参考表 4.3 中的优势等级和加权分数,如果 ABC 公司想要进行进攻以赢得额外的销售和市场份额,这种进攻可能需要直接定位于获得对手 3 和对手 4(其综合实力分数较低)的客户,而不是去获得对手 1 和对手 2(其综合实力分数较高)的客户。ABC 公司相对于对手 4 的优势,主要分布在对行业竞争成功中度重要的领域,但 ABC 公司在相对成本地位和客户服务能力这两个最重要的权重因素上的排名远高于对手 3。因此,对手 3 应该被视为 ABC 公司进攻的主要目标,而对手 4 应被视为其次要目标。

一个有竞争力的精明的公司应该利用优势得分来决定采取什么战略举措。当一家公司在一个或多个竞争对手较弱的领域具有重要竞争优势时,利用竞争对手的竞争劣势来考虑采取进攻行动是有意义的。当公司在一个或多个竞争对手很强的重要领域存在竞争劣势时,考虑采取防御措施来降低其脆弱性也是有意义的。

问题 5：管理者必须考虑哪些战略问题和难题？

最后也最重要的分析步骤是准确地确定公司管理层需要解决的战略问题。这一步骤涉及利用行业和竞争力分析的结果及对公司内部情况的评估。

> ➡ LO5
> 理解如何对公司内外部局势进行全面评估，以帮助管理者做出下一步重要的战略举措。

这里的任务是对公司面临的行业和竞争力挑战采取明确的解决措施，包括公司需要修复的内部劣势，以及那些值得公司管理层进行前瞻性关注的问题。管理层需要明确担忧的确切事宜，制定议程，并决定下一步要采取什么行动来改进公司业绩和业务前景。

如果管理层"担忧列表"上的项目相对较少，这表明公司的战略大多在轨道上，并与公司的整体情况相匹配，公司管理者很少需要就现有战略进行过度调整。然而，如果公司面临的问题和难题很严重，则表明当前的战略不适合公司未来的发展，那么制定更好的战略就必须成为管理层行动议程的首要任务。

> ➡ 编制问题和难题的"担忧列表"为进行管理战略决策提供了议程。

关键点

在分析公司自身特定的竞争情况及相对于主要竞争对手的竞争地位时，需要考虑五个关键问题：

1. 公司战略的执行情况如何？这包括从定性角度（完整性、内部一致性、合理性以及对情况的适应性）和定量角度（战略产生的战略性和财务绩效）来对战略进行评估。企业当前的整体绩效越强，对战略根本性变革的需求就越小。公司的绩效越弱和/或其外部环境的变化（可以从行业和竞争分析中获得）越快，其当前的战略就越值得被质疑。

2. 公司具有竞争力的重要资源和能力是什么？公司的资源、竞争能力和核心竞争力在战略上是相关的，因为它们是战略最合乎逻辑和最具吸引力的基础。最有效的资源是有竞争力价值的、罕见的、难以被复制或模仿的，并且不容易被替代资源取代。必须不断加强和培养组织资源和能力，以维持其竞争力。此外，资源和能力可能需要扩大和深化，以使公司把握市场机会，并对新出现的威胁进行防御。SWOT 分析是一个简单但强大的工具，用于评估公司的资源优势、竞争劣势、市场机会及对其未来福利的外部威胁。资源劣势很重要，因为它们可能代表公司需要纠正的弱点。外部机会和威胁会发挥作用，因为良好的战略必然以获得对公司最有吸引力的机会为目的，并防御对其福利的威胁。

3. 公司的价格和成本是否具有竞争力？公司的处境是优越还是危险的一个标志是，它的价格和成本相对于行业竞争对手而言是否有竞争力。价值链分析和标杆管理是用于确定公司是否以具有成本效益的方式履行特定职能和活动的工具，或了解其成本是否与竞争对手一致，以及确定哪些内部活动和业务流程需要仔细检查并予以改进。价值链分析指出，公司如何管理其与竞争对手相关的价值链活动是建立竞争优势的关键，该竞争优势基于比对手更强的竞争能力或更低的成本。

4. 公司与关键竞争对手相比的竞争力是更强还是更弱？这里的关键评估涉及公司在行业关键成功因素和其他有关竞争优势的主要决定因素上如何与主要对手竞争，以及公司是否具有并且为什么具有竞争优势或劣势。使用表4.3中给出的方法进行定量竞争力评估，可以表明公司在竞争力方面的优势和劣势，并分析公司防御或加强市场地位的能力。作为一项规则，公司的竞争战略应围绕其竞争优势，并应瞄准其竞争劣势的领域。当公司在一个或多个竞争对手较弱的领域具有重要竞争优势时，考虑采取进攻行动来利用竞争对手的竞争劣势是有意义的。当公司在一个或多个竞争对手很强的重要领域存在竞争劣势时，考虑采取防御措施来降低其脆弱性也是有意义的。

5. 管理者必须优先考虑哪些战略问题和难题？这一分析步骤使得公司在取得成功的道路上遇到的战略问题和难题得以解决。它包括利用行业和竞争力分析的结果及公司的市场形势评估，来确定一个有关待解决问题的"担忧清单"，以便公司未来在财务和竞争力上取得成功。实际上，当前很多公司已经采取这种方式来解决战略问题和难题，即在列出值得管理者优先考虑的战略问题和难题后，再决定采取何种战略及何种具体行动。

良好的公司形势分析，如良好的行业和竞争分析，是制定良好战略的宝贵前提。

巩固练习

1. 使用附录中提供的财务比率和雅芳公司的财务报表信息，计算2009年和2010年雅芳公司的下列财务比率：

　　a. 毛利率。

　　b. 营业利润率。

　　c. 净利润率。

　　d. 利息保障倍数。

　　e. 股东权益回报率。

　　f. 资产收益率。

　　g. 负债权益比率。

　　h. 存货周转天数。

　　i. 存货周转率。

　　j. 平均收款期。

基于这些比率，雅芳公司的财务绩效在2009年至2010年期间是有所改善、恶化还是保持不变？

雅芳公司 2009—2010 年合并利润表（百万美元，每股数据除外）

截至 12 月 31 日	2010	2009
净销售收入	10 731.3	10 084.8
其他收入	131.5	120.4
总收入	10 862.8	10 205.2
成本、费用等		
销售成本	4 041.3	3 825.5
销售、行政和管理费用	5 748.4	5 374.1
营业利润	1 073.1	1 005.6
利息支出	87.1	104.8
利息收入	(14.0)	(20.2)
其他支出（净额）	54.6	7.3
其他支出总额	127.7	91.9
税前持续经营收入	945.4	913.7
所得税	350.2	294.5
税后持续经营收入	595.2	619.2
税后非持续性经营收入	14.1	9.0
净收入	609.3	628.2
每股收益：		
基本每股收益	1.37	1.43
稀释每股收益	1.36	1.43
加权平均流通股：		
基本	428.75	426.90
稀释	431.35	428.54

雅芳公司 2009—2010 年合并资产负债表（百万美元，每股数据除外）

12 月 31 日	2010	2009
资产		
流动资产		
现金	1 179.9	963.4
应收账款	826.3	765.7
存货	1 152.9	1 049.8
待摊费用和其他	1 025.2	1 042.3
已终止经营的流动资产	—	50.3
流动资产总额	4 184.3	4 206.2
以成本计量的财产、厂房和设备	69.2	115.9
建筑和设施	1 140.2	954.2
设备	1 541.5	1 435.8
	2 750.9	2 505.9

(续表)

12月31日	2010	2009
减去累计折旧	(1 123.5)	(1 036.9)
	1 627.4	1 469.0
其他资产	1 018.6	846.1
资产总计	7 873.7	6 823.4
负债和股东权益		
流动负债		
一年内到期债务	727.6	137.8
应付账款	809.8	739.0
应付职工薪酬	293.2	282.6
其他应付款	771.6	706.3
除收入外的销售税金	207.6	254.1
所得税	146.5	134.5
流动负债总额	2 956.3	2 291.7
长期负债	2 408.6	2 307.2
员工福利计划	561.3	577.8
长期所得税	128.9	147.6
其他负债	146.0	186.5
负债总额	6 201.1	5 510.8
承诺及或有事项		
股东权益		
普通股（面值0.25美元——额定1 500股）	186.6	186.1
追加投资	2 024.2	1 941.0
留存收益	4 610.8	4 383.9
累计其他综合损失	(605.8)	(692.6)
库存股	(4 545.8)	
非控制性利息	16.1	40.0
股东权益总额	1 672.6	1 312.6
负债和股东权益总计	7 873.7	6 823.4

资料来源：Avon Products，Inc.，2010，10-K。

2. 星巴克在超过50个国家经营17 000多家店铺。关于资源的四个竞争能力测试，星巴克的店铺网络通过了几个？解释你的答案。

3. 查阅概念与链接4.1中有关生产和销售公平贸易咖啡的信息，然后回答以下问题：

a. 不销售公平贸易咖啡的公司可以从小农户处直接购买咖啡，每磅只需0.75美元。通过支付不合标准的工资，它们还可以将咖啡焙烧和装袋的劳动力成本降低到每磅0.70美元，并将其管理费用减少20%。如果它们以与Just Coffee相同的平均价格出售它们的咖啡，那么它们的利润率是多少？该利润率与Just Coffee相比如何？

b. Just Coffee 如何应对这种类型的竞争威胁？它是否具备有价值的竞争资产？还是需要获得新的竞争资产来帮助它做出回应？你的答案会以什么方式改变公司的价值链？

4. 使用表 4.3 所示的方法和你作为汽车所有者的知识，为通用汽车（General Motors）及其竞争对手福特、克莱斯勒、丰田和本田做竞争力评估。应对五个汽车制造商的关键成功因素/强度措施进行评估：成本竞争力、产品线宽度、产品质量和可靠性、财务资源和盈利能力及客户服务。你的竞争力评估如何披露每家汽车制造商的整体竞争力？什么因素最能体现丰田的竞争优势？在你的分析中，丰田是否具有竞争劣势？请进行说明。

模拟参与者练习

1. 使用附录中的公式和贵公司最新财务报表中的数据，计算公司的以下财务业绩指标：
   a. 经营利润率
   b. 总资产收益率
   c. 流动比率
   d. 营运资本
   e. 长期资本负债率
   f. 市盈率

2. 根据贵公司最新的财务报表及行业报告中关于贵公司业绩的所有其他可用数据，列出贵公司表现"最佳"的三项财务业绩指标，以及贵公司表现"最差"的三项财务业绩指标。

3. 你可以提出什么确凿证据来表明贵公司的战略运行良好（或者贵公司的表现落后于竞争对手的公司，运行得不是那么好）？

4. 贵公司有什么内部优势和劣势？贵公司存在哪些发展和增加盈利能力的外部市场机遇？你和你的合伙人观察到了哪些有关你公司未来福利和盈利能力的外部威胁？前面的 SWOT 分析表明了贵公司的现状和未来前景——按照"令人印象深刻的强大"到"令人失望的薄弱"的标准，贵公司的吸引力情况如何？

5. 贵公司有核心竞争力吗？如果有，是什么？

6. 贵公司价值链的关键要素是什么？请参考图 4.1 作答。

7. 使用表 4.3 所示的方法，对贵公司和其他两家你和你的合伙人认为非常接近的竞争对手公司进行加权竞争力评估。

尾注

1. Birger Wernerfelt, "A Resource-Based View of the Firm," *Strategic Management Journal* 5,

no. 5 (September-October 1984); Jay Barney, "Firm Resources and Sustained Competitive Advantage," *Journal of Management* 17, no. 1 (1991); Margaret A. Peteraf, "The Cornerstones of Competitive Advantage: A Resource-Based View," *Strategic Management Journal* 14, no. 3 (March 1993).

2. R. Amit and P. Schoemaker, "Strategic Assets and Organizational Rent," *Strategic Management Journal* 14, no. 1 (1993).

3. David J. Collis and Cynthia A. Montgomery, "Competing on Resources: Strategy in the 1990s," *Harvard Business Review* 73, no. 4 (July-August 1995).

4. George Stalk, Philip Evans, and Lawrence E. Schulman, "Competing on Capabilities: The New Rules of Corporate Strategy," *Harvard Business Review* 70, no. 2 (March-April 1992).

5. David J. Teece, Gary Pisano, and Amy Shuen, "Dynamic Capabilities and Strategic Management," *Strategic Management Journal* 18, no. 7 (1997); Constance E. Helfat and Margaret A. Peteraf, "The Dynamic Resource-Based View: Capability Lifecycles," *Strategic Management Journal* 24, no. 10 (2003).

6. C. Montgomery, "Of Diamonds and Rust: A New Look at Resources" in *Resource-Based and Evolutionary Theories of the Firm*, ed. C. Montgomery (Boston: Kluwer Academic Publishers, 1995), pp. 251-268.

7. K. Eisenhardt and J. Martin, "Dynamic Capabilities: What are They?" *Strategic Management Journal*, 21, nos. 10-11 (2000); M. Zollo and S. Winter, "Deliberate Learning and the Evolution of Dynamic Capabilities," *Organization Science* 13 (2002).

8. Michael E. Porter, *Competitive Advantage* (New York: Free Press, 1985).

9. Gregory H. Watson, *Strategic Benchmarking: How to Rate Your Company's Performance Against the World's Best* (New York: John Wiley & Sons, 1993); Robert C. Camp, *Benchmarking: The Search for Industry Best Practices That Lead to Superior Performance* (Milwaukee: ASQC Quality Press, 1989); Christopher E. Bogan and Michael J. English, *Benchmarking for Best Practices: Winning through Innovative Adaptation* (New York: McGraw-Hill, 1994); Dawn Iacobucci and Christie Nordhielm, "Creative Benchmarking," *Harvard Business Review* 78, no. 6 (November-December 2000).

10. Jeremy Main, "How to Steal the Best Ideas Around," *Fortune*, October 19, 1992, pp. 102-103.

11. M. Hegert and D. Morris, "Accounting Data for Value Chain Analysis," *Strategic Management Journal* 10 (1989); Robin Cooper and Robert S. Kaplan, "Measure Costs Right: Make the Right Decisions," *Harvard Business Review* 66, no. 5 (September-October 1988); John K. Shank and Vijay Govindarajan, *Strategic Cost Management* (New York: Free Press, 1993).

12. Michael E. Porter, "Clusters and the New Economics of Competition," *Harvard Business Review* 76, no. 6 (November-December 1998).

13. Reuben E. Stone, "Leading a Supply Chain Turnaround," *Harvard Business Review* 82, no. 10 (October 2004).

第五章

五种一般性竞争战略

学习目标

LO1 了解如何利用五种一般性竞争战略建立竞争优势并为客户提供卓越的价值

LO2 了解在降低成本的基础上实现竞争优势的主要途径

LO3 认识为什么有些一般性战略在某些行业和竞争条件下优于其他战略

LO4 掌握以差异化产品或服务为基础实现竞争优势的主要途径

LO5 通过混合运用低成本供应商战略和差异化战略,识别为客户提供卓越价值所需的条件

有几种基本方法可以帮助公司在竞争中取得成功并获得竞争优势，但是它们都需要给予买方高于竞争对手的卓越价值。卓越的价值可能意味着以更低的价格提供一个好的产品，一个值得付出更多的优秀产品，或一个集合了价格、特征、质量、服务和其他有吸引力的属性的最佳价值产品。

本章将介绍用于建立竞争优势并为客户提供卓越价值的五种一般性竞争战略选择，以及公司在制定总体战略并开始寻求竞争优势时，首要选择哪种竞争战略。

竞争战略和市场定位

公司的**竞争战略**（competitive strategy）只专注于管理成功竞争计划的具体细节——取悦客户的特定方式、对抗竞争对手的进攻和防御措施、对当前市场条件的反应，以及确保其相较于对手的竞争优势的方法。公司采用的竞争战略有无数变化，主要是因为每个公司的战略方法都需要根据自己的情况和行业环境来定制设计。公司战略的专属定制性质也是管理层努力使公司在市场独树一帜的结果。如果公司找到一种为客户提供卓越价值的专属方式，企业就更有可能实现竞争优势，并获得高于行业平均水平的利润。例如，iPod 吸引人的造型、简单的操作、有吸引力的广告，以及在苹果 iTunes Store 上大量收集的音乐，都使苹果在数字媒体播放器行业具有竞争优势。微软试图模仿苹果的竞争战略，引入其 Zune 音乐播放器和商店，但微软和其他数字媒体播放器一样，并没有对 iPod 造成什么冲击。通过选择一种独特的为客户提供价值的方法，苹果收获了客户持久的品牌忠诚度，使得其他人难以仅通过复制其战略方法来赢得胜利。"我也一样"的战略很少能获得竞争优势和不俗的表现，除非模仿者拥有资源或能力，能比用类似战略方法的公司为客户提供更大的价值。

> ➡ LO1
> 了解如何利用五种一般性竞争战略建立竞争优势并为客户提供卓越的价值。

> ➡ 核心概念
> **竞争战略**涉及公司管理层取得竞争成功并保证相较对手的竞争优势的竞争游戏计划的具体细节。

在市场中提供独特的行业定位和竞争优势的竞争战略包括选择① 广阔还是有限的市场目标；② 公司是否应该追求与低成本或产品差异化相关的竞争优势。这两个因素产生了五种竞争战略选择，如图 5.1 所示，具体如下。[1]

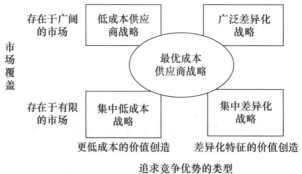

图 5.1　五种一般性竞争战略

资料来源：作者基于以下文献中三种策略的分类法进行了拓展：Michael E. Porter, *Competitive Strategy* (New York：Free Press，1980)，pp.35-40。

(1) 低成本供应商战略。这种战略力图实现比竞争对手更低的总体成本以吸引广泛的客户，对手间通常是以低价竞争。

(2) 广泛差异化战略。寻找公司的产品/服务与竞争对手的差异以吸引更广泛的买家。

(3) 集中低成本战略。专注细分市场（利基市场），通过降低成本的方式，以比竞争对手更低的价格为利基市场购买者提供产品，进而击败对手。

(4) 集中差异化战略。专注细分市场（利基市场），通过为利基市场购买者提供定制化专属产品，比竞争对手更能满足客户个性化品味和要求，进而击败竞争对手。

(5) 最优成本供应商战略。通过满足买家对关键质量/功能/性能/服务属性的期望，同时价格低于其期望值的方式，为客户提供更多的溢价。这是一种混合战略，它融合了低成本供应商战略和差异化战略的要素，目的是能够在提供差异化产品的卖方中具有最低（最佳）成本和价格。

本章接下来要探讨这五种一般性竞争战略的内容及它们之间的区别。

低成本供应商战略

> ➡ **核心概念**
>
> **低成本领导者**的竞争优势的基础是比竞争对手更低的总成本。相比于竞争对手，其成功实现低成本是由于消除和避免了"非必要"活动，或在管理必要的活动时优于对手。

在需求价格弹性较小的市场，成为行业的低成本供应商是强有力的竞争方式。当公司成为行业最低成本的供应商而不仅仅是成本低廉的几个竞争对手之一时，它就实现了**低成本领导者**（low-cost leader）优势。成功的低成本供应商是实现相对的低成本，而不一定是绝对最低的成本。在争取相对于竞争对手的成本优势时，管理者必须考虑买家所认为必要的功能和服务，否则，一个产品即使价格低廉，仍会被消费者认为是没有价值的。

公司有两个选择可以将相对于竞争对手的低成本优势转化为诱人的利润表现。选择一是利用低边际成本来降低价格，以吸引更多价格敏感型买家来提高总的销售量，进而增加总利润。选择二是保持现有价格，满足当前市场份额，并利用低边际成本来提高边际利润，从而提高公司的总利润和总体投资回报率。

实现低成本领导优势的两个主要途径

为了实现相对于竞争对手的低成本优势，企业在整个价值链上的累积成本必须低于竞争对手的累积成本。有两个主要途径可以实现这一点：[2]

➡LO2
了解在降低成本的基础上实现竞争优势的主要途径。

（1）采取比对手更具成本效益的基础价值链活动。
（2）改进公司的整体价值链，以消除或省去一些生产活动的成本。

价值链活动的成本效益管理 对于一家公司来说，要做比竞争对手更具成本效益的价值链管理工作，管理者必须协调一致并不懈努力，在价值链的每一个部分挖掘节约成本的机会。没有任何活动可以逃避成本管理的监督，所有的公司人员都必须利用他们的才能和智慧来提出创新和有效的方法来降低成本。必须挖掘出所有比对手更低的价值链活动成本的渠道。这些渠道可以包括：

- 努力抓住一切可用的规模经济。规模经济是通过增加运营规模来降低单位成本。例如，大型工厂比小型或中型工厂更经济，或者大型配送中心比小型配送中心更具成本效益。
- 充分利用经验和学习曲线效益。随着公司人员学习和经验的积累，执行活动的成本会随着时间增长而下降。
- 尝试满负荷运行设施。当一个公司的价值链活动涉及大量固定成本时，公司是否能够以满负荷或接近满负荷运行对单位成本有很大的影响。更高的产能利用率可以使得折旧和其他固定成本分摊到更大的产量中，从而降低每单位的固定成本。
- 努力提高销售量，从而使得研发、广告和一般行政管理的支出分摊到更多单位中去。一个公司的销售量越多，便能越大程度地降低单位成本（例如新产品开发、促销活动和管理支持活动）。
- 在不牺牲产品质量或产品性能的前提下，采用更低的投入成本。如果某些原材料和零件的成本"太高"，公司可以转而使用成本较低的替代品（如果存在）。
- 采用先进的生产技术和工艺设计，提高整体效率。通常可以利用能够实现更加集成和高效的生产方法，如可制造性设计（design for manufacture，DFM）程序和计算机辅助设计（computer-assisted design，CAD）技术来削减生产成本，投资高度自动化的机器生产技术，同时转变生产工艺，使得生产多版本产品能达到和大规模生产单一版本产品一样的成本效率。许多公司热衷于运用全面质量管理系统、业务流程再造、六西格玛方法，以及旨在提高效率且降低成本的其他业务流程管理技术。

- 使用通信系统和信息技术实现运行效率。例如，与供应商共享数据和生产计划，合作使用企业资源规划（ERP）和制造执行系统（MES）软件，可以减少零件库存，缩短生产时间，节约劳动力。
- 寻求减少劳动力规模和降低总体薪酬支出的方法。公司可以通过运用劳动节约技术、将生产从薪酬水平较高的地理区域转移到薪酬水平较低的地理区域、利用提高劳动生产率的激励补偿制度，以及避免使用工会劳动力（因为高成本的工作规则可能会扼杀生产力，并且工会可能要求"不合理"的上限薪资和昂贵的附带福利等）来实现最经济的劳动力成本。
- 利用公司与供应商的议价能力获得优惠。公司对供应商可能有足够的议价能力来获得大批量购买的价格折扣或实现其他成本的节约。
- 利用外包和垂直整合的成本优势。如果外部有专业化的公司能够以较低的成本完成某些活动，那么将这些价值链活动外包比内部运作更为经济。

改进价值链　巨大的成本优势通常产生于重新设计公司的价值链，以去除昂贵的工作环节或避开某些不必要的价值链生产活动。这种价值链改造可以包括：

- 直接面向消费者出售，不通过分销商和经销商以节省下付给他们的费用。为了减少缺失分销商和经销商的影响，公司可以① 创建自己的直销队伍（会增加维持和支持销售队伍的成本，但可能比通过独立分销商和经销商进行销售更便宜）；② 在公司网站上进行销售业务（网站运营和运输的成本可能比通过分销商和经销商向客户销售便宜得多）。价值链中批发/零售部分的成本通常占最终消费者支付的价格的35%—50%，因此建立直接销售队伍或在线销售可以节省大量成本。
- 通过消除低增值或不必要的工作步骤和活动来简化操作。在沃尔玛，一些产品由制造商直接运送到零售商店，而不是通过沃尔玛的配送中心及沃尔玛的卡车进行交付。还有一些其他产品，沃尔玛在配送中心将货物从制造商卡车上卸载，然后直接用沃尔玛的卡车运送到特定商店，而不会先将货物转移进配送中心。
- 通过让供应商靠近公司建仓库和工厂，来减少材料处理和运输成本。如果供应商的工厂或仓库非常靠近公司的工厂，那么不仅可以降低入站运输成本，而且有助于供应商及时交付零件和部件。

概念与链接5.1描述了沃尔玛公司在零售业务上管理其价值链的广泛方法，该方法帮助其实现了相对其他连锁超市的巨大成本优势并使其成为世界上最大的杂货零售商。

概念与链接 5.1

沃尔玛如何管理其价值链以实现超越其他连锁超市的低成本优势

沃尔玛通过对杂货零售价值链的各个部分进行改革，并在高效执行各种价值链活动方面优于其对手，已经实现了超越其他连锁超市竞争对手的巨大成本和定价优势。其成本优势源于一系列举措和做法：

- 通过在线系统与供应商建立广泛的信息共享,将结算柜台的销售信息直接传递给物品供应商,从而为供应商提供有关客户的需求和偏好的实时信息(产生了约6%的成本优势)。
- 对一些项目实行全球采购,集中大多数采购活动,以充分利用公司的购买力(产生了约2.5%的成本优势)。
- 在其配送中心投资最先进的自动化设备,高效地运营一个卡车车队(该车队每天向沃尔玛的商店运送货物),在总部、配送中心和商店安排其他节省成本的实践(产生了约4%的成本优势)。
- 努力优化产品组合以实现更大的销售额(产生了约2%的成本优势)。
- 安装安全系统并存储降低损耗率的操作程序(产生了约0.5%的成本优势)。
- 与房地产开发商及商店所有者商谈房地产租金和租赁率的优惠(产生了2%的成本优势)。
- 以减少劳动力成本的方式管理和补偿其劳动力(产生了约5%的成本优势)。

总而言之,相比于Kroger、Safeway及其他领先的连锁超市,这些价值链计划给沃尔玛产生了大约22%的成本优势。有了这么大的成本优势,沃尔玛能够以低价同对手竞争并成为世界领先的超市零售商。

资料来源:www.walmart.com;Marco Iansiti and Roy Levien,"Strategy as Ecology," *Harvard Business Review* 82, no.3 (March 2004),p.70。

低成本供应商战略何时最有效果

基于低成本领导的竞争战略在以下情况中尤其有效果:

➡LO3
认识为什么有些一般性战略在某些行业和竞争条件下优于其他战略。

(1)竞争对手的价格竞争特别激烈。低成本供应商为公司在价格的基础上竞争和在价格战中生存提供了最佳位置。

(2)竞争对手的产品基本上相同,并且可以从多个卖家处获得。类似的产品及充足的供应为激烈的价格竞争创造了条件;在这样的市场中,受影响最大的是效率相对低和成本相对高的公司。

(3)基本没有方法去实现对买方有价值的产品差异化。当品牌之间的产品或服务差异对购买者偏好没什么影响时,买家几乎总会以最有利的价格购买市场上的产品。

(4)购买者从一个卖家转向另一个卖家的成本较低。较低的转换成本使买家能够灵活地将购买转移到具有同样产品的低价卖家。低成本领导者有能力使用低价格来留住其客户,使其不转向对手品牌。

(5)行业的大多数销量是由几个大买家完成的。低成本供应商在与大买家讨价还价时处于最佳位置,因为它们能够在保持可接受的利润率的同时抵御竞争对手的定价以实现大规模销售。

6. 行业新进入者利用引导性低价吸引买家，建立客户群。低成本领导者可以利用降价来使新竞争对手更难赢得客户。

通常，价格敏感型买家越多，低成本策略就越有吸引力。低成本公司设定行业价格下限并仍能获得利润的能力为其在市场中树立了保护屏障。

实施低成本供应商战略时应避免的陷阱

低成本供应商战略中最大的陷阱或许是产品价格下降幅度过大，导致公司最终以更低的利润率收场。低成本/低价格优势仅在以下情况中才具备优越的盈利能力：① 价格下降的规模小于公司所具备的成本优势规模；② 尽管价格下降使得每单位的利润下降，但增加的销量足够大，仍能带来更大的总利润。因此，当具有 5% 成本优势的公司将价格降低 20% 而最终获得的收益仅增加 10% 时，并不能获得更高的利润！

第二个陷阱是依靠技术方法来降低成本，这种方法很容易被竞争对手复制。成本优势的价值取决于其可持续性。可持续性反过来又取决于公司是否能以竞争对手难以复制或匹配的方式来实现成本优势。如果竞争对手发现模仿低成本的方法相对容易或代价低廉，那么领导者的优势地位将难以长期保持，也就无法在市场上产生有价值的优势。

第三个陷阱是将成本削减固定下来。低成本不能疯狂地持续下去，以至于买家认为公司的产品功能不足而缺乏吸引力。此外，一家公司努力推动其成本下降时必须防止误读或忽略买家所偏好的新功能，以及价格弹性的下降。即使这些错误可以避免，低成本的竞争方法仍然存在风险。竞争对手在成本节约方面的技术突破或者流程改进可能动摇低成本领导者的稳固地位。

广泛差异化战略

> **➡ 核心概念**
> **广泛差异化战略**的本质是为广泛的买家提供其认为有吸引力并值得购买的独特的产品或服务属性。

当买家的需求和偏好太多、标准化产品或服务不能完全满足其要求时，差异化战略是有吸引力的。一家试图实行**广泛差异化战略**（broad differentiation strategy）的公司必须研究买家的需求和行为，深入地了解买家所看重的价值及他们愿意为什么样的东西买单。接着，公司必须具备这些合意的功能，将自己明确地从其他缺乏这样产品或服务属性的竞争对手中区分出来。

成功的差异化使公司：
- 获得溢价；
- 增加销售量（因为通过产品差异化特征赢得了额外的买家份额）；
- 获得买家对品牌的忠诚度（因为一些买家被公司及其产品的差异化特征强烈吸引）。

当产品所获得的额外价格超过实现差异化的额外成本时，差异化战略就增强了盈利能力。当买者不看重品牌的独特性或者当公司的差异化方法容易被竞争对手复制或匹配时,公司差异化战略就会失败。

差异化的方法

公司可以从多个角度进行差异化:独特的口味(如红牛、李施德林),多功能(如微软办公软件、苹果手机),广泛选择和一站式购物(如家得宝、亚马逊),优质的服务(如丽思卡尔顿、诺德斯特龙),备件可用性[卡特彼勒(Caterpillar)保证向世界任何地方的任何客户提供 48 小时备件交付,如果没有达到这一承诺就免费提供],工程设计和性能(奔驰、宝马),奢华和声誉(劳力士、古驰、香奈儿),产品可靠性(如大型家电行业的惠而浦和博世),产品质量(如轮胎制造商米其林、汽车制造商丰田和本田),技术领先(如黏接和涂层产品制造商 3M 公司),全方位的服务(如股票经纪行业的嘉信理财),以及完整的产业链(如金宝汤、菲多利零食)。

> ➡ LO4
> 掌握以差异化产品或服务为基础实现竞争优势的主要途径。

最有吸引力的差异化战略是那些难以让竞争对手复制或者效仿成本十分高昂的战略。资源丰富的竞争对手几乎可以迅速复制所有产品、特性及属性。如果可口可乐推出富含维生素的瓶装水,百事可乐也会效仿;如果凡士通轮胎(Firestone)为客户提供有吸引力的融资条款,固特异也会这样做。当差异化战略是基于产品创新、技术优势、产品质量和可靠性、全面的客户服务和独特的竞争能力时,差异化就产生了更持久和更有利可图的竞争优势。这种差异化属性难以让竞争对手复制或抵消,而且买家普遍认为这种差异化是有价值的。

> ➡ 易于复制的差异化不能产生可持续的竞争优势;具备难以被复制的能力或属性的差异化更具可持续。

通过差异化战略提供卓越的价值

虽然很容易确定一个成功的差异化战略必须以竞争对手无法匹配的方式提供价值,但制定差异化战略的一个大问题是确定什么对客户有价值。通常,公司以三种基本方式向客户提供价值。

(1)具备能降低买方成本的产品属性和用户功能。商业买家看重可以降低其经营成本的产品。例如,为了增加公司产品对于买方的经济性,可以减少买方的原材料浪费(提供确定尺寸的部件)、减少买方的库存要求(提供准时交货)、增加产品可靠性以降低买家的维修和维护成本,以及提供免费的技术支持。同样,消费者可以在降低他们的费用的差异化特征中发现价值,例如汽油价格上涨所带来的成本增加刺激了全世界汽车制造商推出更节能的车型。

> 差异化可以基于有形或无形的特征和属性。

(2) 包含能提高产品性能的有形特征。在许多类型的产品中,商业买家和消费者都喜欢更高性能水平的产品。产品的可靠性、输出、耐用性、方便性和易用性是产品性能的多个方面,可以区分不同的产品。手机制造商通过引入下一代更有吸引力、在用户特征和选择组合上更具创新的手机来提高其产品的性能。

(3) 包含能提高买家的满意度的无形特征(以不经济的方式)。丰田普锐斯更吸引希望减少全球二氧化碳排放量的环保驾驶员。宾利(Bentley)、拉夫劳伦(Ralph Lauren)、路易威登(Louis Vuittan)、蒂芙尼(Tiffany)、卡地亚(Cartier)和劳力士等品牌具有差异化的竞争优势,这些竞争优势与购买者对地位、形象、声望、高端时尚、卓越的工艺及生活中更精致事物的渴望相关。里昂比恩(L. L. Bean)通过提供无条件终身保修服务使其邮购客户在购买时感到安全。

以增强差异化的方式管理价值链

差异化不一定产生在营销和广告部门,也不仅局限于质量和服务。差异化机会可能存在于整个价值链的活动中。影响产品或服务价值的价值链活动包括:

- 最终会影响公司产品性能或质量的供应商和采购活动。星巴克的咖啡获得好评,部分原因是它对供应商的咖啡豆有非常严格的规格要求。
- 旨在改善产品设计和性能、扩展最终用途和应用、提高首次进入市场的胜算率、增加用户安全性、获得更大的回收能力,以及加强环境保护的产品研发活动。
- 生产研发和技术相关活动使得定制产品更具成本效率,生产方法对环境更安全,产品的质量、可靠性和外观有所提高。许多制造商已经开发了灵活的制造系统,允许在相同的装配线上制造不同型号和版本的产品。能够向买家提供可被有效区分的定制化产品是一种有效的差异化能力。
- 减少产品缺陷、延长产品寿命、提供更优的保修服务或改善产品外观的生产活动。日本汽车制造商的质量优势源于其在装配线活动方面所具备的独特能力。
- 能够减少仓库和现有库存、加快交货速度、提高订单处理准确度及降低运输成本的分销和运输活动。
- 为买家提供优越的技术支持、及时的保养和维修服务、更好的信用条件、更快速的订单处理及更大程度的便利的市场营销、产品销售和客户服务活动。

感知价值和信号价值的重要性

差异化战略所带来的价格溢价反映出实际传递给买方的价值和买方所感知的价值。产品特征差异所带来的价值是很容易被买家发现的,但在某些情况下,买家可能无法评估他们对产品的体验价值。成功的差异化企业将竭尽全力使买家了解产品的价值,并发出能够体现价值的信号,如有吸引力的包装、大量的广告活动、宣传手册和销售演示的质量、卖方的客户名单、公司经营的时间长短,以及企业员工的专业性、外表形象和个性。

在以下四种情况中,这种信号的价值可能与实际价值一样重要:① 差异化的性质是主观的或是难以量化的;② 买方第一次购买;③ 回购不频繁;④ 买家较单纯。

什么情况下差异化战略最有效

差异化战略往往在以下市场环境中是最有效的:

> ➡LO3
> 认识为什么有些一般性战略在某些行业和竞争条件下优于其他战略。

(1) 买家的需求和产品用途是多样化的。买家多样化的偏好使得行业竞争者可以通过差异化产品属性与其他卖家区分开,吸引特定的买家。例如,消费者对菜单、就餐环境、价格和服务等偏好的多样性给予餐馆在制造差异化方面极大的自由度。其他行业包括杂志出版、汽车制造、鞋类、厨房用具和计算机等,均可利用买家对产品不同的需求和用途实行差异化战略。

(2) 有很多方法来区分对买家有价值的产品或服务。卖家可以给产品属性增添新特征的行业非常适合实行差异化战略。例如,连锁酒店可以通过诸如位置、房间大小、服务范围、酒店内用餐、床上用品和家具的质量及豪华性等不同实现差异化战略。类似地,化妆品生产商可以在声誉和品牌形象、抗衰老配方、紫外线防护、独家零售权、包含抗氧化剂和天然成分、禁止动物测试等基础上来实现差异化战略。

(3) 竞争对手之间几乎不遵循类似的差异化方法。最好的差异化方法包括试图以竞争对手不强调的属性吸引买方。当以独特的方式形成唯一特性时,差异化所遇到的面对面竞争对手会更少,同时,不要让对手在同样的属性中脱颖而出。当许多竞争对手都声称"我们的口味比它们的口味更好"或"我们洗的衣服比它们洗的衣服更干净"时,它们往往是在提供非常相似的产品来追逐相同的买家。

(4) 技术变革发展迅猛,竞争围绕着快速更新换代的产品特性进行。产品的创新和快速更新换代增强了买家的兴趣,为公司追求独特的差异化路径提供了空间。在视频游戏软硬件、高尔夫设备、个人电脑、手机和汽车导航系统等行业中,竞争对手被锁定在这样的持续战斗中:通过引入最优的下一代产品,使自己与其他对手区分开;而那些未能提供新产品或建立产品独特性能的公司很快就失去了市场。

追求差异化战略时需避免的陷阱

差异化战略可能由于以下任意一个原因而失败。如果差异化战略所关注的产品或服务的属性容易被快速复制,那么这样的战略是值得怀疑的。快速模仿意味着这种差异化是没有意义的,因为一个公司所引进的能打破买家想象的任何新功能,几乎能立即被竞争对手效仿。这就是为什么企业必须寻找一种独一无二的差异化属性,效仿这种差异化对于竞争对手来说是耗时或繁重的工作,这样才能赢得相较于竞争对手的可持续竞争优势。

当买方看出公司产品的独特属性没有什么价值时,差异化战略也会变得不稳定。因此，即使一家公司将其品牌的属性与竞争对手的品牌区分开来，其战略也可能失败，因为它们的差异化不能为买家提供足够的价值。当许多潜在买家看到公司的差异化产品后得出"那又如何"的结论时，公司的差异化战略就陷入了困境；买家可能会认为该产品不值得额外的价格，因此产品销售也会不尽如人意。

过度差异化是一种战略缺陷，可能侵蚀盈利能力。公司努力实现差异化几乎总是伴随着成本的提高。能盈利的差异化的诀窍是将差异化成本保持在市场中可以控制的价格溢价之下，或者通过提高足够多的额外销售量来增加总利润，以此抵消摊薄的利润率带来的损失。如果一家公司在追求昂贵的差异化过程中投入过度的热情，那么它的利润空间的损失可能是无法接受的。许多公司增加了一点点差异化，不仅提高了买家的满意度，同时保持价格低廉，其原因就在于控制了差异化的成本。

制定差异化战略中其他常见的陷阱和错误包括：

- 过度差异化，使产品质量或服务水平超过买家的需求。买家不太可能为未使用的功能和属性支付额外的费用。例如，如果消费者对手动控制的设备很满意，他们就不太可能购买可编程的大型设备，如洗衣机、干衣机和烤箱。
- 试图收取太高的价格溢价。即使买家认为某些额外或豪华的功能是"不错的"，他们仍然可以得出结论：附加的好处或豪华的属性不值得多支付额外的价格。
- 胆怯并且不努力在质量或服务方面与竞争对手的产品拉开较大的差距。竞争对手间产品的细微差异可能对买家不重要。

当买家对基本产品满意，并且认为"额外"属性不值得更高的价格时，低成本供应商战略总是优于差异化策略。

集中（利基市场）战略

集中战略与低成本供应商战略或广泛差异化战略的区别是其更关注整个市场的细分部分。目标细分市场或利基市场可以通过地理唯一性或仅吸引利基市场成员的特殊产品属性来定义。将公司整体竞争力集中在单一的利基市场上的优势是相当可观的，特别是对于那些缺乏具有广度和深度的资源的中小型公司来说，它们没有能力通过"满足所有人"的模型、样式和产品选择来追逐全国的客户。社区咖啡（Community Coffee）是美国最大的家族拥有的特色咖啡零售商，其地理位置主要集中在路易斯安那州和墨西哥湾的社区。社区咖啡只拥有全国咖啡市场的 1.1% 的份额，但是销售额已经超过 1 亿美元，并在其分布的 11 个州的咖啡企业中占有 50% 的份额。集中于针对特定产品或买家群体等有明确定义的利基市场的公司有探索频道（Discovery Channel）和喜剧中心频道（Comedy Central）、谷歌、保时捷以及 CGA。微型啤酒厂、当地面包店、民宿及当地的自营零售店都是以服务于狭窄或本地客户群而扩大业务范围的好例子。

集中低成本战略

基于低成本的集中战略旨在以比竞争对手更低的成本和更低的价格给目标市场中

的买家提供服务,从而确保竞争优势。这种战略相当大的吸引力在于,公司能够通过将其客户群限制在一个明确的买方细分市场来显著地降低成本。实现成本优势同时向目标利基市场提供服务的渠道,与低成本战略应对竞争对手的渠道一样,都是相对于竞争对手而言,将成本保持在最低限度,并寻找创新的方法来绕过或减少一些不重要的活动。低成本供应商战略和集中低成本战略之间唯一的区别是公司所面向的买方市场规模不同。

集中低成本战略十分普遍。自有品牌生产者集中生产一般产品(类似于品牌厂商生产的产品),并将产品直接销售给偏好低价品牌商品的连锁店,它们能够在产品开发、营销、分销和广告上实现低成本。Perrigo 公司在 2010 年的销售额超过 22 亿美元,已成为领先的非处方医疗保健产品制造商,公司主要为沃尔玛、CVS、Walgreens、Rite Aid 和 Safeway 等零售商生产自有品牌的产品。虽然 Perrigo 公司不是品牌产品制造商,但集中低成本战略也同样适用于品牌产品的制造商。概念与链接 5.2 描述了 Vizio 公司是如何通过低成本和集中于大型零售商战略,成为美国最大的平板高清电视机销售商的。

概念与链接 5.2

Vizio 的集中低成本战略

Vizio 公司是一家位于加利福尼亚州的设计平板液晶显示器和等离子电视机的公司。它的产品只通过沃尔玛、山姆会员商店、开市客(Costco)和百思买等大型折扣零售商出售。如果你最近购买了一台平板电视机,你就可能会注意到 Vizio 是价格最低的品牌之一,但图像质量出乎意料得好,你会觉得物有所值。该公司通过设计电视机,然后将生产外包给低成本的中国台湾地区的制造商来维持低成本。事实上,其 80% 的生产由 AmTran 完成。这种对供应商的依赖容易受到价格上涨或产品短缺的影响,从而使买方处于不稳定的状况,但是 Vizio 已经通过控股 AmTran 解决了这一问题。AmTran 拥有 Vizio 23% 的股权,并通过向 Vizio 销售电视机而获得约 80% 的收入。Vizio 公司与主要供应商及有限的分销渠道商的密切关系,使其能够为其客户提供更多的价格折扣。

2003 年,Vizio 与开市客的合作是公司的第一笔大额订单,其以比竞争对手中出价最低者还低一半的批发价格销售 46 英寸等离子电视机。在两个月内,开市客在其在美国的 320 家仓库商店中上架 Vizio 平板电视机。2007 年 10 月,Vizio 向山姆会员商店推销 20 英寸液晶电视机,售价低于 350 美元。20 英寸电视机的价格和质量让山姆会员商店的买家十分满意,他们订购了 2 万台电视机,2008 年 3 月交货。Vizio 扩大了其产品线,生产 65 英寸的高清电视机,并计划推出售价低于 500 美元的 3D 立体电视机。2010 年,Vizio 成为美国最大的平板高清电视机销售商,市场份额达到 28%。

资料来源:"Picture Shift: U. S. Upstart Takes On TV Giants in Price War," *The Wall Street Journal*, April 15, 2008, p. A1; "Vizio Takes Top Spot for 2010 LCD TV Sales," Vizio Press Release, February 25, 2011。

集中差异化战略

集中差异化战略的关键是提供精心设计的产品或服务以满足特定、明确的买方市场的独特偏好和需求(不同于广泛差异化战略所面向的有许多买方群体的市场)。四季酒店、香奈儿、古驰和路易威登等公司都成功采用了集中差异化战略,它们的市场是针对富人群体,这部分人希望拥有世界级品质的产品和服务。事实上,大多数市场都存在部分购买者愿意为最优质的产品支付溢价,这为一些竞争对手打开了战略之窗,使它们可以针对市场"金字塔"最顶端的购买者群体来实现集中差异化战略。针对一个只有2万名富裕汽车爱好者的群体,法拉利每年在北美地区可实现1500辆汽车的销售。

另一个成功的集中差异化战略的例子是"时尚食品零售商"乔氏超市,它在美国的25个州拥有300家分店,主打美味熟食和食品仓库。顾客把在乔氏超市购物看成一项娱乐,同时该超市也满足了传统的购物需求;商店里常备如树莓莎莎、鲑鱼汉堡和茉莉花炒饭等新奇的美食,也有在超市里经常出现的标准商品。乔氏超市的独特之处不仅在于它独特的食物和有竞争力的价格,而且在于它能够将一个平凡的杂货购买任务变成一个异想天开的寻宝之旅、一种纯粹的乐趣。概念与链接5.3描述了雀巢(Nestle)公司对Nespresso产品的集中差异化战略。

概念与链接5.3

雀巢旗下子品牌Nespresso在咖啡行业的集中差异化战略

在咖啡行业,雀巢公司的战略使其子品牌Nespresso成为在巧克力及糖果、瓶装水、咖啡、即食谷物、冷冻食品、乳制品、冰淇淋和婴儿食品等众多产品系列中增长最快的十亿美元品牌。Nespresso的概念是从1986年发展起来的,倡导消费者使用Nespresso咖啡胶囊配套的专用咖啡机,自制一杯完美的浓缩咖啡,咖啡品质像出自熟练的咖啡师一样。Nespresso咖啡胶囊按烘焙类型和香型的不同可分为16种,可以在雀巢的Nespresso俱乐部网站上购买,也可以在遍布世界顶级购物区的200多家Nespresso精品店及全球精选的高档零售商场购买。Nespresso咖啡机的设计使其易于使用,并且具有先进的技术功能,能最大限度地释放咖啡的香气,同时整个过程是完全自动化的,甚至卡布奇诺的厚厚的奶油泡沫也能从冷牛奶中自动制作出来。

由于消费者在咖啡的制作方面没有经验,无法制作出美味的拿铁咖啡、卡布奇诺和特浓咖啡等,这款时尚咖啡机成功弥补了这部分消费者的遗憾,它不仅易于使用,同时选取的咖啡豆也是高品质的。自2000年以来,其销售收入的平均年增长率为30%,其中,2010年的销售额超过30亿瑞士法郎,2011年,Nespresso已在50多个国家销售。

Nespresso的集中差异化战略包括以下主要因素:

- 卓越的产品质量和专业的咖啡知识。通过其独特的商业模式,Nespresso能保证在咖啡制作价值链上的每一环节都有最高的质量。Nespresso拥有一批热忱的咖啡专家、农艺师和供应合作伙伴,他们定期在世界各地最优质的咖啡豆原产地寻找最优质的咖啡豆农庄。他们与 Nespresso 的其他咖啡专家(包括感官、香气和风味等方面的专家)一起工作,这些专家在瑞士奥尔布和阿旺什生产最先进的咖啡设备。

• 永不停歇的创新力和独特的设计理念。Nespresso 的内部研发团队醉心于创新,对细节精益求精,热衷于将技术与设计相结合,并且与外部设计和机器专家合作,这帮助他们在创新和设计上获得许多奖项,这些创新性突破带来了 1 700 多项专利。

• 享誉全球的品牌效应。Nespresso 不断将来自世界各地的原创想法、创新口味注入产品中,以定义自己所倡导的独特生活方式。它已经成为全球公认的受尊敬的高质量品牌。Nespresso 的销售网络遍布世界各地的主要城市,有超过 200 家精品店供咖啡爱好者前去体验,品尝 Nespresso 的豪华咖啡或学习更多关于咖啡原产国的知识。这些地方是咖啡爱好者的消遣圣地。

• 由于直接的客户关系,形成了全球品牌社区。近年来,Nespresso 取得的巨大成功可归因于品牌与消费者之间的特殊关系及消费者对品牌的一贯热情。Nespresso 俱乐部有超过 50% 的新成员是通过现有成员推荐第一次体验该品牌。2001—2009 年,全球 Nespresso 俱乐部会员的数量从 60 万增加到 600 多万。

• 独特的市场路线。Nespresso 的商业模式使公司通过三个渠道与顾客保持直接的关系。一是通过全球互联网精品店(www.nespresso.com);二是通过全球零售精品店网络为消费者提供全方位的感官体验机会;三是客户关系中心通过电话来维护良好的客户关系。

• 可持续质量计划。Nespresso 及其主要供应商与 3 万多名农民保持密切的合作关系,这些农民是 AAA 可持续质量计划的一部分。他们直接影响正在进行的农业生产,在尊重环境的同时使咖啡豆的品质和经济效率达到最优。作为该计划一部分的农民不仅获得了较高的报酬,而且还与 Nespresso 公司建立了长期合作关系。Nespresso 大约 50% 的咖啡是通过 AAA 可持续质量计划购买的。

资料来源:Nestlé press releases,June 9,2009,September 21,2009,以及 August 11,2010。

集中低成本战略和集中差异化战略何时是可行的

集中战略旨在把握基于低成本或基于差异化的竞争优势,当其满足且不限于以下条件时,这种战略变得越来越具有吸引力:

➡LO3
认识为什么有些一般性战略在某些行业和竞争条件下优于其他战略。

• 目标利基市场的规模足以实现盈利并具有良好的增长潜力。
• 行业领导者不选择在利基领域竞争,此时采用集中战略可以避免与行业最大和最强的对手进行对抗。
• 对于多部门竞争对手来说,在满足利基买家专业需求的同时满足主流客户的期望是成本高昂和困难的。
- 行业中存在许多不同的利基市场或细分市场,决策人能够依据其资源优势和能力选择适合的利基市场。
- 竞争对手很少对同一个目标细分市场深入研究。

集中低成本战略和集中差异化战略的风险

集中战略也伴随着一些风险。第一个主要风险是竞争对手有机会找到有效方法来效仿专业化公司服务于利基市场的能力。在住宿业务领域,大型连锁酒店如万豪酒店和希尔顿酒店推出了多品牌战略,使它们的多个品牌酒店能够在不同细分市场中同时进行有效竞争。万豪酒店拥有提供全套服务和设施的旗舰酒店,吸引游客和度假者前往主要度假酒店游玩;它旗下的 J. W. 万豪和丽思卡尔顿为商务和休闲旅客提供豪华舒适的服务;万怡(Courtyard by Marriott)和万豪春丘(SpringHill Suites)为商务旅客提供中等价位的住宿;万豪公寓(Residence Inns)和万豪唐普雷斯套房酒店(TownePlace Suites)以"家外之家"为设计理念,为住宿五个及以上晚上的旅客提供服务;超过 650 家的万豪费尔菲得(Fairfield Inn)旅店以实惠的价格为旅客提供优质条件的住宿。同样,希尔顿也有一系列酒店品牌(Waldorf Astoria、Conrad、Doubletree、Embassy Suites、Hampton Inns、Hilto Hotels、Hilton Garden Inns 和 Homewood Suites),使其能够在多个市场与一些单一化酒店展开正面竞争。多品牌战略对万豪和希尔顿等大型公司很有吸引力,因为它们使公司进入一个利基市场,同时业务优势会使其超过仅采用集中战略的公司。

集中战略的第二个主要风险是利基成员的偏好和需求有可能随着时间而转向大多数购买者期望的产品属性。购买者间差异的缩小降低了进入利基市场的门槛,并公开向毗邻的竞争对手提供了一个争夺利基市场的平台。第三个主要风险是,细分市场可能变得非常具有吸引力,这使其很快就会被竞争对手淹没,市场竞争加剧并且利润被瓜分。

最优成本供应商战略

➜LO5
通过混合运用低成本供应商战略和差异化战略,识别为客户提供卓越价值所需的条件。

➜核心概念
最优成本供应商战略是低成本供应商战略和差异化战略的混合体,旨在满足买方对关键质量、功能、性能、服务属性的期望,同时产品价格低于买方的预期。

如图 5.1 所示,**最优成本供应商战略**(best-cost provider strategy)是低成本供应商战略和差异化战略的混合体,旨在满足买方对关键质量、功能、性能、服务属性的期望,同时产品价格低于买方的预期。采取最优成本供应商战略的公司希望能成功笼络到大量想以经济的价格寻找质量中档的产品或服务的价格敏感型买家。最优成本供应商战略的本质是通过满足用户对有吸引力的特性、性能、质量、服务的需求为客户提供更多的价值,同时,与具有类似属性产品的竞争对手相比,公司产品的价格更低。[3]

为了有利地采用最优成本供应商战略，公司必须比竞争对手具有更低的成本，同时提供更具有吸引力或高档属性的商品。这种能力取决于：① 优越的价值链配置，消除或最小化不增加价值的活动；② 在管理基本价值链活动方面具备卓越的效率；③ 在低成本下将差异化属性纳入产品的核心竞争力。当公司能够以比竞争对手更低的成本，将吸引人的功能、卓越的产品性能和质量或者更令人满意的服务纳入其产品时，它便具有了"最优成本"状态，即成为具有高级属性的低成本产品或服务的提供商。最优成本供应商可以利用其低成本的优势来降低价格，进而迫使具有类似高档属性的竞争产品降价，而自己仍然能够获得有吸引力的利润。概念与链接 5.4 描述了丰田公司是如何应用最优成本供应商战略来生产和营销其雷克萨斯品牌汽车的。

概念与链接 5.4

丰田旗下品牌雷克萨斯的最优成本供应商战略

丰田汽车通常被认为是世界汽车制造商中的低成本生产商。尽管强调产品质量，丰田仍已实现低成本领导，因为它已经形成了相当强的高效率供应链管理能力和低成本装配能力，而其中低价格的定位与高产量进一步降低了单位成本。但是，丰田在推出新车型雷克萨斯时将其定位在豪华车市场，它采取的是最优成本供应商战略。丰田为雷克萨斯制定了以下四个战略步骤：

- 在雷克萨斯车型设计中加入一系列高性能和高档特性，使其在性能和豪华装备方面与其他高端车型相匹配，并对奔驰、宝马、奥迪、捷豹、凯迪拉克和林肯这些豪车的买家同样具有吸引力。
- 将以低成本制造高品质丰田车型的能力转化为以低于其他豪车制造商的成本制造高品质雷克萨斯车型的能力。丰田的供应链和低成本的装配生产线使其能够将高科技性能特征和高档品质纳入雷克萨斯车型中，同时其成本远低于奔驰和宝马的同类车型。
- 使用相对较低的制造成本来降低与奔驰和宝马同类车型的价格。丰田认为，凭借其成本优势，雷克萨斯车更具吸引力的价格将使得价格敏感的买家放弃购买奔驰和宝马。丰田的定价策略也诱使丰田、本田、福特或通用汽车的车主希望拥有更多的奢侈元素而将消费转向雷克萨斯。雷克萨斯相对于奔驰和宝马的定价优势有时是非常可观的。例如，2011 年上市的雷克萨斯 RX 350 是一款中型 SUV（运动型多用途汽车），价格在 39 000—52 000 美元，具体取决于配置如何，而奔驰 ML 350 SUV 的价格定在 46 000—92 000 美元，宝马 X5 SUV 的售价在 47 000—86 000 美元，具体取决于所选择的配置。
- 与丰田经销商分开，建立一个专属于雷克萨斯的经销商网络，致力于提供个性化、周到的客户服务。

雷克萨斯的最优成本供应商战略使其成为 2000 年全球销量第一的豪华汽车品牌——这一殊荣一直延续到 2010 年。

最优成本供应商战略何时效果最好

> ➡LO3
> 认识为什么有些一般性战略在某些行业和竞争条件下优于其他战略。

当市场上的产品差异标准化,大量的买者更喜欢购买中档产品而不是低成本生产商生产的便宜产品或差异化生产商生产的昂贵产品时,最优成本供应商战略的效果是最好的。最优成本供应商通常需要将自己定位在中档市场,以平均水平以下的价格提供中档产品,或者以平均或略高于平均水平的价格提供高档产品。最优成本供应商战略在经济衰退时期也很有效,那时大量的买家变得更有价值意识,更青睐那些实惠且优质的产品和服务。

不健全的最优成本供应商战略的危害

采用最优成本供应商战略最大的弱点是,缺乏管理价值链活动的必要的核心能力和效率,从而导致很难在不明显提高成本的条件下增加差异化功能。当一个公司的差异化程度适中且没有真正的成本优势时,它很可能会发现自己被挤压在低成本战略公司和差异化战略公司之间。低成本供应商能以更低的价格吸引客户(尽管产品属性略有不足)。高端差异化供应商能以更好的产品属性吸引客户(即使产品价格更高)。因此,成功地实施最优成本供应商战略要求公司必须向买家提供属性显著更好的产品以证明其价格高于低成本战略公司的产品是有价值的。同样,公司必须显著地降低其高档产品的成本,以更显著的价格优势胜过其他竞争对手的高端差异化产品。

成功的竞争战略必须基于所拥有的资源

> ➡ 公司的竞争战略应与其内部环境相适应,并且要充分利用其具有竞争力的宝贵资源和能力。

要想成功地实现良好的绩效和竞争优势,公司的竞争战略必须与其内部环境相适应,并有适当的资源、专有知识和竞争能力加以支持。为了成功地实施低成本供应商战略,公司必须有保证其成本低于竞争对手成本的资源和能力,这意味着与竞争对手相比,公司能更具成本效益地管理价值链活动,或者具备创新能力以避开价值链活动上不必要的环节。为了能成功吸引消费者,实现产品差异化,公司必须具有相应的资源和能力(例如更好的技术、优秀的产品创新能力和专业化的客户服务),将独特的属性纳入其产品,这样大量的买家会发现产品的吸引力并为其买单。专注于细分市场的战略在满足利基市场的买家的需求和期望上,需具备杰出的能力。为了成功运用以最优价值产品为核心的战略,企业需要有资源和能力以低于竞争对手的成本提供高档的产品或服务属性。

关键点

1. 在制定战略的前期，公司管理者必须确定在五个基本竞争战略中选择哪一种：低成本供应商战略、广泛差异化战略、集中低成本战略、集中差异化战略和最优成本供应商战略。

2. 在采用低成本供应商战略时，公司必须做到比竞争对手更具成本效益的内部管理活动，或者必须找到创新的方法来消除或省去一些带来成本的生产活动。当价格竞争激烈、竞争对手的产品差异很小时，低成本供应商战略的效果特别好。利于实施低成本供应商战略的其他条件包括行业内的大部分销量是面向几个大买家的、买家转换成本低、业内新进入者可能以引导性低价获得市场份额。

3. 广泛差异化战略是指将买者认为有价值并会为之付费的属性和特性纳入产品，进而使得自身的产品或服务与竞争对手区别开来。成功的差异化战略能够使公司：① 获得溢价；② 增加销售量（因为通过产品差异化特征赢得了额外的买家）；③ 获得买家对其品牌的忠诚度（因为一些买家被产品的差异化特征强烈吸引继而与公司及其产品建立稳定的关系）。差异化战略在以下情况中最为有效：市场中买方偏好多样化，这种市场存在很多机会进行产品差异化或打造品牌以区分竞争对手；其他竞争对手不打算寻求相似的差异化方法；技术变化节奏快，竞争围绕快速发展的产品功能展开。差异化战略在以下情况中注定失败：竞争对手能够快速复制出公司所提供的大部分或全部有吸引力的产品属性；市场对公司的差异化战略反应不佳；公司在产品差异化上花费过度，侵蚀利润。

4. 以集中战略实现竞争优势有两个途径：一是以较竞争对手更低的成本来服务目标利基市场的消费者；二是为利基市场的消费者提供更有吸引力的差异化产品，较竞争对手更能满足消费者的需求。集中战略在以下情形中会变得更有吸引力：一是目标利基市场规模足以盈利并具有良好的增长潜力；二是对于多部门竞争公司来说，同时满足利基市场客户的特殊需求和主流客户的期望是高成本且困难的；三是有一个或多个利基市场与公司的资源优势和能力相适应；四是其他竞争对手不打算专注在相同的目标市场。

5. 最优成本供应商战略寻求低成本供应商战略和差异化战略之间的平衡点，同时其目标市场定位于广泛市场和细分市场之间，目的是通过给予买家更多的价值来满足买方对关键质量、特性、性能、服务属性的期望，同时使价格低于买方的预期，从而创造竞争优势。为了更好地运用最优成本供应商战略，公司必须有能力以比竞争对手更低的成本引入有吸引力的或更高档的产品属性。这种能力取决于：① 优越的价值链配置；② 在管理基本价值链活动方面具备卓越的效率；③ 在低成本下将差异化属性纳入其产品的核心竞争力。在市场存在差异化机会且消费者对产品的价值和价格较为敏感的情况下，最优成本供应商战略效果最好。

6. 决定采用哪种一般性战略可能是公司最重要的战略决策。它影响着公司其他战略行动的决策，并且为公司树立竞争优势奠定了基础。

巩固练习

1. 百思买是美国最大的消费电子零售商，2011 年的销售额超过 500 亿美元。该公司在价格上与开市客、山姆会员商店、沃尔玛和塔吉特等竞争对手展开激烈竞争，同时其一流的客户服务也被消费者认可。百思买的客户评论道：零售商的销售人员对产品非常了解，可以引导顾客找到物品的确切位置；店内的电脑显示器、数字媒体播放器和其他电子产品的演示模型电力充足，方便顾客在店内试用，这些都使得顾客十分满意。百思买的"极客团队"（Geek Squad）所提供的技术支持和安装服务是许多客户重视的额外的服务功能。

你如何评价百思买的竞争战略？它属于低成本供应商战略、差异化战略和最优成本供应商战略中的哪一种？做出解释。

2. 概念与链接 5.1 讲述了沃尔玛在超市行业的低成本优势。根据其中提供的信息，阐述沃尔玛如何在超市行业建立低成本优势，并解释低成本供应商战略为什么非常适合超市行业。

3. 斯蒂尔（Stihl）是世界领先的链锯制造商和销售商，年销售额超过 20 亿美元。凭借其 1929 年在汽油动力链锯方面的创新，公司拥有超过 1 000 项链锯和户外电动工具相关的专利。该公司的链锯、吹风机和树篱修剪机的销售价格远远高于竞争品牌，其销售仅授权给销售网内的约 8 000 家独立经销商。

你如何描述斯蒂尔的竞争战略？它属于低成本供应商战略、差异化战略和最优成本供应商战略中的哪一种？此外，公司是专注于一个狭窄的细分市场，还是针对广泛的市场？做出解释。

4. 浏览宝马的网站（www.bmwgroup.com），你是否能找到至少三种公司用来差异化其产品的方式？宝马是否已经成功地通过差异化战略建立了竞争优势？为什么？

模拟参与者练习

1. 五种一般性竞争战略中，哪一种最能帮助贵公司在竞争中取得成功？
2. 哪家竞争对手公司更适合采用低成本供应商战略？
3. 哪家竞争对手公司更适合采用广泛差异化战略？
4. 哪家竞争对手公司更适合采用最优成本供应商战略？
5. 哪家竞争对手公司更适合采用集中战略？
6. 贵公司要采取什么样的战略以实现相较对手的可持续性竞争优势？列举至少三条（最好超过三条）贵公司已经或打算为赢得更强的竞争优势而做出的具体决策。

尾注

1. Michael E. Porter, *Competitive Strategy: Techniques for Analyzing Industries and Competitors* (New York: Free Press, 1980), chap. 2; Michael E. Porter, "What Is Strategy?" *Harvard Business Review* 74, no. 6 (November-December 1996).

2. Michael E. Porter, *Competitive Advantage* (New York: Free Press, 1985).

3. Peter J. Williamson and Ming Zeng, "Value-for-Money Strategies for Recessionary Times," *Harvard Business Review* 87, no. 3 (March 2009).

第六章

补充已选择的竞争战略

学习目标

LO1 了解是否及何时采取进攻性战略举措来改善公司的市场地位

LO2 了解是否及何时采用防御战略来保护公司的市场地位

LO3 当作为先行者或快速跟随者或后行者时,识别出何时可能出现竞争优势

LO4 理解通过垂直整合扩大公司运营范围的优势和劣势

LO5 理解将某些价值链活动外包给外部各方的有利条件

LO6 理解战略联盟和合作伙伴关系如何促进了公司对资源和能力的整合

LO7 认识兼并和收购的战略利益和风险

一旦公司决定采用五种一般性竞争战略中的某一种，继而就会关注采取什么其他战略行动来补充已选择的竞争方法，并最大限度地发挥公司的总体战略力量。管理者必须针对公司经营范围及如何最好地加强公司市场地位做出若干决定：
- 决定是否及何时发起进攻性的积极战略举措，以提高公司的市场地位。
- 决定是否及何时采取保守战略来保护公司的市场地位。
- 根据成为先行者、快速跟随者还是后行者更有利，决定何时采取战略行动。
- 决定是否将后向通道或前向通道集成到产业价值链的更多阶段。
- 决定哪些价值链活动（如果有）应该外包。
- 决定是否与其他企业建立战略联盟或伙伴关系。
- 决定是否通过合并或收购同行业中的另一家公司来巩固公司的市场地位。

本章介绍作为公司整体战略之补充的各项措施的优缺点。

发起战略进攻以提高公司的市场地位

无论公司选择五种通用竞争战略中的哪一种，公司都应该在合适的时候积极进取、继续进攻。当公司发现有机会通过牺牲对手来获得有利可图的市

➡LO1

了解是否及何时采取进攻性战略举措来改善公司的市场地位。

场份额时，或者当公司别无选择，只能尝试缩小强劲对手的竞争优势时，就需要发起战略进攻。沃尔玛、苹果、西南航空和谷歌等公司都在努力积极地追求竞争优势，试图获得竞争优势所带来的好处——领先的市场份额、卓越的利润率和快速的增长。[1]

选择竞争性进攻的基础

一般来说，战略进攻应以公司的竞争性资产和优势为基础，并以利用竞争对手的劣势为目的。[2] 如果忽略了将公司战略进攻和竞争优势相结合，就像拿着玩具枪去打仗一样——成功的前景十分黯淡。

➡ 最好的进攻是利用公司最具竞争力的有效资源，在竞争对手最弱的竞争领域发起的攻击。

例如，一个成本相对较高的公司采用降价攻势是非常愚蠢的。同样，在没有研发、新产品开发和加快新产品或改进产品上市等方面成熟的专业知识的情况下，公司就进行产品创新，也是十分不明智的。

主要战略进攻选项包括以下几点：

1. 攻击竞争对手的竞争劣势。例如，具有特别好的客户服务能力的公司，可以向客户服务能力较差的竞争对手的客户推销商品。具有公认名牌和强大营销技能的攻击者可以努力获得品牌认可度较低的竞争对手的客户。

2. 以更低的价格提供相同或更好的产品。如果提供相似产品的竞争对手不对公司的降价行为做出反应，那么较低的价格可以带来市场份额的增长。降价攻势最好由首先实现成本优势的公司发起。[3]

3. 追求持续的产品创新，从缺乏创新的竞争对手处抢夺销售份额和市场份额。持续推出新的/改进的产品可以使竞争对手面临巨大的竞争压力，特别是当竞争对手新产品开发的能力较弱时。

4. 通过率先采用下一代技术或率先推出下一代产品来超越竞争对手。微软在市场上推出下一代 Xbox 360 的时间比索尼的 PlayStation 3 和任天堂的 Wii 提前了 12 个月，这帮助它赢得了可观的市场份额，并在视频游戏行业的前沿创新领域建立了声誉。

5. 采用和改进其他公司（竞争对手等）的好创意。仓库式家居改造中心的想法并不源于家得宝联合创始人 Arthur Blank 和 Bernie Marcus，他们是从前雇主"巧手之家装潢中心"（Handy Dan Home Improvement）那里得到了"大箱子"（big box）的概念。但他们迅速改进了巧手之家的业务模式和战略，并使家得宝在产品线宽度和客户服务方面达到新的高度。

6. 有意识地攻击那些主要竞争对手获得巨额利润的细分市场。丰田已经在美国的轻型卡车和 SUV 市场上对通用汽车、福特和克莱斯勒发起了"硬攻击"，这是底特律汽车制造商通常获取高额利润（每辆车大约 10 000 到 15 000 美元）的细分市场。丰田通过夺取皮卡车和 SUV 的销售份额和市场份额，削弱了美国三大汽车制造商的实力。

7. 在竞争对手周围展开行动，以获得尚未被占领或竞争较少的市场领域，包括在竞争对手很少或没有涉及的地理区域或产品类别中开展业务，建立强大的市场地位。

8. 使用"击跑配合战术"或"游击战术"，从自满或分心的对手那里获得销售和市场份额。游击战术具体包括偶尔的低价（从而获得一个大订单或从对手处抢夺一个大客户）或者令竞争对手惊讶的不定时的大力度促销活动（提供为期一周的 20% 的折扣，以吸引客户离开对手品牌）。[4]游击战特别适合那些既没有资源也没有市场知名度的小挑战者来对行业领军者进行全面的攻击。

9. 先发制人，抓住稀有的机会或获取行业有限的资源。[5]先发制人的进攻拥有独一无二的特性——任何首先发起进攻的公司都可以获得竞争对手不易匹配的竞争性资产。先发制人的例子包括：① 确保成为特定地理区域或国家的最佳经销商；② 转移至新的中转地或十字路口、新的购物中心等最有利的地点；③ 通过独家合作伙伴关系、长期合同甚至收购等方式绑定最可靠、最优质的供应商。为了取得成功，先发制人的进攻不必要完全阻止竞争对手的跟随或复制行为，它只需要给公司一个不容易被围攻的首要地位。

选择要攻击的对手

具有进攻意识的公司需要分析去挑战哪个竞争对手,以及如何应对挑战。以下是进攻的最佳目标:

- 脆弱的市场领导者。对一家在规模和市场份额方面领先但是在服务市场方面并不是真正的领导者的公司进行攻击是有意义的。领导者脆弱性的迹象包括不满意的买家、低劣的产品线、与低成本领导或差异化相关的弱竞争战略、对其他行业多元化的关注以及平庸或下降的盈利能力。
- 在挑战者的优势领域存在弱点的"亚军公司"。当挑战者的资源优势和竞争能力非常适合去攻击"亚军公司"的弱点时,"亚军公司"是一个特别有吸引力的目标。
- 在破产边缘挣扎的企业。以进一步削弱财务实力和竞争地位的方式挑战一个已焦头烂额的对手,可以加速其退出市场。
- 能力有限的小型地方公司和区域性公司。由于小公司的专业知识和资源通常有限,所以具有更广泛能力的挑战者有能力抢走他们最大和最好的客户。

蓝海战略——一种特别的进攻

蓝海战略(blue ocean strategy)旨在通过放弃在现有市场中击败竞争对手的努力,以获得巨大且持久的竞争优势,换句话说,是创建一个与现有竞争对手基本不相关的新产业或独特的细分市场,来创造和满足所有的新需求。[6] 这种战略认为商界由

> ➡ **核心概念**
>
> **蓝海战略**通过发现或创建新的行业细分,创造了全新的需求,促进了收入和利润的增长。

两种不同类型的市场空间组成。在第一种类型的市场空间中,行业界限已经被定义和接受,游戏的竞争规则被所有行业成员所理解,公司试图通过在现存需求中获得更大的份额来超过竞争对手,激烈的竞争限制了公司快速增长的前景和卓越的盈利能力,因为竞争对手会迅速采取行动来效仿或阻碍公司的成功。第二种类型的市场空间是行业还未真正开发的"蓝海",也不存在竞争,并且如果一个公司能够提出一种可以创造新的需求而不是争夺现有需求的产品和战略,就会拥有广阔的盈利和快速增长的机会。易趣(eBay)创造并占据主导地位的在线拍卖行业就是需求广阔或蓝海市场的很好的例子。

其他通过创建蓝海市场空间获得竞争优势的公司包括咖啡店行业的星巴克、极端折扣零售商达乐(Dollar General)公司、隔夜递送包裹的联邦快递(FedEx)以及提供现场娱乐表演的太阳马戏团(Cirque du Soleil)。"太阳马戏团"通过表演创造了一个截然不同的市场空间(拉斯维加斯夜总会和剧院式场景),吸引了一批新的客户——成人和企业客户,他们愿意支付比传统马戏票高几倍的价格,在舒适的氛围中获得精心装扮的小丑和星级杂技表演带来的"娱乐体验"。创造蓝海市场空间的公司通常可以维持它们最初获得的竞争优势,在10—15年内不会遇到重大的竞争挑战,因为一方面模仿的难度较大,另一方面蓝海战略可以产生很强的品牌知名度。

采取防御战略保护公司的市场地位和竞争优势

> **➡ LO2**
> 了解是否及何时采用防御战略来保护公司的市场地位。

在激烈的市场竞争中,所有公司都面临来自竞争对手的挑战。防御战略的目的是降低被攻击的风险,削弱所有已发生攻击的影响,并使挑战者将其目标转移至其他对手。虽然防御性战略通常不会提高企业的竞争优势,但肯定有助于巩固公司的竞争地位。防御战略可以采取两种形式:阻止挑战者的

> ➡ 良好的防御战略可以帮助保护竞争优势,但很少是创建竞争优势的基础。

行动,发出可能进行报复行动的信号。

封堵开放给挑战者的道路

稳定当前地位的最常采用的方法是限制挑战者的竞争性进攻行动。可以在潜在的挑战路线设置一系列障碍。[7] 防守者可以引入新功能、添加新模型或拓宽其产品线,以寻求机会终结挑战者的市场份额。它可以选择自己能够承受的经济价格来进行低价攻击,以对竞争对手的努力造成阻碍;它也可以通过早日发布新产品或做出价格调整,来阻止买家尝试竞争对手的产品。最后,防守者可以向经销商和分销商授予批量折扣或更好的融资条款,以阻止它们与其他供应商进行合作。

向挑战者发出可能进行报复的信号

在攻击事件中向挑战者发出可能进行强烈报复的信号的目的是,劝阻挑战者的攻击或将其攻击转移到对公司威胁小的行动上。公司可以通过让挑战者知道战斗的成本超过它的价值来实现该目标。公司可以向潜在的挑战者释放下列信号:
- 公开宣布管理层维持公司目前市场份额的承诺。
- 公开承诺公司会采用与竞争对手匹配的条款或价格政策。
- 维持现金和有价证券等用于"价格战"的专用资金。
- 偶尔对弱势竞争对手的行动做出强烈反应,以强化公司作为一个坚韧的防守者的形象。

公司采取进攻战略和防御战略的时机

> **➡ LO3**
> 当作为先行者或快速跟随者或后行者时,识别出何时可能出现竞争优势。

什么时候采取战略行动往往和采取什么行动一样重要。当存在先行者优势或劣势时,时机就显得特别重要。在以下情况中,作为先行者采取战略行

动可以得到高回报：① 先行者有利于建立公司形象和卖家信誉；② 对新技术、新兴分销渠道等的早期承诺能够产生超过竞争对手的绝对成本优势；③ 首批用户进行重复购买时会对先行者公司有极高的忠诚度；④ 率先行动能够先发制人，使得模仿更加困难甚至不可能。先行者优势越大，率先行动就变得越有吸引力。[8]

然而，有时候市场接受先行者的创新产品的进程很慢，在这种情况下，拥有大量资源和市场力量的快速追随者则可以超越先行者。例如福克斯新闻网击败了竞争对手美国有线电视新闻网(CNN)，成为领先的有线新闻网络。有时候，激烈的技术变革或产品创新使得先行者很容易受到迅速出现的下一代技术或产品的攻击。例如前手机市场领导者诺基亚(Nokia)和黑莓公司(Blackberry)受到了来自苹果的创新 iPhone 和基于谷歌安卓操作系统的智能手机的伤害。因此，并不能保证说先行者一定可以赢得可持续的竞争优势。[9]

> 考虑到先行者的优势和劣势，行动的时机将和行动的方式一样能产生竞争优势。

为了维持先行者最初可能产生的任何优势，先行者需要成为一个快速学习者，并继续积极利用所有先行者优势开展行动。如果先行者的技术、技能和行为容易被复制甚至容易被超过，那么追随者甚至后来者可以在相对较短的时间内赶上或赶超先行者。先行者具有战略重要性，不是因为它是第一个做某件事情的公司，而因为是第一个精确地将产品特征、客户价值和良好的收入/成本/利润组合在一起，并在市场领导者的战争中占据优势的公司。[10] 如果市场快速接受了先行者提供的创新产品，那么先行者为了甩开拥有类似资源能力的快速追随者，必须拥有大规模的生产、营销和分销能力。如果技术以惊人的速度发展，那么先行者不能寄希望于在没有强大的研发、设计、新产品开发能力及资金实力的情况下还能保持领先地位。概念与链接 6.1 描述了亚马逊是如何在在线零售行业中获得先发优势的。

概念与链接 6.1

亚马逊在在线零售上的先发优势

亚马逊通向世界上最大的在线零售商的道路始于 1994 年，当时曼哈顿对冲基金分析师杰夫·贝佐斯(Jeff Bezos)注意到，互联网用户数量的年增长率为 2300%。贝佐斯从这一巨大的增速中看到了在线销售产品的机会，这恰恰需要庞大的互联网用户和便捷的送货服务的支撑。贝佐斯在 1995 年推出了在线售书平台 Amazon.com。这家初创公司的销售收入在 1997 年飙升至 1.48 亿美元，1998 年为 6.1 亿美元，1999 年为 16 亿美元。贝佐斯这一在 1994 年与妻子进行跨国旅行中孵化的商业计划，使他成为 1999 年《时代》杂志的年度风云人物。

亚马逊早期进入在线零售已经为其带来了先发优势，且在 2000—2011 年，贝佐斯实施了一系列附加的战略举措，以巩固公司在行业中排名第一的地位。贝佐斯在 20 世纪 90 年代末开展了一个 3 亿美元的巨额建筑项目，增加了五个新的仓库和订单履行中心。额外仓库空间的建成时间比公司实际需要提前了好多年，但贝佐斯希望能够确保随着需求的持续增长,公司可以继续为客户提供选择最佳、价格最低且交付最经济便利的商品。该公司还扩大了其产品线,包括 Kindle 阅读器、体育用品、工具、玩具、汽车零件、电器、电子产品以及数字音乐下载。亚马逊在 2010 年实现了 342 亿美元的销售收入,成为世界上最大的互联网零售商,贝佐斯在亚马逊的股份估计净值为 126 亿美元,使他在美国富豪排名榜中名列第 12 位。

贝佐斯在保持在线零售先发优势方面的努力并不都是成功的。贝佐斯在 2008 年《财富》杂志的一篇文章中评论说:"我们投资了后来破产的所有 1999 年老式电子商务初创公司,比如 Pets.com、living.com、kozmo.com。我们进行了很多引人注目的失败投资。"他继续说明,虽然这些冒险是"浪费钱",但它们"没有带走我们的使命"。贝佐斯还建议,作为先行者获得优势是"采取一百万个小步骤——并从你的失误中快速学习"。

资料来源:Mark Brohan, "The Top 500 Guide," *Internet Retailer*, June 2009, 2009 年 6 月 17 日访问 www.internetretailer.com; Josh Quittner, "How Jeff Bezos Rules the Retail Space", *Fortune*, May 5, 2008, pp. 126-134。

潜在的后行者优势或先行者劣势

在有些情况下,成为一个快速追随者而不是先行者实际上会有优势。后发优势(或先发劣势)出现在四种情况中:

- 领导者比追随者成本更高时,并且领导者只能获得微不足道的经验或学习曲线收益——这使得追随者拥有较先行者更低的价格。
- 创新者的产品比较简单、不符合买家期望,这就使得一个聪明的追随者有机会以更好的产品赢得不再对领导者抱有任何幻想的买家。
- 潜在买家对先行者开创的新技术或产品持怀疑态度。
- 当市场快速演变(由于技术或买方需求和期望的快速变化)时,会给快速追随者甚至谨慎的后行者以机会,它们会创造出更有吸引力的新产品超越先行者。

决定做先行者还是后行者

在衡量作为先行者、快速追随者和后行者的利弊时,重要的是在特定行业中,市场领导者的竞争是马拉松还是冲刺。在马拉松中,一个缓慢的行动者不会受到不当的惩罚——先发优势是短暂的,快速追随者有足够的时间来追赶,甚至有时候后行者也能赶得上。[11] 因此,当公司考虑是积极还是谨慎地为追求特定新兴市场的机会而奋斗时,考虑先行者创新的速度是相当重要的。例如,全球移动电话用户数量从 1 000 万增长到 1 亿,花了 5.5 年的时间,而全球家庭宽带用户的数量用了接近 10 年的时间才增长到 1 亿。从这里可以学到,每种新兴机会都有一个市场渗透曲线,该曲线通常具有拐点。在拐点上,商业模式的所有部分均到位,买方需求爆炸,市场起飞。拐点可能在快速上升的曲线(如电子邮件的使用)上较早出现,也可能在较慢上升的曲线(如宽带的使用)上较晚出现。

任何一家希望通过成为先行者的方式来寻求竞争优势的公司都需要回答一些难题：
- 市场起飞是否取决于目前不可开发的补充产品或服务？
- 在买方需求激增之前是否需要新的基础设施？
- 买方需要学习新技能或改变行为方式吗？买方会遇到较高的转换成本吗？
- 是否有能够推迟或破坏先行者努力的具有影响力的竞争对手？

如果这些问题中任何一个的答案是肯定的，那么公司必须谨慎，不要为了获得领先的市场机会而投入太多的资源——这场比赛更可能是一个 10 年的马拉松，而非一场 2 年的冲刺赛。

垂直整合：在更多的行业价值链部分进行操作

垂直整合（vertically integrated）扩大了公司在同行业内的竞争力和经营范围。它涉及将公司的价值链活动范围向后扩展到供应来源和/或向前扩展到最终用户。因此，如果制造商投资于生产某些先前需要从外部供应商处购买的组件的设施，或者建立自己的连锁零售商店将产品直接销售给消费者，则其基本上保持了与之前相同的行业。唯一的变化是它在行业价值链的两个阶段有了业务。例如，油漆制造商宣伟公司（Sherwin-Williams）仍然从事油漆业务，即使它向前整合到零售业务端，即已经通过运营近 4 000 家零售店，将其油漆产品直接销售给消费者。

> **➡LO4**
> 理解通过垂直整合扩大公司运营范围的优势和劣势。

> **➡核心概念**
> **垂直整合**的公司是指在整个价值链的不止一个阶段进行价值链活动的公司。

公司可以通过以下方式来实现垂直整合：收购一家已经开展其想纳入内部活动的公司，或者借助于战略联盟或合资企业，在垂直活动链的其他阶段开展运营。垂直整合战略可以完全整合（参与垂直链的所有阶段），也可以部分整合（定位于垂直链的选定阶段）。公司可能选择采用渐进式整合（tapered integration），这是一种既涉及外包也涉及内部执行活动的战略。石油公司同时向炼油厂供应自己生产的以及第三方运营商和油井所有者提供的原油，就是渐进式**后向整合**（backward integration）的一个例子。三姆啤酒（Samuel Adams）的制造商波士顿啤酒公司（Boston Beer Company），由于它既经营酿酒酒吧，又通过第三方分销商销售大部分产品，进行的是一种渐进式**前向整合**（forward integration）。

> **➡核心概念**
> **后向整合**涉及执行那些在价值链的早期阶段，原本由供应商或其他企业进行的行业价值链活动；**前向整合**涉及那些更接近终端用户的行业价值链活动。

垂直整合战略的优势

将公司资源投资于垂直整合的两个最佳理由是加强公司的竞争地位和/或提高公司

的盈利能力。[12] 垂直整合没有真正的收益,除非产生了足够的成本节约来证明额外的投资大大增加了公司的技术和竞争优势,又或者有助于公司产品差异化。

后向整合以实现更大的竞争力　通过诸如零部件制造等向后整合的活动来节约成本或提高盈利能力,要比人们所认为的更加困难。为了使后向整合成为一个可行且有利可图的战略,公司必须能够:① 实现与外部供应商相同的规模经济;② 在质量没有下降的基础上达到与供应商相同甚至更高的生产效率。这两点都不容易实现。首先,公司内部需求通常太小,无法达到低成本操作的最佳规模——例如,如果实现规模经济的最小生产量为 100 万单位,而公司的内部需求仅为 25 万单位,那么所耗成本就高于外部供应商(那些可能很容易找到需要 100 万单位甚至更多单位的买家的供应商)的成本。

但是,有时候公司也可以通过在内部进行更广泛的价值链活动来改善成本地位和竞争力,而不是由外部供应商进行这些活动。当供应商具有非常高的利润率、供应商供应的商品是成本的主要组成部分,并且必需的技术技能很容易被掌握或获得时,后向整合战略将最有可能降低成本。当在内部执行活动有助于提供更好质量的产品或服务、提高服务客户的能力或以其他方式提高最终产品的性能时,后向垂直整合可以产生基于差异化的竞争优势。后向整合的其他潜在优势包括避免了公司的重要组件或支持服务依赖于供应商的不确定性,并降低了公司对强大供应商想要利用每个机会提高价格的脆弱性。苹果公司决定进行后向整合,自己来生产 iPhone 的芯片,主要是因为芯片是主要的成本组件,具有很高的利润率,且内部生产将有助于苹果对 iPhone 技术所有权的保护。

前向整合以提高竞争力　垂直整合进入行业价值链的前端,能够使制造商更好地获得最终用户,提高市场知名度,并将终端用户的购买体验作为差异化优势。在许多行业中,独立销售代理、批发商和零售商会代理同一产品的多个竞争品牌,并且不忠于任何一个公司的品牌——他们倾向于推广利润最大的品牌。例如,一家独立的保险代理机构会代理许多家不同保险公司的产品,并试图找到客户的投保需求与其代理的各家公司保险单之间的最佳匹配。根据这项安排,代理人可能会优先考虑一家公司的保险单或核保操作,而忽略其代理的其他家保险公司。因此,保险公司可以得出结论,最好进行前向整合并建立自己的当地销售办事处。保险公司还有能力使消费者与当地代理商和办公人员的互动具有差异化特征。同样,像拉夫劳伦、安泰勒和耐克这种多样化的服装制造商通过经营全价商店、工厂直销店和互联网零售网站等方式将业务向前整合到零售端。

前向垂直整合和互联网零售业　绕过传统的批发/零售渠道有利于直接销售,但互联网零售可能更有吸引力,因其可能降低分销成本、产生超过特定对手的相对成本优势、提供更高的利润,或降低给最终用户的销售价格。此外,当行业中有足够多的购买者偏好在线购物时,卖家将被迫把互联网零售纳入其零售渠道中。然而,一家大力推进在线销售的公司,同时通过批发商和零售商网络大力促进对消费者的销售,将直接与其分销盟友产生竞争。这种行为构成了渠道冲突,造成了棘手的情况。一个积极增加在线销售的公司,对其经销商释放的是战略承诺薄弱及愿意放弃经销商的销售和增长潜力的信号,可能的结果是激怒经销商并在经销商那里损失了自己的信誉。非常有可能的是,一家公司会因为对经销商的冒犯而损失比自己在线销售更多的销售额。因此,在经销商网络的强大支持和信誉至关重要的行业中,公司可以得出结论,避免渠道冲突是非常重要的,并且它们在设计网站时应与经销商进行合作,而不是与经销商进行竞争。

垂直整合战略的劣势

垂直整合具有除渠道冲突外的其他实质性劣势。[13]垂直整合最主要的缺点包括：
- 垂直整合提高了企业在该行业的资本投资。
- 如果行业增长和盈利能力下降,整合到行业价值链上的更多环节会提高业务风险。
- 垂直整合的公司通常接受技术进步或采取更高效生产方法的进程很慢,因为它们老旧的技术或设施的负担很重。
- 当新产品设计用不到公司内部生产的零部件时,后向整合可能导致公司在适应不断变化的买方偏好方面的灵活性较低。
- 垂直整合存在各种容量匹配问题。例如,在汽车制造业中,制造车轴的最优规模不同于制造散热器的最优规模,并且发动机和变速器的最优生产规模也不同。因此,以获得最低可行成本的方式在几个生产阶段进行整合可能是一个巨大的挑战。
- 前向或后向整合往往需要开发新的技能和业务能力。零部件制造、装配操作、批发零售及互联网直接销售是具有不同关键成功因素的不同业务。

➡ 只有当垂直整合战略可以显著增强企业的竞争地位和/或提高盈利能力时,才会具有吸引力。

美国服饰公司(American Apparel)是美国最大的服装制造商,它将垂直整合作为其战略的核心部分,如概念与链接 6.2 所述。

概念与链接 6.2

美国服饰公司的垂直整合战略

美国服饰公司——以其基本服装的臀围线和刺激的广告而闻名——对于"全部都做"的概念并不陌生。这家位于洛杉矶的休闲服装公司将前向和后向的垂直整合作为其战略的核心部分,这使其成为时尚产业中的佼佼者。它不仅自己做面料切割和缝纫,也拥有一些位于南加利福尼亚州的针织和染色设备、一个配送仓库和一个批发网络,以及在 20 个国家的超过 270 个零售商店。美国服饰公司甚至拥有自己的服装设计、营销和广告团队,经常使用自己的员工作为摄影师和服装模特。

作为公司创始人兼 CEO 的 Dov Charney 声称,垂直整合战略使美国服饰公司能够更快地对快速的市场变化做出反应,从而允许公司在一周的时间内将项目从设计推进至世界各地的商店中。端到端协调还改善了库存控制,帮助预防时尚产业中的常见问题,例如缺货和价格陡降。该公司通过使用品牌标语"美国制造"来利用其在加利福尼亚州的垂直整合业务,并以此加强其"正宗"的形象。

然而,这种战略并非没有风险和成本。在一个97%的商品都是进口的行业,美国服饰支付给工人的工资和福利超过相对较高的美国最低工资福利要求。此外,公司涉及非常多种纵向业务,难以在每项业务中都保持专业并匹配最优的规模和产量——公司已经通过逐步向后整合进入针织和染色领域而寻求部分解决该问题。最后,虽然公司可以对新的时尚趋势快速做出反应,但其垂直整合战略可能使公司在经济低迷时更难缩小规模,或者在行业环境发生根本变化时更难做出反应。最终,只有时间才会告诉美国服饰公司是应该削弱还是继续利用垂直整合战略来追求利润增长。

(本案例由 John R. Moran 开发。)

资料来源:www. americanapparel. net,2010 年 6 月 16 日访问;American Apparel investor presentation, June 2009, http://files. shareholder. com/downloads/APP/938846703x0x300331/3dd0b7ca-e458-45b8-8516-e25ca272016d/NYC%20JUNE%202009. pdf;YouTube,"American Appeal-Dov Charney Interview", CBS News, http://youtube. com/watch? v5hYqR8UIl8A4; Christopher Palmeri,"Living on the Edge at American Apparel",*Business Week*,June 27,2005。

外包战略:缩小业务范围

➡LO5
理解将某些价值链活动外包给外部各方的有利条件。

➡核心概念
业务外包涉及将某些价值链活动外包给外部专家和战略盟友。

业务外包(outsourcing)放弃了尝试在内部执行某些价值链活动,而是将它们外包给外部专家和战略盟友。在下列情况中,业务外包具有战略意义:

• 外部专家可以更好或更便宜地执行活动。任何可以由外部人员更高效或有效地执行的价值链活动,公司通常都不应该在内部执行。只有当一个特定的活动在战略上至关重要,并且对该活动的内部控制被认为是必要的时候,才不进行外包。

• 该项活动对公司实现可持续竞争优势的能力并不重要,也不会削弱其能力、核心竞争力或技术知识。支持活动如维护服务、数据处理和数据存储、额外福利管理和网站运营的外包已经变得很普遍。例如,高露洁(Colgate-Palmolive)通过与 IBM 的外包协议,每年可以将信息技术运营成本降低 10% 以上。

• 外包提高了组织灵活性,加快了产品进入市场的时间。业务外包为公司提供了灵活性,使公司可以在当前供应商落后于竞争对手供应商的情况下转换供应商。此外,在其供应商可以快速将下一代部件和组件投入生产的情况下,公司可以更快地将自己的下一代产品推向市场。

• 外包降低了公司应对不断变化的技术和/或买方偏好的风险。当公司外包某些零件、组件和服务时,供应商必须承担采用最先进技术和/或进行重新设计升级等负担,以适应公司推出下一代产品的计划。

• 外包允许公司专注于核心业务,利用关键资源和核心能力,在已经做到最好的基础上做得更好。当公司集中全部资源和精力来执行这些活动时,能够更好地建立和发展具有自身竞争力的价值能力。例如,耐克公司致力于运动鞋、运动服装和运动器材的设计、营销和分销,同时将其所有产品的制造外包给分布在 46 个国家和地区的约 600 家合同工厂。苹果公司也将其 iPod、iPhone 和 iPad 的生产外包给中国合同制造商富士康(Foxconn)。惠普和其他公司也已经将它们的一些制造工厂卖给了外部人员,并承诺从新业主处回购产品。

外包战略的巨大风险 外包最大的危险是公司外包出错误类型的活动,从而挖空自己的能力。[14]在这种情况下,一家公司会失去从长远来看决定其成功的活动和专业知识。但大多数公司都

> ➡ 一个公司应该防止外包活动挖空那些公司所需要的、能使公司成为自己命运主宰的资源和能力。

会警惕这种危险,并采取行动防止被外部供应商所限制。思科(Cisco Systems)通过设计其合同制造商必须使用的生产方法,来防止失去对产品的控制并保护其制造专长。思科保留其设计专利的源代码,从而控制所有的改进,并保护其创新免受仿制。此外,思科使用互联网全天候监控合同制造商的工厂运营,并且可以在问题出现的时候立即知道从而决定是否介入。

战略联盟和伙伴关系

各行业的公司都会选择形成战略联盟和合作伙伴关系,来补充它们积累的资源和能力,增强其在国内和国际市场上的竞争力。**战略联盟**(strategic alliance)是两个或多个独立公司之间的正式协议,在这些协议中,存在某种形式的战略性相关合作、资源共享、风险共担、控制共享和相互依赖。合作伙伴之间的合作关系可能需要签订合约协议,但是通常不在合作伙伴之间建立正式的所有权关系(尽管在一些战略联盟中,一个或多个盟友拥有其他联盟成员的少数股权)。涉及股权的合作方式被称为**合资企业**(joint venture),它是指建立一个由两家或多家公司共同拥有和控制的独立公司实体。由于合资企业涉及建立一个共同拥有的企业,它们往往更具持久性,但也比其他合作方式存在更多风险。

➡LO6
理解战略联盟和合作伙伴关系如何促进了公司对资源和能力的整合。

> ➡核心概念
> **战略联盟**是两个或多个公司之间的正式协议,以合作的方式实现某些共同目标。

> ➡核心概念
> **合资企业**是一种战略联盟,旨在建立由两个合作伙伴共同拥有和控制的独立公司实体。

公司进行战略联盟最常见的原因是加快有前景的新技术或产品的开发速度,克服自

身技术和生产的缺陷；聚集开发新技能和能力所需要的人员和专业知识；提高供应链效率；获得生产和/或营销的规模经济；通过联合营销协议获得或改善市场地位。[15]由于各战略联盟提供的福利不同，许多大公司加入了30—50个联盟，有些公司甚至加入了数百个联盟。大多数汽车制造商已经与汽车零部件供应商建立起长期的战略合作伙伴关系，以实现更低的成本，并提高汽车的质量和稳定性。微软公司与独立软件开发人员进行密切合作，以确保它们的软件将在下一代 Windows 版本上运行。在过去，韩国巨头三星电子(Samsung Electronics)已经与索尼、雅虎(Yahoo)、惠普、诺基亚、摩托罗拉(Motorola)、英特尔、微软、戴尔、三菱(Mitsubishi)、迪士尼(Disney)、IBM、美泰克(Maytag)、思科、罗克韦尔自动化(Rockwell Automation)及阿玛尼等公司建立了30多个战略联盟。三星的联盟涉及联合投资、技术转让安排、联合项目研发和零部件供应协议，其中大多数联盟的目标是强化三星使自己成为全球电子行业领导者的战略努力。

失败的战略联盟和合作伙伴关系

大多数以技术共享或提供市场准入为目的的联盟都是临时的，随着时间的推移，企业之间相互学习并逐渐获得利益，一般几年后就会完成联盟的目的。虽然长期联盟有时被证明是互惠互利的，但大多数合作伙伴会在福利耗尽后，毫不犹豫地终止联盟并独自离开。在以下情况中，联盟更可能具有持久性：① 涉及与供应商或分销商盟友的合作；② 因为新学习机会的出现，双方认为继续合作是具有共同利益的。

令人惊讶的是，大量的联盟从来没有达到过预期。全球商业咨询机构埃森哲1999年的一项研究表明，61%的联盟不是彻底失败就是"跛足前行"。2004年，以联盟是否达到既定的目标为标准，麦肯锡(Mckinsey & Co.)公司估计，联盟的总体成功率约为50%。2007年发表的另一项研究发现，虽然战略联盟的数量每年增长约25%，但是每年都有60%—70%的联盟失败。战略盟友之间的高"离婚率"有几个原因，其中最常见的是：[16]

- 不同的目标和优先顺序。
- 无法一起工作。
- 条件变化导致联盟宗旨过时。
- 出现更有吸引力的技术路径。
- 一个或多个盟友之间的市场竞争。

经验表明，联盟可能能够帮助公司减少竞争劣势，但很少能使公司获得超过竞争对手的竞争优势。

依赖联盟的基本资源和能力的战略危险

越来越依赖其他公司的重要专业知识和能力已经成为战略联盟及合作的致命要害。为了成为市场领导者(甚至可能是有实力的市场竞争者)，公司必须在对保护公司竞争力和建立竞争优势至关重要的内控战略领域中，发展自己的资源和能力。此外，一些联盟只能使公司获得有限的潜力,因为合作伙伴对其最有价值的技能和专长进行了保护。在这种情况下,收购或合并拥有所需知识和资源的公司,是更好的解决方案。

合并和收购战略

合并和收购非常适合那些战略联盟或合资企业不能够为公司提供充分的所需资源和能力的情况。当公司拥有和自主控制那些对公司的竞争能力和市场实力至关重要的资源时,公司可以对其进行更可靠和更永久的部署。合并是两个或多个公司合并成为单一的公司实体,并且新创建的公司通常会取一个新的名字。收购是指一家公司(收购方)购买并吸收另一家公司(被收购方)业务的组合。合并与收购之间的区别更多地在于所有权、经营控制和财务安排细节,而不是战略和竞争优势。不管组合的结果是合并还是收购,新创建公司的资源和能力最终是相同的。

➡ LO7
认识兼并和收购的战略利益和风险。

➡ 通过合并或收购将两家公司的运营结合起来,是实现运营规模经济、增强公司能力和竞争力及开拓新市场机遇的有吸引力的战略选择。

合并和收购战略通常会设定实现下列五个目标中的任何一个:[17]

(1) 在组合后的公司中创造更具成本效益的运营方式。当一家公司收购同行业中的另一家公司时,它们在业务上通常有足够的重叠,因而可以关闭某些低效率的工厂,或者部分合并或缩减某些分销和销售活动。鉴于组合后的公司从共同供应商处购买商品的数量加大,因此也可能减少供应链成本。同样,也可以通过财务会计、信息技术、人力资源等活动的整合和精简,节省行政成本。

(2) 扩大公司的地理覆盖范围。扩大公司地理覆盖范围最好和最快的方法之一是收购已在目标地点开展业务的竞争对手。诸如雀巢、卡夫(Krft)、联合利华(Unilever)和宝洁等食品公司已经将收购作为国际范围扩张战略中必不可少的一部分。

(3) 将公司的业务扩展到新的产品类别。很多时候,公司的产品线上存在需要填补的缺口。与通过引入公司自己的新产品来填补缺口相比,收购是一种更快捷更有效的拓宽公司产品线的方法。百事公司收购桂格燕麦(Quaker Oats)主要是为了将佳得乐(Gatorade)加入百事可乐的饮料家族中。尽管可口可乐公司通过推出自己的新产品,如水动乐(Powerade)和达萨尼(Dasani)扩大了其饮料阵容,但也通过收购美汁源(Minute Maid)、酷乐仕维他命水(Glaceau Vitamin Water)、橘子汽水(Hi-C)增加了产品种类。

(4) 迅速获得新技术或其他资源和竞争能力。通过收购提高公司的技术知识水平或增强其技能和能力,可以使公司绕过耗时的、成本高昂的内部努力,来建立合意的新资源优势。从2000年到2011年4月,思科收购了97家公司以实现更大的技术覆盖面和产品广度,从而增强其作为世界上最大的互联网网络创建及运营领域的硬件、软件和服务提供商的地位。

（5）通过改变技术和新的市场机会，引导边界模糊行业的融合。这种收购是公司管理层博弈的结果，即将两个或多个不同的行业融合成一个，并决定通过汇集几家不同公司的资源和产品而在合并市场中建立强大的地位。新闻集团（News Corporation）准备通过收购卫星电视公司来融合媒体服务，以完善其对电视广播（Fox network 和各国电视台）、有线电视（Fox News、Fox Sports 和 FX）、电影娱乐（Twentieth Century Fox 和 Fox Studios）、报纸、杂志和图书出版业的控股。

为什么合并和收购有时无法产生预期的结果

富国银行和美国清晰频道通信公司（Clear Channel Communications）等已经利用合并和收购将自己置于市场领导地位。但合并和收购并不总是能够产生预期的结果。被任命来负责新收购公司业务整合的经理，可能会在决定放弃什么活动或将哪些活动融入新公司时犯错误。成本节省可能会小于预期。竞争能力的获得可能需要更长的时间才能实现，或者可能永远不会实现。融合企业文化的努力可能会由于组织成员的强烈抵制而失败。被收购公司的经理和员工可能会就按照收购之前的方式继续做某些事情而进行激烈的争辩，而且被收购公司的核心员工很快就不再抱有幻想并离开。

许多合并或收购显然是不成功的。易趣网在 2005 年以 26 亿美元收购 Skype，这被证明是一个错误——2007 年易趣网清算了其在 Skype 上 9 亿美元的投资，并于 2009 年 9 月将其 70% 的所有权卖给了一组投资者。戴姆勒-奔驰（Daimler-Benz）和克莱斯勒的合并也是一个失败的案例；同样，福特以 25 亿美元收购了捷豹（Jaguar），并以 25 亿美元收购了路虎（Land Rover），却将二者都在 2008 年以 23 亿美元的价格出售给了印度的塔塔汽车公司（Tata Motors）。后来的几个合并或收购也都没有达到预期——典型案例包括甲骨文（Oracle）收购太阳微系统公司（Sun Microsystems），菲亚特（Fiat）收购克莱斯勒，以及美国银行（Bank of America）收购全美金融公司（Countrywide Financial）。

关键点

一旦公司选定了五个一般性竞争战略中的其中一个来追求竞争优势，那么它必须决定是否及如何补充其选择的竞争战略方法。

1. 公司为了改善自己的市场地位并试图获得竞争优势，会选择一些战略进攻方法：① 攻击竞争对手的竞争劣势；② 以更低的价格提供相同或更好的产品；③ 追求持续的产品创新；④ 通过率先采用下一代技术或率先推出下一代产品，超越竞争对手；⑤ 采纳和改进其他公司的好创意；⑥ 有意识地攻击那些主要竞争对手获得巨额利润的细分市场；⑦ 在没有竞争或无人占领的市场领域展开行动；⑧ 使用"游击战术"将销售额从毫无警惕的对手手中夺走；⑨ 先发制人。蓝海进攻战略通过放弃在现有市场上击败竞争对手的努力，来获得巨大和持久的竞争优势，换句话说，是创造一个与现有竞争对手不相关的新的行业或独特的细分市场，使公司能够创造和获取全新的需求。

2. 保护公司地位的防御战略通常采取以下行动方式：在潜在挑战者的道路上设置障碍，以增强公司当前的地位，同时采取行动劝阻企图发动攻击的对手（通过释放这样的信号：战斗造成的损失将高于挑战者得到的价值）。

3. 采取战略行动的时机也与寻求竞争优势有关。公司管理者有义务仔细考虑作为先行者、快速追随者或观望者所带来的优势或劣势。

4. 前向或后向的垂直整合只有在能够通过降低成本或创造基于差异化的优势来加强公司地位时，才具有战略意义。否则，垂直整合的缺点（增加投资、更大的业务风险、增加应对技术变化的脆弱性、在产品更新中的灵活性较小）可能超过其任何优点。

5. 将原本在内部执行的价值链活动进行外包，在下列情况中可以提高公司的竞争力：① 外部专家可以更好或更便宜地进行活动；② 该活动对公司实现可持续竞争优势的能力并不重要，并且不会挖空其核心竞争力、能力或技术知识；③ 提高公司的创新能力；④ 允许公司专注于其核心业务，做公司做得最好的业务。

6. 许多公司正在使用战略联盟和合作伙伴关系，以帮助它们树立全球的市场形象或成为未来行业的领导者。战略联盟是一种有吸引力的、灵活的、具有成本效益的手段，企业可以通过联盟获得缺失的技术、专业知识和业务能力。

7. 合并和收购也是加强企业竞争力的一种有吸引力的战略选择。当通过合并或收购组合两家公司的业务时，新公司的竞争力可以通过以下几种方式中的任何一种得到提高：更低的成本；更强的技术能力；更多或更好的竞争能力；更具吸引力的产品和服务阵容；更广泛的地理覆盖；更多的投资于研发、增强能力、扩展新领域的财务资源。

巩固练习

1. 任天堂在视频游戏行业的竞争中，是更多地依赖于进攻战略还是防御战略？任天堂采取战略行动的时机是否能使它成为领导者或快速跟随者？任天堂对 Wii 的引进可以被描述为一种蓝海战略吗？你可以基于你对视频游戏行业的了解以及任天堂投资者关系网站（www.nintendo.com）提供的信息，为你对这些问题的解答提供理由。

2. 以基本服装的臀围线和刺激的广告而闻名的美国服饰公司，对于"全部都做"的概念并不陌生。概念与链接 6.2 描述了美国服饰公司是如何使垂直整合成为其战略核心部分的。美国服饰公司选择进入并在内部执行价值链的哪些部分？垂直整合如何帮助公司建立竞争优势？垂直整合是否加强了其市场地位？解释原因。

3. 在互联网上搜索，找出至少两家不同行业并且与具有专业服务的公司签订外包协议的公司。此外，描述公司选择外包的价值链活动。是否有一些外包协议可能威胁到公司的竞争能力？

4. 利用大学图书馆订阅的 Lexis-Nexis、EBSCO 或类似数据库，找到两个例子，说明公司是如何依靠战略联盟或合资企业来代替水平或垂直整合的。

5. 利用大学图书馆订阅的 Lexis-Nexis、EBSCO 或类似数据库，找到至少两家正在使用合并和收购来加强其市场地位的不同行业的公司。说明这些合并和收购是如何扩大收购公司的资源和提高其竞争能力的。

模拟参与者练习

1. 你的公司更多地依赖于进攻战略还是防御战略来保持公司在行业中的地位？贵公司作为先行者有什么选择权？所有这些先行者的选择是否具有竞争优势潜力？
2. 你的公司是否经历过垂直整合？若有，请说明。
3. 你的公司能否进行业务外包？若能，你认为外包的利弊是什么？
4. 你的公司是否愿意选择与其他公司合并或收购其他公司？若愿意，你想要收购或合并哪些对手公司？

尾注

1. George Stalk, Jr., and Rob Lachenauer, "Hardball: Five Killer Strategies for Trouncing the Competition," *Harvard Business Review* 82, no. 4 (April 2004); Richard D'Aveni, "The Empire Strikes Back: Counterrevolutionary Strategies for Industry Leaders," *Harvard Business Review* 80, no. 11 (November 2002); David J. Bryce and Jeffrey H. Dyer, "Strategies to Crack Well-Guarded Markets," *Harvard Business Review* 85, no. 5 (May 2007).

2. David B. Yoffie and Mary Kwak, "Mastering Balance: How to Meet and Beat a Stronger Opponent," *California Management Review* 44, no. 2 (Winter 2002).

3. Ian C. MacMillan, Alexander B. van Putten, and Rita Gunther McGrath, "Global Gamesmanship," *Harvard Business Review* 81, no. 5 (May 2003); Askay R. Rao, Mark E. Bergen, and Scott Davis, "How to Fight a Price War," *Harvard Business Review* 78, no. 2 (March-April 2000).

4. Ming-Jer Chen and Donald C. Hambrick, "Speed, Stealth, and Selective Attack: How Small Firms Differ from Large Firms in Competitive Behavior," *Academy of Management Journal* 38, no. 2 (April 1995); Ian MacMillan, "How Business Strategists Can Use Guerrilla Warfare Tactics," *Journal of Business Strategy* 1, no. 2 (Fall 1980); William E. Rothschild, "Surprise and the Competitive Advantage," *Journal of Business Strategy* 4, no. 3 (Winter 1984); Kathryn R. Harrigan, *Strategic Flexibility* (Lexington, MA: Lexington Books, 1985); Liam Fahey, "Guerrilla Strategy: The Hit-and-Run Attack," in *The Strategic Management Planning Reader*, ed. Liam Fahey (Englewood Cliffs, NJ: Prentice Hall, 1989).

5. Ian MacMillan, "Preemptive Strategies," *Journal of Business Strategy* 14, no. 2 (Fall 1983).

6. W. Chan Kim and Renée Mauborgne, "Blue Ocean Strategy," *Harvard Business Review* 82, no. 10 (October 2004).

7. Michael E. Porter, *Competitive Advantage* (New York: Free Press, 1985).

8. Jeffrey G. Covin, Dennis P. Slevin, and Michael B. Heeley, "Pioneers and Followers: Competitive Tactics, Environment, and Growth," *Journal of Business Venturing* 15, no. 2 (March

1999); Christopher A. Bartlett and Sumantra Ghoshal, "Going Global: Lessons from Late-Movers," *Harvard Business Review* 78, no. 2 (March-April 2000).

9. Fernando Suarez and Gianvito Lanzolla, "The Half-Truth of First-Mover Advantage," *Harvard Business Review* 83 no. 4 (April 2005).

10. Gary Hamel, "Smart Mover, Dumb Mover," *Fortune*, September 3, 2001.

11. Costas Markides and Paul A. Geroski, "Racing to Be 2nd: Conquering the Industries of the Future," *Business Strategy Review* 15, no. 4 (Winter 2004).

12. Kathryn R. Harrigan, "Matching Vertical Integration Strategies to Competitive Conditions," *Strategic Management Journal* 7, no. 6 (November-December 1986); John Stuckey and David White, "When and When Not to Vertically Integrate," *Sloan Management Review*, Spring 1993.

13. Thomas Osegowitsch and Anoop Madhok, "Vertical Integration Is Dead, or Is It?" *Business Horizons* 46, no. 2 (March-April 2003).

14. Jérôme Barthélemy, "The Seven Deadly Sins of Outsourcing," *Academy of Management Executive* 17, no. 2 (May 2003); Gary P. Pisano and Willy C. Shih, "Restoring American Competitiveness,"*Harvard Business Review* 87, no. 7/8 (July-August 2009); Ronan McIvor, "What Is the Right Outsourcing Strategy for Your Process?" *European Management Journal* 26, no. 1 (February 2008).

15. Michael E. Porter, *The Competitive Advantage of Nations* (New York: Free Press, 1990); K. M. Eisenhardt and C. B. Schoonhoven, "Resource-Based View of Strategic Alliance Formation: Strategic and Social Effects in Entrepreneurial Firms," *Organization Science* 7, no. 2 (March-April 1996); Nancy J. Kaplan and Jonathan Hurd, "Realizing the Promise of Partnerships," *Journal of Business Strategy* 23, no. 3 (May June 2002); Salvatore Parise and Lisa Sasson, "Leveraging Knowledge Management across Strategic Alliances," *Ivey Business Journal* 66, no. 4 (March-April 2002); David Ernst and James Bamford, "Your Alliances Are Too Stable," *Harvard Business Review* 83, no. 6 (June 2005).

16. Yves L. Doz and Gary Hamel, *Alliance Advantage: The Art of Creating Value through Partnering* (Boston: Harvard Business School Press, 1998).

17. Joseph L. Bower, "Not All M&As Are Alike—And That Matters,"*Harvard Business Review* 79, no. 3 (March 2001); O. Chatain and P. Zemsky, "The Horizontal Scope of the Firm: Organizational Trade-offs vs. Buyer-Supplier Relationships," *Management Science* 53, no. 4 (April 2007).

第七章

国际市场竞争战略

学习目标

LO1 了解公司选择在国际市场上竞争的主要原因

LO2 了解为什么不同国家间不同的市场条件会影响一个公司在国际市场上的战略选择，以及如何影响

LO3 熟悉进入国外市场的五种一般模式

LO4 了解三个主要战略，以定制公司的国际战略，从而跨越国家间市场条件和买方偏好等方面的差异

LO5 了解跨国公司如何利用国际运营来提高整体竞争力

LO6 了解发展中国家市场竞争的特征

任何在21世纪渴望拥有行业领导地位的公司，都必须考虑国际市场竞争，而非只是国内市场的竞争。随着先前封闭的国家开放其市场，随着原本计划经济的国家开始实施市场经济或混合制经济，随着信息技术打破了地理限制，随着野心勃勃的成长型公司在越来越多的国家市场上建立了更强大的竞争地位，经济全球化的发展速度越来越快。全球化的力量正在改变许多行业的竞争格局，在为企业提供有吸引力的新机会的同时，也给企业带来了新的竞争风险。那些压力较大的行业内的公司，则更急迫地制定制胜的国际竞争战略。

本章重点讨论走向国际及在多个国家的市场上竞争的战略选择。我们将讨论决定国际市场战略选择的因素，以及采用多国、跨国和全球战略的具体市场环境。本章还包括进入国外市场的战略选择，如何使用国际业务来提高整体竞争力，以及中国、印度、巴西、俄罗斯和东欧等新兴市场特殊的竞争环境等内容。

为什么公司选择扩张到国际市场？

公司选择开拓国际市场的五个主要原因包括：

➡LO1
了解公司选择在国际市场上竞争的主要原因。

（1）获取新客户。扩张到国外市场有助于公司增加收入和利润，获得长期增长空间。当一个公司的国内市场成熟时，扩张到国外市场将成为一个特别有吸引力的选择。

（2）获取较低成本，增强自身竞争力。许多公司被迫在多个国家销售，是因为单单依靠国内销售量不足以完全达到制造业的规模经济或学习曲线效应。欧洲国家市场规模相对较小，这就解释了为什么像米其林、宝马和雀巢这样的公司早期在全欧洲销售产品，随后便进入北美和拉丁美洲的市场。

（3）进一步开发核心竞争力。公司可能能够利用其原有的优势和能力，在国外市场上获得和国内市场一样的竞争优势地位。沃尔玛就利用其在折扣零售方面的丰富经验，将业务扩展到了英国、日本、中国和拉丁美洲等市场。沃尔玛的高管们对公司在中国的增长机会肯定感到特别兴奋。

（4）获得国外市场的资源和能力。公司进入国外市场的一个越来越重要的动机是获得在本国市场不能轻易获得的资源和能力。公司通常利用跨境联盟，在国外进行收购，或在国外建立业务，以获取当地资源，如配送网络、低成本劳动力、自然资源或专业技知识。[1]

（5）在更广泛的市场基础上分散业务风险。公司通过在许多不同的国家经营业务而不是完全依赖其国内市场的业务来分散业务风险。因此，如果北美国家的经济在一段时间内衰退，一家公司可以依靠其在拉丁美洲、亚洲或欧洲等地旺盛的销量来维持经营。

影响国际市场战略选择的因素

➡LO2
了解为什么不同国家间不同的市场条件会影响一个公司在国际市场上的战略选择，以及如何影响。

影响公司国际市场战略选择的四个主要因素包括：① 在消费者偏好、市场规模和增长潜力等方面存在的跨国差异的程度；② 是否有机会在工资率、工人生产率、通货膨胀率、能源成本、税率和影响成本结构的其他要素等方面获得基于地理位置的成本优势；③ 货币汇率不利变动的风险；④ 东道国政府政策对当地商业环境的影响程度。

消费者偏好、市场规模和增长潜力的跨国差异

消费者对特定产品或服务的偏好有时因国家而异。例如，意大利咖啡饮用者偏好浓咖啡，但在北美，人们更偏好清淡一些的咖啡。在亚洲部分地区，冰箱是一种地位的标志，可能放在客厅，因而人们偏好时尚的设计和颜色，例如明亮的蓝色和红色在印度是流行的颜色。日本的人们喜欢小家电，但在有的地区大家电更受欢迎。因此，在国际市场运营的公司必须考虑，是提供不同的产品和定价来迎合不同地区消费者的偏好，还是在全球市场提供基本无差别的标准化产品。虽然制造与当地消费者偏好紧密匹配的产品会使得它们对当地消费者更具吸引力，但是按不同国家定制不同产品可能会提高生产和分销的成本。另外，公司向全球市场提供更高标准化的产品可以产生规模经济和学习曲线效应，从而有助于实现低成本优势。需要根据不同地区消费者的偏好来提供差异化产品的市场压力，和降低成本的竞争压力之间的两难选择，是有国际业务的公司最迫切需要解决的问题之一。

显而易见的是，不同的人口规模、收入水平和其他因素导致市场规模增长率在不同国家间有着相当大的差异。在新兴市场，如印度、中国、巴西和马来西亚，个人电脑、手机、钢铁、信用卡和电能等产品的市场增长潜力远远高于英国、加拿大和日本等较成熟的经济体。中国拥有13亿人口，汽车市场的增长潜力是爆炸性的，中国已经是全球最大的汽车销售市场，其汽车销量在2009年增长了45%，在2010年增长了32%。由于人口统计和收入水平差异，美国和德国的豪华汽车市场比阿根廷、印度、墨西哥和泰国的市场要大得多。文化因素也可以影响消费者对产品的需求。例如，在中国，许多家长在有消费能力的情况下，也不会购买个人电脑，因为他们担心孩子会沉迷上网、电脑游戏、流行音乐等，从而耽误学业。

市场增长可能受到新兴市场缺乏基础设施或分销和零售网络而受到限制。印度拥有完善的国家渠道,用于向全国 300 万家零售商分销商品,而中国的分销渠道主要是地方化。一些国家的市场竞争比较温和,而另一些国家的市场竞争比较激烈。对于全球化经营的公司来说,管理上的挑战是如何在考虑这些跨国差异的基础上来制定最好的战略。

基于地理位置获得成本优势的机会

在工资率、工人生产率、能源成本、环境法规、税率、通货膨胀率等方面,国与国之间的差异通常很大,以至于公司的运营成本和盈利能力会明显受到其生产分销和客户服务活动所在地理位置的影响。尤其是工资率,国家之间的差别最为显著。例如,2009 年,中国制造业工人的每小时薪酬平均为 1.36 美元,菲律宾为 1.50 美元,墨西哥为 5.38 美元,巴西为 5.96 美元,匈牙利为 8.62 美元,葡萄牙为 11.95 美元,韩国为 14.20 美元,日本为 30.36 美元,美国为 33.53 美元,加拿大为 29.60 美元,德国为 46.52 美元,挪威为 53.89 美元。[2] 毫不奇怪,工资率显著的跨国差异,使低工资国家如中国、印度、巴基斯坦、柬埔寨、越南、墨西哥、巴西、危地马拉、洪都拉斯、菲律宾和非洲及东欧的几个国家,成为那些可以由相对不熟练的劳动力制造或组装的产品的生产天堂。中国已经成为制造业的世界工厂,几乎全球所有的主要制造公司,都在中国设有工厂。制造业企业还可以通过将其制造和组装工厂设于在其他方面具有较低成本的国家,来获得成本优势,诸如较低的政府监管成本、低税率、低能源成本以及更便宜地获得必要的自然资源等。

货币汇率不利变动的风险

当公司在许多不同的国家生产和销售其产品和服务时,它们受到时而有利、时而不利的货币汇率波动的影响。不同货币之间的汇率每年可以波动 20%—40%,波动有时会比较缓慢,有时则迅速发生。由于影响汇率变化的因素何时变动以及变动影响程度难以准确测度,所以无法精确预测汇率的显著变化,这很可能导致竞争格局重新洗牌,低成本的竞争优势很可能落入竞争对手手里。为了说明与汇率波动相关的竞争风险,举一个例子,一家美国公司在巴西设有制造工厂(其货币为巴西雷亚尔),并将大部分巴西制成品出口到欧盟市场(其货币为欧元)。为了使数字简单易懂,假设汇率为 4 巴西雷亚尔兑 1 欧元,并且在巴西制造的产品其制造成本为 4 巴西雷亚尔(或 1 欧元)。现在假设由于某种原因,汇率从每欧元 4 巴西雷亚尔变为每欧元 5 巴西雷亚尔(意味着巴西雷亚尔贬值,欧元增值)。在巴西制造的产品现在更具成本竞争力,因为在新汇率(4 巴西雷亚尔兑 0.8 欧元)下,巴西生产一单位产品所需的 4 巴西雷亚尔的生产成本下降到 0.8 欧元。另一方面,如果巴西雷亚尔的价值相对于欧元变得更高,比如 3 巴西雷亚尔兑 1 欧元,那么原本 4 巴西雷亚尔的成本现在变为 1.33 欧元。这种真实价值的增加削弱了巴西制造工厂对运往欧洲的产品的成本优势,并影响了美国公司对欧洲类似产品生产商的价格优势。因此,在汇率波动方面的经验是,出口产品到外国的公司总是在产品的制造国的货币较弱时获得竞争力。当产品的制造国的货币升值时,出口商将处于更为不利的地位。

东道国政府政策对当地商业环境的影响

各国政府制定了影响其商业环境及外国公司在其市场上运作的各种措施。这些措施影响的有利或不利的商业环境,对跨国公司来说很重要。如果当地政府渴望刺激经济增长、创造更多就业机会并且提高其公民的生活水平,那么通常就会努力创造一种外来企业会喜欢的商业环境。它们可以为同意在其国家建设或扩建生产和分销设施的公司提供减税、低成本贷款、厂址开发援助等激励措施。

另一方面,当地政府有时颁布的政策,从商业角度来看,会使该国家境内的商业环境不那么具有吸引力。例如,一些企业由于本身运营的性质,可能在某些国家达到符合当地环境法规的成本特别高。一些政府则希望阻止外国进口,因此可能会蓄意制定繁重的海关程序和要求,对进口货物征收关税或实施配额制。东道国政府还可能规定诸如产品必须含有一定百分比的当地生产的零部件、需要事先批准资本支出项目、限制从该国提款、要求拥有一定的公司所有权等政策。这些政府行为导致商业环境对跨国公司不具有吸引力,跨国公司可能会放弃在这些国家设厂或销售产品。

> ➡ **核心概念**
>
> **政治风险**来自政府的不稳定或软弱,以及对外国企业的敌意;**经济风险**来自一国货币体系的稳定性、经济和监管政策的完善程度,以及是否缺乏产权保护意识。

一个国家的商业环境也会受到当地政治风险和经济风险的影响。**政治风险**(political risk)包括政府的软弱以及未来当选的新政府敌视外资企业的潜在可能性。**经济风险**(economic risk)包括当地政府是否具有知识产权保护意识,以及当地政府经济环境的稳定程度——通货膨胀率是否会暴涨,或者政府不受控制的赤字支出是否会导致该国的货币制度体系崩溃和长期的经济衰退。

进入国外市场的战略选择

➡ **LO3**
熟悉进入国外市场的五种一般模式。

选择在国内市场之外进行扩张的公司,可以选择以下进入国外市场的五种一般模式之一:

(1)坚持在国内设立生产基地,把产品出口到国外市场。
(2)向外国公司发放生产和分销公司产品的许可证。
(3)采用特许经营战略。
(4)在国外市场设立子公司。
(5)依靠国际战略联盟或合资企业进入国外市场。
接下来我们将更详细地讨论这五种一般模式。

出口战略

将国内工厂作为把产品出口到国外市场的生产基地,是追求国际销售的极好的原始战略。这是一种探测国际市场深浅的保守方法。刚开始出口所需的资本通常很少,并且现有的生产能力足以满足出口的需求。利用以出口为基础的战略,制造商可以通过与外国批发商签订进口交易协议,来降低其在国外市场的参与度,从而集中精力更好地管理位于世界各地的分销和营销系统。然而,如果要保持对以上系统的有利控制,制造商可以在一些或所有目标国外市场中建立自己的分销和销售组织。无论哪种方式,以本国为基础的生产和出口战略都有助于企业减少对外国的直接投资。

当出现以下情况时,出口战略是脆弱的:① 公司在本国制造产品的成本,远远高于在国外设厂的竞争对手们的成本;② 产品运送到遥远的国外市场的成本相对较高;③ 货币汇率发生不利变动。除非出口商能够在生产和运输成本方面保持相对于竞争对手的持续竞争力,并能够成功地应对不利的货币汇率变动,其成功都将是受限的。

许可证战略

具备有价值的技术知识或特有的专利产品的公司,在既没有内部组织能力也没有进入外国市场的资源时,许可证战略是有意义的。许可证战略还具有避免在陌生、政治动荡、经济不稳定或具有其他风险的国家市场上浪费资源的优点。通过向外国公司发放技术或生产权许可证,公司不必承担自己进入国外市场的成本和风险,而且能够从版税中获得稳定收入。许可证战略的最大缺点是,需要面临因向外国公司提供有价值的技术知识而对其使用失去一定程度控制权的风险。此外,在某些情况下,监管被许可公司并且保护公司的专有技术,可能是非常困难的。但如果版税收入潜力相当可观,而获发许可证的公司也都是值得信赖、信誉良好的,那么许可证战略是一个很有吸引力的选择。许多软件和制药公司都使用许可证战略。

特许经营战略

许可证战略适用于制造业和专有技术的所有者,而特许经营战略通常适用于服务和零售企业的全球扩张。麦当劳、"YUM!"品牌系类(艾德熊、必胜客、肯德基、海滋客和塔可钟的母公司)、UPS、7-11便利店和希尔顿酒店都在使用特许经营战略。特许经营战略具有与许可证战略相同的优势。特许经营者承担了建立外国站点的大部分成本和风险,因此特许经营授予者只需要花费精力来招募、培训、支持和监督特许经营者。特许经营授予者面临的大问题是质量控制。在许多情况下,外国加盟商并不总是表现出对一致性和标准化的强烈坚持,特别是当地方文化不强调这样的质量问题时。另一个可能出现的问题是,是否允许外国加盟商修改特许经营授予商的产品,以更好地满足当地消费者的品味和偏好。麦当劳应该允许其在日本的特许经营门店略微修改巨无霸汉堡的口味,以适应日本消费者的偏好吗？肯德基的中国特许经营门店应该被授权使用吸引中国消费者的香料吗？还是应该严格统一要求全世界所有的加盟商提供相同的菜单？

在国外市场设立子公司

出口战略、许可证战略和特许经营战略均基于国际市场盟友向消费者提供商品或服务的资源和能力，追求国际扩张的公司还可以选择介入国外市场产业链上的所有重要活动。希望直接控制国外市场所有经营方面的公司，可以收购一家外国公司或从零开始建立一个全资子公司。

收购是这两种途径中较简单的一个，能够以最小的风险和最低的成本来跨过进入壁垒，例如进入当地分销渠道、建立供应商关系，以及与关键的政府官员和其他支持者建立工作关系。收购过程中，收购方可以直接将自己的资源和人力转移到新收购的业务中，从而将新收购的业务整合到自己的整体战略层面来，加速扩大自己的市场地位。[3]

收购新公司必须考虑的一个重大问题是，是为一家成功的本地公司支付溢价，还是以一个相对便宜的价格购买一家经营困难的竞争公司。如果收购方对当地市场知之甚少，但资本充足，那么购买一家能力强、定位稳固的公司通常更好，除非收购价格过高。然而，当收购方看到有希望将一个经营困难的公司转变成一个强大的公司，并且拥有相应的资源和管理技能时，收购一家经营困难的公司可能是更好的选择。

当公司已在目标市场所在国经营多年，具有建立新的子公司所需的新建、运营、监管等经验并拥有相应的资源时，从零开始建立一家新的子公司将是一个不错的选择。以下四个条件使内部启动建立新的子公司更具吸引力：

- 建立全资子公司的成本比收购成本更低。
- 增加新的生产能力不会对当地市场的供需平衡产生不利影响。
- 初创子公司有能力获得良好的分销渠道（可能是因为公司的品牌效应）。
- 初创公司具有足够的规模、成本结构和资源去直面当地竞争对手的竞争。

成立国际战略联盟和合资企业以建立国外市场的竞争优势

国际战略联盟、合资企业或其他合作协议是最受欢迎且潜在收益巨大的进入海外市场、增强公司国际竞争力的方式。[4]历史上，工业化国家的出口型公司寻求与欠发达国家的公司建立联盟，以使其产品得以进入欠发达国家并本土化，这种合作协议通常需要获得东道国政府的同意。日本和美国的公司都积极与欧洲公司建立联盟，以增强其在27个欧盟成员国（还有3个候选国成员）中的竞争力，并在开放的东欧市场中积累资本。许多美国公司和欧洲公司也同亚洲公司进行联合，以进入中国、印度、马来西亚、泰国和其他亚洲国家市场。当然，许多外国公司对于能增强其在美国市场扩张能力的战略合作尤为感兴趣。

然而，国内公司与外国公司建立合作关系，除了能让公司更好地进入富有吸引力的市场，还具有其他战略吸引力。[5]跨国联盟的第二个巨大的吸引力是生产和市场的规模经济。通过整合生产零件、装配模型和推广产品的投入，公司可大幅缩减成本，而这在其产量很小时是无法实现的。成立跨国联盟的第三个动因是抹平技术优势与本土市场状况的差异（购买习惯、消费偏好、当地习俗等）。第四个动因是共享分销渠道和零售商网络，互相增强采购能力。

第五个动因是跨国联盟能引导公司将精力用在与共同对手的竞争上，而不是彼此消耗。合作能帮助其成长为业内翘楚。第六个动因是当公司打算进入某个新的外国市场时，和该国的公司建立联盟关系是同该国政府官员建立关系的有效方式。[6]第七个动因是，联盟对于跨国公司获取重要的技术标准协议非常有用，比如个人电脑、网络技术、高精度电视、手机的技术标准的达成均与跨国联盟有关。

与收购外国公司相比，建立战略联盟以获取上述优势的吸引力在于，战略联盟能够让公司保持其独立性，避免使用稀缺的金融资源进行收购。此外，当目标得以实现或发现收益难以实现时，战略联盟更易脱身，而收购则是一种更长久的形式。[7]概念与链接7.1提供了跨国战略联盟的案例。

概念与链接 7.1

跨国战略联盟案例

1. 维里奥（Verio）是日本NTT通信的子公司，也是全球领先的虚拟主机服务和IP数据传输供应商，维里奥建立了战略联盟的商业模式，将公司的核心竞争力与最佳科技伙伴的技术与产品相结合。维里奥的战略伙伴包括Arsenal Digital Solutions（一家提供磁带备份、数据恢复和数据存储服务的供应商）、Internet Security Systems（一家防火墙和入侵检测系统的供应商）和Mercantec（一家店面及购物车软件的开发商）。维里奥的管理层相信战略联盟能让其运用创新性的最优技术，为顾客提供快速、高效、精确的数据传输服务以及完善的虚拟主机服务。因为其在开拓新技术方面的努力，一个由12个评委组成的独立评测小组授予维里奥"最具技术远见奖"。

2. 通用汽车在亚洲的增长引擎是其和五菱（Wuling，一家中国小型商用车制造商）及上汽集团（SAIC，中国最大的汽车集团）成立的三方合资企业。上汽通用五菱汽车公司（SAIC-GM-Wulung Automotive Company）的成功是通用汽车从2009年7月10日的破产中得以恢复的最大希望。虽然通用汽车在2009年前6个月中损失了48亿美元息税前利润，但是其国际运营（剔除北美及欧洲市场）盈利12亿美元。其中，中国的合资企业贡献了约三分之一的利润，这归功于五菱宏光（一款轻型小货车，中国销量最好的汽车）的巨大成功。2010年，通用汽车在中国的销量超过美国，这是该公司102年历史上首次在外国市场出现这种情况。通用汽车现在将中国的合资企业视作开拓印度市场的跳板。

3. 思科，全球领先的网络解决方案供应商，与芬兰的通信公司诺基亚-西门子网络公司（Nokia Siemens Networks）建立战略联盟，开发能在因特网和移动通信中传输数据的通信网络。诺基亚-西门子网络公司是在2006年由德国的西门子公司和芬兰的通信巨头诺基亚联合成立的。思科-诺基亚西门子联盟（Cisco-Nokia Siemens）的成立使得两者在因特网和无线通信领域实现了更好的融合,极大地改变了电脑和手机的使用方式。

4. 欧洲宇航防务集团(EADS)是由来自英国、西班牙、德国、法国的几家航空航天公司联合成立的,包括英国宇航公司(British Aerospace)、戴姆勒-奔驰宇航公司(Daimler-Benz Aerospace)、法国宇航公司(Aerospatiale)。该联盟的目标是建立能与美国波音公司(Boeing Corp)相抗衡的欧洲航空器公司。该联盟已取得了巨大的成功,由其出产的空中客车(Airbus)与波音公司在大型航天器(载客超过 100 人)领域展开激烈竞争。

资料来源:公司网站及出版物,由 Mukund Kulashekeran 整理。

与外国合作伙伴建立战略联盟的风险　　与外国合作伙伴建立联盟或合资企业也有其缺陷。典型的缺陷就是需要克服语言和文化差异的壁垒,思考在实际操作中如何处理不同的甚至是互相冲突的运营实践。交流、建立信任和协调的成本也都很高。[8] 合作伙伴在目标战略上产生冲突、在运营观点上出现巨大分歧、在公司价值观上出现重大差异都很常见。密切关系的建立、和谐的工作关系以及获得福利的希望永远不会实现。建立成功的联盟需要许多人一起坦诚相待来工作一段时间,以消除矛盾、实现共享、保持专注,明白如何进行合作。[9]

尽管对双方来说联盟关系是共赢的,但是存在过度依赖外国合作伙伴的基础专门知识和竞争能力的危险。如果一家公司的目标是建立全球市场的领导地位,并发展自身的能力,那么它可能更应采取跨境并购而不是跨国联盟和合资企业的方式。跨国联盟的一个经验教训是,它能更有效地帮助一家公司在世界市场上打开一个新的机会,却无法让公司实现和维持全球市场领导地位。

定制公司针对不同市场条件和买方偏好的国际战略

➡LO4
　　了解三个主要战略,以定制公司的国际战略,从而跨越国家间市场条件和买方偏好等方面的差异。

➡核心概念
　　公司的**国际战略**是其在两个或更多国家同时竞争的战略。

一般来说,公司的**国际战略**(international strategy)是其在两个或更多国家同时竞争的战略。通常,公司先选择性地进入一个或几个国外市场,即在已经有基础市场的国家销售其产品或服务,以此来开始其国际化竞争战略。但随着公司在国际上的进一步扩展,它必须面对全球产品标准化水平提高带来的效率提高与当地应对全球化趋势的能力之间相互冲突的压力。如本章前面所述,在不同的东道国改变其竞争方法以适应具体市场条件和买方偏好可能是在两个或更多国外市场经营时必须解决的最重要的战略问题。[10] 表 7.1 显示了一个公司在面对国际竞争和这一问题时的三种战略方法。

表 7.1 公司在国际竞争中的三个基本战略选择

战略立场选择	处理不同国家消费者偏好和市场条件的方法
多国化战略(本土化思维、本土化执行)	采用本土化战略——一个国家一个战略 • 根据特定的市场条件和每个东道国的消费者偏好定制公司的竞争方法和产品 • 将本地状况的第一手资料分派给当地管理者
全球化战略(全球化思维、全球化执行)	全球范围内采用同一战略 • 在不同国家市场推行相同的基本竞争战略主题(低成本、差异化、成本领先或集中化)——一个全球战略 • 在全球范围内提供相同的产品,只有当地市场条件限定性很强时,才对产品进行细微的差异化处理 • 在全球使用相同的竞争能力、分销渠道和营销方法 • 由总部协调战略行动
跨国战略(以全球化的方式思考,以本地化的方式行动)	采用全球化—本土化组合战略 • 在所有国家市场中采用大体相同的基本竞争战略主题(低成本、差异化、成本领先或集中化) • 开发定制产品并在不同国家销售不同版本的产品(品牌名称有时也会不同) • 让当地管理人员根据需要调整全球化方式,以适应当地消费者的偏好,并适应当地市场和竞争条件

多国化战略——本土化思维和本土化执行的战略制定方法

当消费者偏好和购买习惯、分销渠道和营销方法存在重要的跨国差异时,当东道国政府颁布法规要求在当地出售的产品符合严格的制造规格或性能标准时,当东道国政府过于多样和复杂的贸易限制使其排除了统一、协调的全球市场方法时,**多国化战略**(multidomestic strategy),即本土化思维和本土化执行的战略是至关重要的。使用本土化战略时,公司通常会为不同国家提供不同版本的产

> ➡ 核心概念
>
> **多国化战略**要求在不同的国家采取不同的产品供给方式和竞争策略,以便响应客户偏好、消费者购买习惯、分销渠道或营销方法的跨国差异。在当地政府法规或贸易政策排除统一、协调的全球市场方法时,本土化思维和本土化执行的战略制定方法至关重要。

品,有时会以不同的品牌名称销售产品。政府对有助于减少一氧化碳、烟雾和其他排放物的汽油添加剂的要求,在各个国家几乎都是不一样的。英国石油公司(BP)在其汽油和服务站业务部门采用本土化战略,因为这些跨国政策各不相同,并且客户对当地的品牌名称更加熟悉。例如,公司以 BP 和 Arco 品牌在美国销售汽油,但在德国、比利时、波兰、匈牙利和捷克共和国销售汽油时则用 Aral 品牌。食品行业的公司经常改变其产品的成分,并且以本地品牌名称销售本土化版本产品以满足国家特定的口味和饮食偏好。采用一套本土化或多国化战略的优势在于,公司的行动和业务方法是刻意设计的,以满足每个国家的消费者的品味和期望,并展现出与当地竞争对手相比最具吸引力的市场优势。[11]

然而，本土化思维、本土化执行的战略存在两个重大缺点：① 它们阻碍公司的能力和资源跨越国界进行转移，因为不同的东道国的战略建立在不同的能力之上。② 它们不能促进公司建立单一的、统一的竞争优势，特别是基于低成本的竞争优势。采用高度本土化或多国化战略的公司在实现低成本领导力方面面临巨大障碍，除非它们找到在定制产品的同时仍然能够达到规模经济和学习曲线效应的方法。丰田独特的大规模定制生产能力是其能够有效地适应当地买家的产品偏好，同时保持低成本领导力的关键。

全球化战略——全球化思维、全球化执行的战略制定方法

> **➡核心概念**
> **全球化战略**在公司经营范围内的所有国家采用相同的基本竞争方法，其最适合在客户偏好、买方消费习惯、分销渠道或营销方法等方面全球标准化的行业。这是全球化思维、全球化执行的战略。

多国化战略最适合于要求与当地情况匹配程度高的行业，而全球化战略则最适合全球标准化行业。**全球化战略**（global strategy）是公司在各个国家采取相同的方法——销售品牌名称相同的同一产品，在所有国家使用相同的分销渠道，使用相同的能力和营销方法。虽然公司的战略或产品的提供可能以很小的方式调整以适应少数东道国的具体情况，但公司的基本竞争方法（低成本、差异化或集中化）仍然在全球保持完整。全球化思维、全球化执行的战略能够促进公司经理在世界范围内整合和协调公司的战略举措，并将业务扩大到大多数（如果不是所有）有大量买方需求的国家。它将战略重点放在建立一个全球品牌名称，并积极寻求机会将想法、新产品和能力从一个国家转移到另一个国家。

福特的全球设计战略是公司向全球化思维、全球化执行战略迈进的一步，涉及标准化模型的开发和生产，针对不同国家所做的变化主要限于满足东道国排放和安全标准的要求。2010 年的福特嘉年华和 2011 年的福特福克斯是公司在欧洲、北美、亚洲和澳大利亚销售的第一批全球设计模型。

当国与国之间的差异足够小，以致能适应全球化战略的框架时，全球化战略优于本地化战略，因为公司可以更容易地统一其业务，并专注于在不同国家建立统一的品牌形象和声誉。此外，通过全球化战略，公司能够更好地将全部资源集中，确保与国内和国际竞争对手相比更具可持续性的低成本或差异化竞争优势。

跨国战略——全球化思维、本土化执行的战略制定方法

> **➡核心概念**
> **跨国战略**是一种全球化思维、本土化执行的战略方法，其在所有国家市场采用基本相同的战略主题（低成本、差异化、集中化、最佳成本），同时允许在不同国家之间定制不同产品以适应当地市场条件。

跨国战略（transnational strategy）以全球化思维、本土化执行来制定战略，以适应不同国家在消费者品味、当地习俗和市场条件等方面的差异，同时追求标准化的便利。这种折中方法需要在每个国家使用相同的基本竞争主题（低成本、差异化或集中化），但允许当地管理人员：① 纳入任何国家

特定的产品属性变化,以最好地满足当地买家;② 对生产、分销和营销做出调整以响应当地市场条件,与当地竞争对手成功竞争。以相同的品牌名称销售略微不同的产品版本可能足以满足当地的品味,并且这些不同版本的产品的设计和制造也相对经济可行。菲利普·莫里斯国际集团公司(Philip Morris International)的品牌包括万宝路(Marlboro)、切斯特菲尔德(Chesterfield)、百乐门(Parliament)和维珍妮(Virginia Slims)等,然而,该公司还在世界不同地区生产了不同版本的万宝路香烟,以更好地满足每个市场吸烟者略微不同的偏好和习惯。该公司的 Marlboro Mix 9 是一种高尼古丁含量、高注入香料的香烟,在印度尼西亚销售,因为那里的吸烟者喜欢强力、香甜的香烟。公司的 Marlboro Intense 是为土耳其市场制定的,而其顺滑口感的 Marlboro Filter Plus 迎合了韩国、俄罗斯、哈萨克斯坦和乌克兰的吸烟者的口味。

作为一项规则,大多数跨国公司都在尽可能满足客户需求和市场条件的情况下来实施战略全球化。美国艺电公司有两个主要的设计工作室:一个在不列颠哥伦比亚省的温哥华,一个在洛杉矶。还有一些小型设计工作室分布在旧金山、奥兰多、伦敦和东京。这种分散的设计工作室帮助美国艺电公司设计出了针对不同文化的游戏。例如,伦敦工作室率先设计出流行的 FIFA 足球游戏,以适应欧洲消费者的口味,并且复制了体育场、标牌和团队名册等;美国工作室率先设计出涉及 NFL 足球、NBA 篮球和 NASCAR 赛车的游戏。

利用国际运营来提高整体竞争力

企业可以通过两个重要渠道走出国内市场以获得竞争优势:一方面,利用区位优势降低成本或实现更大的产品差异化;另一方面,开展国内竞争对手所不能进行的跨国合作。

➡LO5
　　了解跨国公司如何利用国际运营来提高整体竞争力。

利用区位建立竞争优势

利用区位来建立竞争优势,公司必须考虑两个问题:① 是将内部流程集中在少数国家,还是分散到多个国家;② 哪些国家适合开展特定的活动。

内部流程集中在少数国家。 在如下情况中,公司倾向于将其运营活动集中在有限的地点:

- 某些地区的制造及其他活动的成本显著低于其他地区。例如,由于亚洲的劳动力成本低,世界上许多运动鞋制造商在此设厂;由于中国台湾地区劳动力成本低,同时具备高水平的技术技能,大多数 PC 电路板就在此生产。
- 规模经济。零件的生产和最终组装存在显著的规模经济,这意味着公司可以通过经营几个高效的大型工厂来节省主要的成本,而不是经营许多分散在世界各地的小型工厂。日本、韩国的数码相机和液晶电视的制造商均是利用其规模经济来建立低成本优势的。

- **存在与生产活动相关联的陡峭学习曲线**。在一些行业,零件制造及装配过程中的学习曲线效应非常大,公司甚至只需建立一个或两个大型工厂,就能够服务世界市场。利用学习曲线的关键是在某些区域集中生产以尽可能快地增加工厂的累计产量(从而增加工厂劳动力的经验)。

> ➡ 参与跨国竞争的公司可以通过将价值链活动置于最有利国家的方式,在世界市场上寻求竞争优势。

- **某些区位具有优越的资源,可以更好地协调相关活动或提供其他有价值的优势**。研究部门或复杂的生产设施可能因为其技术人员基地的限制而设在特定国家。三星是韩国存储芯片技术的领导者。通过在硅谷建立一个主要的研发机构,三星将其获得的专业知识转移到位于国内的总部和工厂中。

内部流程在多地分散。在如下情况中,将内部生产流程分散在多地比集中于某个地方更为有利。与买家相关的活动,例如分销、营销和广告及售后服务,通常必须在靠近买家的地方进行。这使得公司必须确保其在主要客户所在的国家市场具备执行这样活动的能力。例如,四大会计师事务所在全球有多个国际办事处,以服务它们的跨国公司客户的外国业务。当运输成本高、规模不经济及贸易壁垒使得集中运作太昂贵时,多地分散活动对公司竞争力的提高则具有重要意义。此外,分散经营活动有利于战略性地对冲汇率波动风险,分散不利的政治风险。

跨境协调以建立竞争优势

跨国公司及国际性公司能够协调不同国家的活动以建立竞争优势。[12]例如,如果一家公司了解如何更有效地在其巴西的工厂组装产品,那么它便可以与公司其他地区的组装厂共享这些累积的专业知识。此外,例如,在英国市场上营销公司产品所获得的知识可以很容易地交换给新西兰或澳大利亚的公司员工。跨境协调的其他例子还包括将生产从一个国家的工厂转移到另一个国家的工厂以利用汇率波动,并应对工资率、能源成本、关税以及配额的不断变化。

将工作从高负荷的地方转移到人员未充分利用的地方可以提高效率。惠而浦在北美、拉丁美洲、欧洲和亚洲的产品研发和制造业务上的努力,使其能够加快发现创新设备功能,协调针对不同国家市场的设备产品的功能说明,并创建具有成本效率的全球供应链。惠而浦有意识地努力整合和协调其在世界各地的各种运营,这已经帮助它成为一个低成本生产商,同时加快了产品创新的步伐,从而使惠而浦建立了相对于全球竞争对手的优势。

在发展中国家市场竞争的战略

追求全球领先地位的公司必须考虑在发展中国家的竞争,如中国、印度、巴西、印度尼西亚、泰国、波兰、俄罗斯

➡LO6
了解发展中国家市场竞争的特征。

和墨西哥,随着这些国家的发展水平和生活水平攀升到工业化国家的水平,在这些国家开展业务的风险增大,但伴随而来的增长机会也会加大。[13] 例如,2010年,中国基于其强大的购买力和13亿人口构成了世界商品和消费品的最大市场,已成为世界第二大经济体(仅次于美国)。中国对消费品快速增长的需求使其在2014年成为世界上最大的奢侈品市场。[14] 因此,公司若追求全球市场领先地位,就不能忽视其在中国、印度,以及其他亚太地区、拉丁美洲和东欧建立竞争性市场的战略意义。概念与链接7.2描述了百胜集团为提高在中国的销售和市场份额而推行的战略。

然而,针对新兴国家(如中国)市场定制产品以适应当地市场,往往不仅仅是对产品进行小规模改造,而需要更加熟悉当地文化。麦当劳不得不在亚洲部分地区提供蔬菜汉堡,并重新考虑其价格,但这些价格通常高于当地标准,只有条件富裕的人可以负担得起。家乐氏(Kellogg)推广谷物困难重重,因为许多欠发达国家的消费者早餐不吃谷物制品,而改变其生活习惯是困难且成本高昂的。[15] 一次性的洗涤剂、洗发水、泡菜、咳嗽糖浆和食用油在印度非常受欢迎,因为买家可以通过仅购买他们当前需要的数量来节省现金。因此,许多公司发现,尝试在新兴市场中照搬发达国家市场的战略是不利的。为了找到一个有效的战略组合,通常需要公司多一些尝试,在这期间也许会遇到很多曲折。

概念与链接7.2

百胜集团在中国建立领先的食品服务品牌的战略

2011年,百胜集团在全球110多个国家和地区经营了超过38 000家餐厅,其最知名的品牌有肯德基、塔可钟、必胜客和海滋客。百胜集团2010年快速的收入增长和36%的营业利润归功于其在中国的3 700家餐馆。肯德基是中国最大的快餐连锁,分店数量在2010年达到3 200家,而必胜客是中国最大的休闲餐饮连锁店,拥有500多家分店。百胜集团计划在中国每年至少开设475个新餐厅,包括新的必胜客外卖店和东方既白分店,后者会提供传统中国菜。百胜集团的所有中国菜品都是由上海的研发中心开发的。

除了适应当地的口味以及开设新的分店来以加快发展步伐,百胜集团还调整了餐厅的氛围和装饰,以迎合当地消费者的偏好。公司改变了肯德基的门面格局,还提供了教育展厅以满足家长们的孩子优先的需求,并使肯德基成为一个有趣的供孩子们参观的地方。在中国,典型的肯德基门店平均每天有两个生日聚会。

2010年,在美国平均一百万人就有60家肯德基、塔可钟、必胜客、艾德熊以及海滋

客,而在中国的 3 200 家餐饮门店意味着平均一百万人只有 3 家上述餐厅。百胜集团的管理层认为,其战略的关键是继续扩张在中国的餐厅数量,并且持续进行菜品的改进,这将使其在 2015 年时达到公司 50% 的利润来自中国的餐厅。

资料来源:Yum! Brands 2010 10-K;www.yum.com 网站内容。

发展中国家市场的竞争战略选择

为应对发展中国家有时发生的不寻常或富有挑战性的情况而制定公司战略时,可供选择的数个策略如下:

- 利用低价竞争。新兴市场的消费者往往十分看重价格,这有利于低成本的当地竞争对手,除非公司能找到方法来以更低的价格、更好的产品来吸引消费者。例如,联合利华在进入印度洗衣洗涤剂市场时,研发了一种对皮肤不刺激的低成本洗涤剂(名为 Wheel),建造了新的超高效生产设施,通过手推车将产品分发给当地商家,利用经济性的营销活动,比如建筑物上的涂漆标志和商店附近的展销点等——这些措施令新品牌迅速获得了 1 亿美元的销售额,并且成为印度 2010 年销售额最高的洗涤剂品牌。联合利华后来在印度的低价洗发水和除臭剂市场上也复制了这一战略,在南美洲的洗涤剂品牌 Ala 同样利用了这一战略。

- 调整公司业务模式和战略的各个方面,以适应当地情况(但不能让公司失去全球规模和全球品牌的优势)。例如,当戴尔进入中国时,它发现个人和企业不习惯通过互联网下订单。为了适应这一消费习惯,戴尔改变了其直接销售模式,更多地采取用电话和传真下订单的销售模式,并决定耐心地引导中国客户上网下单。此外,由于许多中国政府部门和国有企业坚持硬件供应商通过分销商和系统集成商进行投标(而不是直接通过戴尔的销售人员,这一点不同于其他国家的大型企业),戴尔便选择通过第三方向消费者营销其产品(虽然它也通过自己的销售部门进行销售)。戴尔行事谨慎,但并未放弃自身具备竞争优势的那部分商业模式。

- 尝试改变当地市场,以更好地匹配公司在其他地方开展业务的方式。跨国公司通常有足够的市场影响力,从而推动当地国家市场运作方式的重大变化。当日本的铃木(Suzuki)于 1981 年进入印度时,引发了印度汽车零部件制造商的质量革命。印度当地的零部件供应商与铃木的日本供应商合作,与日本专家一起生产更高品质的产品。在接下来的二十年时间里,印度公司精于为汽车提供一流的零部件,使印度成为仅次于日本获得诸多质量荣誉的国家,并作为亚洲诸多汽车制造商的供应商进军全球市场。马恒达(Mahindra & Mahindra)是印度最大的汽车制造商之一,其产品质量已得到许多组织认可。其中最引人注目的荣誉是在君迪(J. D. Power)亚太公司公布的新车总体质量排名中位列第一。

- 远离那些调整公司的业务模式以适应当地情况已不切实际或不经济的新兴市场。家得宝于 2001 年将分店扩展到墨西哥,2006 年扩展到中国,却不进入其他新兴国家市场，是因为其高质量、低价格和周到的客户服务的价值主张依赖于：① 良好的高速公路和物流系统，从而使库存成本最小化；② 员工持股计划，以激励店员提供良好的客户服务；③ 住房建设和家庭维修所需的劳动力成本高，鼓励业主自己亲自动手。美国和加拿大的市场具备这些对家得宝的影响非常大的条件，但附近的拉丁美洲却并不具备这些。

进入中国、印度、俄罗斯和巴西等发展中市场的公司的经验表明，盈利过程并不是容易且迅速的。为公司的产品建立市场需要一个漫长的过程，包括开展一系列对消费者的再教育、对广告和促销的大量投资等用于改变消费者品味和购买习惯的措施，以及对当地基础设施（供应商基础、交通系统、分销渠道、劳动力市场和资本市场）进行升级改造。在这种情况下，公司必须足够有耐心，在改善基础设施的体系下运转，为市场起飞条件成熟时获得可观的收入和利润奠定基础。

> ➡ 在新兴市场不太可能容易且迅速地实现盈利，新进入者需要让自己的商业模式和战略适应当地环境，同时对于获利要有足够的耐心。

关键点

1. 参与国际市场竞争使得跨国公司：① 获取新客户；② 通过更容易地达到规模经济或学习曲线效应实现更低的成本，提高竞争力；③ 在其他国家市场中运用在国内精炼的核心竞争力；④ 获得国外市场的资源和能力；⑤ 在更广泛的市场基础上分散业务风险。

2. 选择拓展国际业务的公司在评估战略选择时必须考虑消费者偏好、市场规模和增长潜力的跨国差异，以及成本驱动下的地理位置选择、汇率波动和东道国政府的政策。

3. 进入国外市场的选择包括：将国内作为生产基地并向外国市场出口货物；授权外国公司使用本公司的技术或生产、分配本公司的产品；采用特许经营战略；设立外国子公司；建立战略联盟或其他合作伙伴关系。

4. 在国外市场竞争中，一家公司有三个基本选择：① 多国化战略——本土化思维、本土化执行；② 全球化战略——全球化思维、全球化执行；③ 跨国战略——全球化思维、本土化执行。"本土化思维、本土化执行"（多国化战略）适用于必须改变其产品供应和竞争方法以适应不同的买家偏好和市场条件的行业或公司。"全球化思维、全球化执行"（全球化战略）能有效支持在所有国家市场采用相同的基本竞争方法（低成本、差异化、集中化），并在公司开展业务的所有国家以相同的品牌销售基本相同的产品。当公司能够在所有市场中采用本质相同的基础竞争战略但需定制其所供产品和运营的某些方面以适应当地市场情况时，可以采取"全球化思维、本土化执行"的战略方法。

5. 公司在全球市场上获得竞争优势（或抵消国内不利因素）有两种一般方法。一种方法是通过在不同国家定位各种价值链活动来降低成本或扩大产品差异。第二种方法是以国内竞争对手不能实现的方式，利用跨国或全球竞争的能力，加深及拓宽其资源和实力，并协调分散化的活动。

6. 追求全球领导地位的公司必须考虑新兴市场的竞争，如中国、印度、巴西、印度尼西亚和墨西哥,在这些国家开展业务的风险相当大,但也伴随着很大的增长机会。为了在这些市场中取得成功,公司通常必须:① 利用低价竞争;② 调整公司业务模式和战略的各个方面,以适应当地情况(但不能让公司失去全球规模和全球品牌的优势);③ 尝试改变当地市场,以更好地匹配公司在其他地方开展业务的方式。在新兴市场不太可能容易且迅速地实现盈利,通常是因为需要投资来改变消费者购买习惯、品味,以及升级基础设施。有时候,公司应该远离那些不切实际或不经济的新兴市场,直到条件更适合其商业模式和战略。

巩固练习

1. 智利最大的葡萄酒生产商干露酒庄(Concha y Toro)正使用出口战略在欧洲、北美、加勒比地区和亚洲等地市场开展竞争。登录公司网站(www.conchaytoro.com/the-company/investor-relations/),在"投资者关系"部分查看公司的新闻稿、年度报告和演示文稿。为什么该公司似乎不愿在南美洲以外的葡萄种植地区开发葡萄园和葡萄酒厂?为什么干露酒庄追求出口,而不是坚持国内销售和分销的战略?

2. 以战略联盟或合资企业形式与外国公司签订合作协议被广泛用作进入国外市场的手段。概念与链接 7.1 提供了四个跨境战略联盟的例子:通用汽车和上汽集团、欧洲宇航防务集团、思科和诺基亚—西门子网络公司以及 NTT 通信。通用汽车、五菱和上汽的三方合资企业如何在中国取得成功?思科和诺基亚—西门子之间的战略联盟如何帮助两家公司提高开发新互联网功能的能力?为什么维里奥与一流的合作伙伴的跨境战略联盟比收购能够给其提供虚拟主机托管技术的公司更成功?英国、西班牙、德国和法国的航空航天公司的联盟,在行业提供了竞争所需的何种补充资源而使欧洲宇航防务集团(空中客车)成为有竞争力的市场力量?

3. 假如你负责为一个在全球约 50 个国家销售产品的跨国公司制定战略。你面临该采用多国化战略、跨国战略还是全球化战略的问题。

(1) 如果你公司的产品是手机,你认为采用上述哪种战略更好?为什么?

(2) 如果你公司的产品是干汤混合物和罐头汤,多国化战略比跨国战略和全球化战略更合适吗?为什么?

(3) 如果你公司的产品是大型家用电器,如洗衣机、炉灶、烤箱和冰箱,此时采用上述哪种战略更有意义?为什么?

4. 利用大学图书馆订阅的数据库,讨论和判断大众汽车在中国市场竞争的三个关键战略。

模拟参与者练习

以下问题针对模拟参与者在国际市场上运营的公司。如果你的公司只在一个国家或地区竞争，请跳过本节中的问题。

1. 如果考虑汇率的变动，你和你的共同经理人会在多大程度上调整公司战略？换句话说，你是否采取了行动以尽量减少汇率不利变动的影响？

2. 如果考虑进口关税的地理差异，你和你的共同经理人会在多大程度上调整公司战略？

3. 以下哪一项最能描述贵公司在国际竞争中取得成功所采取的战略方法？
- 多国化战略——本土化思维、本土化执行。
- 全球化战略——全球化思维、全球化执行。
- 跨国战略——全球化思维、本土化执行。

对你的选择做出解释，并指出贵公司在两个或两个以上地理区域竞争所采取的公司战略的两个或三个主要因素。

尾注

1. A. C. Inkpen and A. Dinur, "Knowledge Management Processes and International Joint Ventures," *Organization Science* 9, no. 4 (July-August 1998); P. Dussauge, B. Garrette, and W. Mitchell, "Learning from Competing Partners: Outcomes and Durations of Scale and Link Alliances in Europe, North America and Asia," *Strategic Management Journal* 21, no. 2 (February 2000); C. Dhanaraj, M. A. Lyles, H. K. Steensma, et al., "Managing Tacit and Explicit Knowledge Transfer in IJVS: The Role of Relational Embeddedness and the Impact on Performance," *Journal of International Business Studies* 35, no. 5 (September 2004); K. W. Glaister and P. J. Buckley, "Strategic Motives for International Alliance Formation," *Journal of Management Studies* 33, no. 3 (May 1996); J. Anand and B. Kogut, "Technological Capabilities of Countries, Firm Rivalry and Foreign Direct Investment," *Journal of International Business Studies* 28, no. 3 (1997); J. Anand and A. Delios, "Absolute and Relative Resources as Determinants of International Acquisitions," *Strategic Management Journal* 23, no. 2 (February 2002); A. Seth, K. Song, and A. Pettit, "Value Creation and Destruction in Cross-Border Acquisitions: An Empirical Analysis of Foreign Acquisitions of U. S. Firms," *Strategic Management Journal* 23, no. 10 (October 2002); J. Anand, L. Capron, and W. Mitchell, "Using Acquisitions to Access Multinational Diversity: Thinking Beyond the Domestic Versus Cross-Border M&A Comparison," *Industrial & Corporate Change* 14, no. 2 (April 2005).

2. U. S. Department of Labor, Bureau of Labor Statistics, "International Comparisons of Hourly Compensation Costs in Manufacturing, 2009," March 8, 2011, pp. 3, 6.

3. E. Pablo, "Determinants of Cross-Border M&As in Latin America," *Journal of Business Research* 62, no. 9 (2009); R. Olie, "Shades of Culture and Institutions in International Mergers," *Organization Studies* 15, no. 3 (1994); K. E. Meyer, M. Wright, and S. Pruthi, "Institutions, Resources, and Entry Strategies in Emerging Economies," *Strategic Management Journal* 30, no. 5

(2009).

4. Joel Bleeke and David Ernst, "The Way to Win in Cross-Border Alliances," *Harvard Business Review* 69, no. 6 (November-December 1991); Gary Hamel, Yves L. Doz, and C. K. Prahalad, "Collaborate with Your Competitors—and Win," *Harvard Business Review* 67, no. 1 (January-February 1989).

5. Yves L. Doz and Gary Hamel, *Alliance Advantage* (Boston: Harvard Business School Press, 1998); Bleeke and Ernst, "The Way to Win in Cross-Border Alliances"; Hamel, Doz, and Prahalad, "Collaborate with Your Competitors—and Win"; Michael Porter, *The Competitive Advantage of Nations* (New York: Free Press, 1990).

6. H. Kurt Christensen, "Corporate Strategy: Managing a Set of Businesses," in *The Portable MBA in Strategy*, ed. Liam Fahey and Robert M. Randall (New York: John Wiley & Sons, 2001).

7. Jeffrey H. Dyer, Prashant Kale, and Harbir Singh, "When to Ally and When to Acquire," *Harvard Business Review* 82, no. 7/8 (July-August 2004).

8. Rosabeth Moss Kanter, "Collaborative Advantage: The Art of the Alliance," *Harvard Business Review* 72, no. 4 (July-August 1994).

9. Jeremy Main, "Making Global Alliances Work," *Fortune*, December 19, 1990, p. 125.

10. Pankaj Ghemawat, "Managing Differences: The Central Challenge of Global Strategy," *Harvard Business Review* 85, no. 3 (March 2007).

11. C. A. Bartlett and S. Ghoshal, *Managing Across Borders: The Transnational Solution*, 2nd ed. (Boston: Harvard Business School Press, 1998).

12. C. K. Prahalad and Yves L. Doz, *The Multinational Mission* (New York: Free Press, 1987), pp. 58-60.

13. David J. Arnold and John A. Quelch, "New Strategies in Emerging Markets," *Sloan Management Review* 40, no. 1 (Fall 1998); C. K. Prahalad, *The Fortune at the Bottom of the Pyramid: Eradicating Poverty through Profits* (Upper Saddle River, NJ: Wharton, 2005).

14. Brenda Cherry, "What China Eats (and Drinks and...)," *Fortune*, October 4, 2004, pp. 152-153; "A Ravenous Dragon," *The Economist* 386, no. 8571 (March 15, 2008), online edition; "China: Just the Facts," *Journal of Commerce*, June 2, 2008, p. 24.

15. Tarun Khanna, Krishna G. Palepu, and Jayant Sinha, "Strategies That Fit Emerging Markets," *Harvard Business Review* 83, no. 6 (June 2005); Arindam K. Bhattacharya and David C. Michael, "How Local Companies Keep Multinationals at Bay," *Harvard Business Review* 86, no. 3 (March 2008).

第八章

企业战略：多元化和多业务公司

学习目标

LO1 了解何时以及如何在不同业务上实现多元化，以提高股东价值

LO2 了解相关多元化战略是如何产生跨业务的战略契合，从而产生竞争优势的

LO3 意识到以不相关多元化作为公司战略的优点和风险

LO4 掌握用于评估公司多元化战略的分析工具

LO5 了解多元化公司用于巩固多元化战略和提高公司业绩的四个主要战略选择

本章在战略制定层级中上升了一个层次,从单一业务企业的战略制定延伸到多元化企业的战略制定。因为一个多元化的公司是许多独立业务的集合,所以战略制定任务会更加复杂。在一个单一业务公司中,管理者需要提出一个能使公司在单一的行业环境中竞争成功的计划,这个结果在第二章中被称为业务战略(或业务级别策略)。但是在一家多元化的公司,制定适合企业的战略会面临多方面的挑战:需要对公司涉及的不同行业进行评估,并开发一整套的战略以适应公司涉及的各个不同行业。多元化公司的高级管理人员必须进一步努力,制定适合公司整体经营情况的公司战略,以提高公司整体业务阵容的吸引力和业绩,并从对独立业务的多元化收聚中形成理性的整体。

　　在大多数多元化公司中,企业级高管将相当大的战略制定权力授予每个业务部门的负责人,通常给予他们制定适合特定行业和竞争环境的业务战略的自由,并要求他们对良好的战略效果负责。但是,制定一个多元化公司整体公司战略的任务则正好落在高层管理人员的头上,制定这一战略涉及四个不同的方面:

　　第一,选择要进入的新行业,决定进入的途径。追求业务多元化需要管理层确定哪种新行业可以提供最好的增长前景,是通过从头开始新业务进入该行业,还是收购已经在目标行业的公司,又或是与另外一家公司形成一个合资企业或战略联盟。

　　第二,寻求机会,利用跨企业的价值链关系形成竞争优势。当多元化公司能够在不同业务部门实现价值链的战略契合时,比那些缺乏战略契合的多业务公司更有可能得到"1+1=3"的效果。

　　第三,建立投资优先级并将公司资源引到最具吸引力的业务部门。多元化公司的业务部门通常不具有同等吸引力,公司管理者有责任将资源投入收益潜力较高的业务领域。

　　第四,积极采取行动,提高公司整体业务的综合业绩。企业战略家必须制定措施来提高公司业务阵容的整体绩效,并保证股东价值的持续增加。多元化公司的战略选择包括:① 密切关注现有的业务阵容,并抓住这些业务中出现的机会;② 通过进入更多的行业来扩大多样化的范围;③ 通过剥离表现不佳的企业来缩小多元化范围;④ 通过多重资产剥离和/或收购广泛地重组业务阵容。

　　本章的第一部分描述了公司可以用来多样化的方法,并且探索了相关多元化与非相关多元化战略的利弊。本章的第二部分讨论了如何评估多元化公司业务阵容的吸引力、如何判断公司是否拥有良好的多元化战略,以及如何改善公司未来业绩。

何时考虑业务多元化

> **LO1**
> 了解何时以及如何在不同业务上实现多元化,以提高股东价值。

只要单一业务公司在当前行业中有实现盈利增长的机会,就没有进行多元化的迫切需要。但是,如果公司所在的行业变得缺乏竞争力,公司的发展机会就会受到限制。例如,考虑借记卡和在线账单支付的日益普及对支票打印业务产生了什么影响,以及手机公司和互联网协议语音(VoIP)市场对美国电话电报公司(AT&T)、英国电信(British Telecommunications)和日本电报电话公司(NTT)等长途电话提供商的收入产生了什么影响。因此,当单一业务公司遭遇市场机会减少或主要业务的销售停滞时,新行业多元化总是值得考虑的。[1]

创造股东价值:业务多元化的最终结果

多元化必须为公司带来更多的贡献,而不是简单地将其业务风险分散到各个行业。从原则上讲,除非多元化带来了股东价值的增加(该价值股东们无法通过将其投资分散在不同行业的公司股票上来自己获得),否则便不能被视为成功。如果没有通过下面三项测试,业务多元化几乎没有创造股东价值的机会:[2]

(1) 行业吸引力测试。通过多元化进入的行业必须存在着这样的机会——利润和投资回报等于或优于公司目前的业务。

(2) 进入成本测试。进入目标行业的成本不能高到损害良好盈利的潜力。不过,在这里可以使用第二十二条军规(Catch-22)。一个行业的增长前景和良好的长期盈利能力越有吸引力,进入这个行业的成本就越高。对高吸引力行业公司的收购很容易不符合进入成本测试。

> 通过多元化为股东创造附加值,需要建立一个整体大于各部分之和的多业务公司。

(3) "相得益彰"的测试。新业务必须为公司的现存业务和该新业务提供一种潜能,即与各自作为单独的、独立的业务进行经营相比,在同一公司范围内一起经营会有更好的表现。例如,假设 A 公司通过购买另一行业中的 B 公司实现多元化,如果 A 和 B 的合并利润被证明在未来的几年内不如各自能够赚取的利润高,那么 A 公司的多元化不会为股东提供附加价值。A 公司的股东可以通过只购买 B 公司的股票来实现相同的"1+1=2"的结果,这时股东价值不会通过多元化来创造,除非它能够产生"1+1=3"的效应。

满足全部三项测试的多元化举措最有可能使股东价值长期增长,而只通过一项或两项测试的多元化是没有信服力的。

业务阵容多元化的方法

进入新行业、开发新业务线可以采取以下三种手段之一：收购、内部开发或与其他公司成立合资企业。

通过收购实现现有业务多元化

收购是通过进入另一个行业来实现多元化的流行手段。它不仅比尝试开发一个新业务更快，而且还提供了一种有效的方式来防止诸多行业进入壁垒（如获取技术知识、建立供应商关系、实现规模经济、建立品牌知名度和确保充分分配等）。收购一家正在运营的公司能够帮助收购方直接实现在目标行业建立强大市场地位的任务，而不至于在成立初创公司的细枝末节上陷入困境。

一家收购型企业所面临的巨大困境是，是为一家成功的公司支付溢价，还是以一个便宜的价格购买一家运营艰难的公司。[3]如果收购公司对该行业知之甚少但资本充足，通常最好购买一个能力强、地位高的企业，除非这种收购价格过高，违背了成本进入测试。然而，当收购方看到了可能将弱小公司变成强大公司的方法时，购买一家处境艰难的公司则是一种更好的长期投资。

通过内部开发建立新的业务线

通过内部开发实现多元化意味着从零开始建立一个新的业务子公司。一般来说，只有在下列情况中，通过成立初创子公司来进入新业务才具有吸引力：① 母公司内部已经拥有进行有效的竞争所需要的绝大多数或全部技能和资源；② 有充足的时间开展业务；③ 内部开发的成本低于收购的成本；④ 目标行业由许多相对较小的公司填充组成，新创立的公司不必与大型的、强大的竞争对手开展竞争；⑤ 增加新产能不会对行业的供需平衡产生不利影响；⑥ 在位企业在新进入者打破原有市场时，其做出的应对是缓慢或者无效的。

利用合资企业实现多元化

利用合资企业开展新的业务，在至少两种情况下是有效的。[4]第一，与其他类型的企业相比，合资企业更容易获得好的机会，因为一个单独的公司独自去寻找行业机会的话，往往太复杂、不经济或存在风险。第二，当一个新行业的机会需要更广泛的能力和专业知识，而不是一个扩张型公司能够统率时，合资企业是有意义的。生物技术行业的许多机会都要求互补性创新的协调发展，以及同时解决包含技术、政治和监管因素的复杂网络。在这种情况下，汇集两个或两个以上公司的资源和能力是一个更明智、风险更低的方法。

但是，如第六章和第七章所述，与另一家公司合作时，由于潜在目标的不一致，以及在如何最好地处理风险和文化冲突等方面的分歧，无论是以合资企业形式还是战略联盟的形式合作，均存在着明显的缺点。合资企业通常是最不耐用的选择，一般只能持续到合作伙伴决定采取自己的方式之前。

选择多元化路径：相关业务与不相关业务

➡LO2
了解相关多元化战略是如何产生跨业务的战略契合，从而产生竞争优势的。

一旦公司决定进行多元化经营，它的第一个企业战略决策便是：将业务拓展到**相关业务**（related business）领域，还是将业务拓展到**不相关业务**（unrelated business）领域，或是两者兼而有之（见图8.1）。当企业的价值链存在有竞争力且有价值的跨业务关系时，这些企业被认为是相互关联的。这些价值链使得企业与同行业中独立运营的企业相比，能够得到更好的业绩。当由各自的价值链和资源需求组成的活动完全没有相似之处，以至于不

➡核心概念
相关业务具有有竞争价值的跨业务价值链和资源匹配；**不相关业务**具有不同的价值链和资源需求，没有具有竞争力的重要跨业务价值链关系。

存在有竞争力且有价值的交叉业务关系时，企业被认为是不相关的。

接下来的两部分将就相关业务多元化和不相关业务多元化的复杂细节进行探讨。

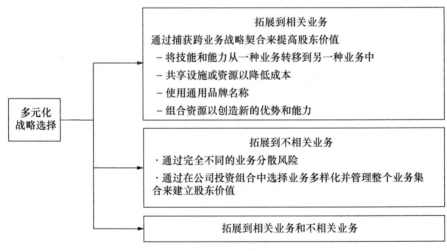

图8.1　多元化经营的战略主题

相关多元化的案例

➡　当不同业务的价值链存在跨业务的技能转移、成本分摊和品牌共享的机会时，就存在**战略契合**。

相关多元化战略涉及围绕业务建立公司，这里的业务指的是那些在价值链上有**战略契合**（strategic fit）的业务，如图8.2所示。只要构成不同业务价值链的一项或多项活动与以下情形相似，

就有机会进行战略契合[5]：

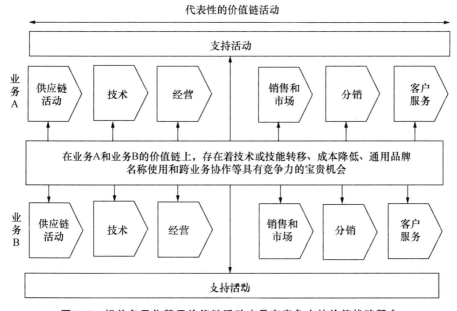

图8.2　相关多元化基于价值链活动中具有竞争力的价值战略契合

- 将具有竞争力的宝贵资源、专业经验、技术知识或其他能力从一个业务转移到另一个业务。谷歌的技术知识和创新能力在互联网搜索业务中得到改进，会对安卓移动操作系统和用于计算机的谷歌浏览器（Chrome）操作系统的开发大有帮助。2009年收购漫威漫画公司（Marvel Comics）之后，沃特迪士尼公司（Walt Diseny Company）的许多其他迪士尼业务，包括主题公园、零售店、电影部门和视频游戏等与漫威漫画公司共享了漫威的标志性人物，如蜘蛛侠、钢铁侠和黑寡妇等。

- 价值链活动可以将多个业务组合在一起，并进行成本分摊。例如，若针对相同类型的客户销售不同类型的产品，通常可以在一家工厂中生产不同类型的产品；或者为不同类型的产品配备同一个销售团队。

- 具有共同客户或利用相同核心竞争力的业务部门之间可以共享品牌。例如，雅马哈在摩托车行业的名声使其在进入个人水上交通工具业务时具有即时的可信性和识别性，无须投入大量的广告来为摩托艇建立品牌标识，就能实现显著的市场份额。同样，苹果生产易于操作的计算机的声誉是一种具有竞争力的资产，促进了公司向数字音乐播放器和智能手机等业务领域的多元化。

跨业务战略契合可以存在于价值链的任何环节，如研发和技术活动、供应链活动、制造、销售和营销、分销活动。同样，不同业务通常可以使用相同的管理和客户服务基础设施。例如，作为宽带提供商的多元化有线电视运营商，可以使用相同的客户数据网络、相同的客户呼叫中心和办公室、相同的计费和客户账户系统以及相同的客户服务基础设施来支持公司的所有产品和服务。[6]

战略契合和范围经济

> **➜ 核心概念**
>
> **范围经济**是由于相关业务价值链的战略契合（因此带来更大的业务范围）而产生的成本降低，而规模经济则来自更大的经营规模。

多元化公司不同业务的价值链活动之间的战略契合为范围经济（一个不同于规模经济的概念）创造了可能性。规模经济（economies of scale）是从大规模运营中直接获得成本节约，例如，大型工厂的单位成本可能比小型工厂的单位成本低。范围经济（economies of scope）则直接来自相关业务价值链中节约成本的战略契合。范围经济只适用于多业务企业，并且是相关多元化战略的结果，该战略允许兄弟企业共享技术，一起进行研发，共同使用制造或分销设施，共享共同的销售力量、分销商或经销商网络，以及共享相同的管理基础设施。跨业务经济与节约成本的战略契合关系越大，相关多元化战略产生竞争优势的潜力就越大，因为这样可以获得低于竞争对手的成本。

相关多元化构建竞争优势、增加股东价值收益的能力

范围经济和其他战略契合收益为多元化公司获得比其作为独立企业时更高的利润和回报提供了可靠的基础。将竞争优势潜力转化为更大的盈利能力是股东价值收益得到"1＋1＝3"效果的推动力，也是获得"相得益彰"效果的必要结果。这里有三件事情要注意：① 通过相关多元化获得跨业务战略契合所创造的股东价值，是股东无法通过仅仅持有多家企业的股票能够达到的；② 只有通过相关多元化才可能获得跨业务战略配合带来的利益；③ 跨业务战略配合的利益不是自动实现的——需要管理层采取内部行动来实现这些利益。[7]

拓展到不相关业务

> **➜ LO3**
>
> 意识到以不相关多元化作为公司战略的优点和风险。

不相关多元化战略忽视了追求跨业务战略契合的重要性，相反，它的重点在于发展和经营那些能使公司作为一个整体增加收益的行业的业务。实施不相关多元化战略的公司，通常更愿意拓展到高管看到有改善财务业绩机会的任何行业。这些公司通常被称为集团（conglomerate），因为它们的商业利益范围广泛地跨越多个行业。

追求不相关多元化的公司，几乎总是通过收购一家成熟公司的方式来开展新的业务而非内部发展。公司有收购意向的前提是，通过收购实现的增长可以通过公司收入、收益和股票价格的上升来提高股东价值，并且平均来说可以实现年复一年的上升，以得到

充足的收益和股东的认可。三种类型的被收购候选公司通常特别容易引起收购企业的兴趣：① 有明显增长前景但资本短缺的企业；② 价值被低估，可以廉价收购的公司；③ 在母公司资金资源和管理知识的帮助下，可以扭转运营困境的公司。

通过不相关多元化来构建股东价值

由于缺乏跨业务战略契合带来的额外竞争优势，能否通过非相关多元化构建股东价值，最终取决于母公司通过其他方式改进业务的能力。为了使进行不相关多元化战略的公司取得成功，企业高管必须：
- 更好地识别和收购能够产生持续良好收益和投资回报的新业务。
- 很好地磋商有利的收购价格。
- 做好监督和培育公司业务方面的工作，使它们能够达到一个更高的水平。企业高管的培育活动可以采取以下形式：提供解决问题的技巧、提供创造性战略建议，以及在如何提高企业竞争力和财务绩效方面提供一流的建议和指导。[8]

不相关多元化的缺点

不相关多元化战略的两个重要缺点削弱了其优点：非常苛刻的管理要求和有限的竞争优势潜力。

苛刻的管理要求 成功地管理那些在完全不同的行业和竞争环境中运营的公司，对于公司层级的管理者来说，是一件非常困难的事情。公司的业务数量越多，业务越多元化，公司管理者的任务就越艰巨：
（1）了解每个行业和每个子公司正在发生的事情。
（2）选择拥有必要的管理技能和专门知识组合的业务部门负责人，以提高绩效。
（3）分辨出业务部门经理审慎的战略建议和有风险或不可能成功的战略建议之间的区别。
（4）知道在业务部门犯了错误导致形势急转直下时要如何去做。[9]

通常来说，公司拓展的业务越多，就有更多的企业高管被迫进行"数字管理"——密切跟踪各子公司的财务和经营成果，只要最新的关键财务和经营措施看起来不错，就假设各子公司的负责人最大

➡ 不相关多元化要求公司高管依靠业务层级经理的技能和专业知识，来建立竞争优势并提高个体业务的业绩。

限度地控制了所有方面，如果各个业务单位的负责人都能够很好并且持续地满足他们的数字要求，数字管理就起到了作用。但当事情开始偏离正道、问题开始出现时，企业管理层就不得不深入参与，扭转一个他们也不怎么了解的业务困境。

有限的竞争优势潜力 不相关多元化的第二大缺点是，这种战略只提供了每个企业有限的可以超出自己产生的竞争优势潜力。与相关多元化战略不同，不相关多元化中没有跨业务战略契合来降低成本，转移能力、技能和技术，或利用强大的品牌名称，增加单

个业务拥有的竞争优势。由于没有战略契合的竞争优势潜力,在大多数情况下,不相关业务集团的综合业绩不可能优于各公司独立实现的业绩总和。

追求不相关多元化的错误原因

监督一系列广泛、多种多样的业务,可能比听起来困难得多。在实践中,只有少数公司拥有顶级的管理能力来完成这项任务。大多数公司高管不能成功地通过不相关多元化战略持续提供良好的财务业绩。[10]奇怪的是,不相关多元化的结果是"1+1=2"或更少。此外,管理层有时因为错误的理由开展不相关多元化战略。

- 降低风险。管理者有时通过将公司的投资分散到一系列不同的行业,来实现不相关多元化以减少风险。但这不能创造长期股东价值,因为公司的股东可以通过股票和债券的多元化投资组合,来更有效地降低风险敞口。
- 增长。虽然不相关多元化可以使公司实现收入的快速或持续增长,但只有产生利润的增长才能带来股东价值的提高,也只有这样的不相关多元化战略才被证明是合理的。
- 盈利稳定。在一个广泛多元化的公司,会存在公司一些业务的市场下降趋势将被其他业务周期性上升趋势所抵消的机会,从而产生较小的收益波动。然而,在实践中,没有令人信服的证据表明,不相关多元化战略的公司的合并利润比相关多元化战略的公司的利润更为稳定。
- 管理动机。不相关多元化可以为管理者提供利益,如更高的薪酬,这往往随着企业规模和多元化程度的增加而增加。单凭这一原因,不相关多元化更有可能减少股东价值,而不是增加股东价值。

相关多元化与不相关多元化相结合的公司战略

没有什么可以阻止公司同时拓展到相关业务和不相关业务中。事实上,不同公司的多元化业务组合也有很大的不同。一些多元化的公司确实拥有占主导地位的业务——其核心业务占总收入的50%到80%,剩下的则是一些小型的相关和不相关的业务。一些多元化公司在几个(两到五个)相关或不相关的业务中进行狭义的多元化。另一些公司则是围绕着广泛的相关业务、不相关业务或两者兼而有之广泛地开展多元化。还有一些多业务企业已经划分为几个不相关的关联企业集团。公司有足够的空间来定制它们的多元化战略,以纳入相关和不相关的多元化要素。

评估多元化公司战略

➡ LO4
掌握用于评估公司多元化战略的分析工具。

多元化公司的战略分析基于第三章和第四章所讨论的单一业务公司的方法论,但利用的是简化了整个流程的

工具。评估多元化公司战略的优缺点,以及决定采取什么行动来提高公司绩效的过程包括六个步骤:
(1) 评估公司已经多元化进入的行业的吸引力。
(2) 评估公司业务部门的竞争力。
(3) 评估公司各个业务部门价值链的跨业务战略契合的程度。
(4) 检查公司的资源是否符合其现有业务阵容的要求。
(5) 将各项业务的业绩前景从最好到最差排列,并确定资源分配的优先级。
(6) 制定新的战略举措,以整体提高公司业绩。

这些步骤的核心概念和技术分析方法将在本章的这一节进一步讨论。

步骤1:评估行业吸引力

评估多元化公司战略的主要考虑因素是其经营活动的行业的吸引力。多元化公司所处的行业(单独和作为一个整体)越有吸引力,其长期业绩良好的前景就越好。用于衡量产业吸引力的简单可靠的分析工具,是基于以下指标来计算行业吸引力评分。

- 市场规模和预计增长率。在其他因素相同的情况下,大型行业比小型行业更具有吸引力,快速增长的行业往往比缓慢增长的行业更具有吸引力。
- 竞争强度。竞争压力相对较弱的行业比竞争压力较强的行业更具吸引力。
- 新出现的机遇和威胁。同一水平线上,前景广阔和威胁较小的行业比机遇较少而威胁较大的行业更具吸引力。
- 存在跨行业战略契合。行业的价值链和资源需求与公司经营的其他行业的价值链活动配合得越好,对于追求相关多元化的公司越有吸引力。然而,跨行业战略契合可能对致力于不相关多元化战略的公司没有影响。
- 资源需求。与需要耗费公司大量财务资源和组织能力以获取资本和资源的行业相比,所需资源在公司力所能及范围内的行业更具吸引力。
- 季节性和周期性影响。买方需求总体相对稳定,不会过分容易受到经济起伏的影响的行业,往往比买方需求季节性或周期性波动较大的行业更具吸引力。
- 社会、政治、监管和环境因素。在诸如消费者健康、安全、环境污染或受到强烈监管的领域中具有重大问题的行业,比不存在类似重大问题的行业具有更少的吸引力。
- 行业盈利能力。具有稳定利润率的行业通常比利润历来较低或不稳定的行业更具吸引力。
- 行业不确定性和业务风险。相对于由于某种原因前景相当不确定的行业,不确定性较低、总体业务风险较低的行业更具吸引力。

应该给每个具有吸引力的指标分配一个权重,用以反映其在确定行业吸引力方面的相对重要性;假设各种吸引力指标同样重要,是一种弱方法论。一个行业的竞争强度应该总是占较高权重的(例如 0.20—0.30)。对于具有相关多元化战略的公司,应该考虑给予战略契合较高权重。但对于具有不相关多元化战略的公司,可以给予战略契合较低的权重，甚至从吸引力指标列表中删除。季节性和周期性因素的权重通常较低（甚至不予分析），除非公司已经多元化进入受季节性需求和周期性上升或下跌影响严重的行业中。重要性权重综合必须为1.0。

接下来，使用1—10的评级等级（其中10表示吸引力高，1表示吸引力低），对每个行业所选择的行业吸引力指标进行评级，然后将每种指标的评级等级乘以相应的权重来计算加权吸引力分数。例如，0.25的权重乘以第8等级，得出2.00的加权吸引力分数，所有吸引力指标加权得分的总和即为行业总体吸引力分数。该过程在表8.1中举例说明。

表8.1 计算行业加权吸引力分数

行业吸引力指标	权重	行业A 等级/分数	行业B 等级/分数	行业C 等级/分数	行业D 等级/分数
市场规模和预计增长率	0.10	8/0.80	5/0.50	2/0.20	3/0.30
竞争强度	0.25	8/2.00	7/1.75	3/0.75	2/0.50
新出现的机遇和威胁	0.10	2/0.20	9/0.90	4/0.40	5/0.50
跨行业战略契合	0.20	8/1.60	4/0.80	8/1.60	2/0.40
资源需求	0.10	9/0.90	7/0.70	5/0.50	5/0.50
季节性和周期性影响	0.05	9/0.45	8/0.40	10/0.50	5/0.25
社会、政治、监管和环境因素	0.05	10/0.50	7/0.35	7/0.35	3/0.15
行业盈利能力	0.10	5/0.50	10/1.00	3/0.30	3/0.30
行业不确定性和业务风险	0.05	5/0.25	7/0.35	10/0.50	1/0.05
分配权重总和	1.00				
行业总体加权吸引力分数		**7.20**	**6.75**	**5.10**	**2.95**

等级刻度：1=对公司完全没有吸引力；10=对公司非常有吸引力

计算行业吸引力分数 使用此方法得出有效的行业吸引力分数有两个必要条件。第一，为行业吸引力指标确定适当的权重，这并不总是容易的，因为不同的分析师对于什么样的权重是最合适的持有不同的观点。此外，基于各公司的战略、绩效目标和财务状况，不同的公司适用于不同的权重。例如，给财务资源需求设置较低的权重对于现金丰富的公司可能是合理的，而高权重则可能更适合于财务紧张的公司。

第二，生成准确的吸引力分数要有足够的知识来评估行业的每个吸引力指标。通常对市场规模、增长率、季节性和周期性影响以及行业盈利能力进行比较时所需的统计数据较易找到，跨行业契合和资源需求也很容易判断。但是，最难进行等级评估的吸引力指标是竞争强度。对于一个行业的竞争力是比另一个行业更强还是更弱，并不是很容易得出结论。如果可用信息过于缺乏，不能准确地在特定的行业吸引力指标上分配评级值，那么通常最好使用5分，避免将整体吸引力分数上调或下调。

尽管有障碍，但在对多元化公司最具吸引力的行业从高到低排列时计算行业吸引力分数,仍然是一种系统的、相当可靠的方法。

步骤 2:评估业务部门的竞争力

评估一家多元化公司的第二步是确定其业务部门在其行业中的地位。对每个业务部门在其行业中的实力和竞争地位进行评估,不仅揭示了其在业界内成功的机会,而且提供了业务从竞争力最强到最弱的排名基础。每个业务单位竞争力的量化度量可以使用类似于测量行业吸引力的方法进行计算,以下指标可用于量化多元化公司业务部门的竞争优势:

- 相对市场份额。业务部门相对市场份额的定义是:其市场份额与行业中最大竞争对手企业所持有的市场份额之间的比率,市场份额以单位数量衡量,而不是美元。例如,如果具有市场领先地位的公司 A 的市场份额为 40%,而其最大竞争对手的份额为 30%,则 A 的相对市场份额为 1.33;如果公司 B 的市场份额为 15%,B 的最大竞争对手的市场份额为 30%,则 B 的相对市场份额为 0.5。
- 相对于竞争对手的成本。基于规模经济和学习曲线效应经验,我们有理由预期相对市场份额较高的业务部门的单位成本,要低于相对市场份额较低的竞争对手的单位成本。低成本的另一个指标是业务部门的供应链管理能力。
- 满足买方期望的产品或服务。公司的竞争力高低部分取决于能否为买方提供吸引人的产品特征、性能、可靠性和服务属性。
- 能够从与兄弟业务的战略契合中受益。与公司内其他业务的战略契合提高了业务部门的竞争力,并可能提供竞争优势。
- 战略联盟及合作伙伴关系的数量和素质。运作良好的联盟和伙伴关系可能是潜在竞争优势的来源,从而增加企业的竞争力。
- 品牌形象和声誉。强大的品牌名称是大多数行业中宝贵的竞争资产。
- 具有竞争力的价值能力。所有行业均包含与产品创新、生产能力、分销能力或营销能力相关的各种重要竞争能力。
- 相对于竞争对手的盈利能力。高于平均水平的投资回报率和相对于竞争对手的高利润率,通常是竞争优势的精确指标。

在设置完一系列与各业务单元的情况匹配良好的竞争力指标后,需要对各指标的重要性分配权重。在分配权重时,权重加起来必须为 1.0。然后使用 1—10 的评级等级对每个业务单元进行评级(其中 10 表示竞争优势,1 表示竞争弱势)。如果可用信息过于不足,不能准确地在特定竞争力指标上为业务单元分配评级值,则通常最好使用 5 分。加权竞争力分数是通过将业务单元对每个竞争力指标的评级等级乘以分配的权重来计算的,例如,竞争力评级等级为 6,分配的权重为 0.15,6 的 0.15 倍,即 0.90 就是给出的加权竞争力等级。所有竞争力指标加权评级的总和,即为对该业务单元的整体市场实力和竞争地位的量化度量。表 8.2 提供了以四家企业为样本的竞争力评级的计算方法。

表 8.2 计算多元化公司业务部门的加权竞争力分数

竞争力指标	权重	业务 A 在行业 A 中 等级/分数	业务 B 在行业 B 中 等级/分数	业务 C 在行业 C 中 等级/分数	业务 D 在行业 D 中 等级/分数
相对市场份额	0.15	10/1.50	1/0.15	6/0.90	2/0.30
相对于竞争对手的成本	0.20	7/1.40	2/0.40	5/1.00	3/0.60
能够在关键产品属性上匹敌或击败对手	0.05	9/0.45	4/0.20	8/0.40	4/0.20
能够从与兄弟企业的战略契合中受益	0.20	8/1.60	4/0.80	4/0.80	2/0.60
与供应商/买方的谈判杠杆;联盟的素质	0.05	9/0.45	3/0.15	6/0.30	2/0.10
品牌形象和声誉	0.10	9/0.90	2/0.20	7/0.70	5/0.50
具有竞争力的价值能力	0.15	7/1.05	2/0.30	5/0.75	3/0.45
相对于竞争对手的盈利能力	0.10	5/0.50	1/0.10	4/0.40	4/0.40
分配权重总和	1.00				
总体加权竞争力分数		**7.85**	**2.30**	**5.25**	**3.15**

计算多元化公司业务部门的加权竞争力等级刻度:1=非常弱;10=非常强

使用九宫格矩阵来评估多元化公司业务阵容的实力 行业吸引力和业务竞争力分数可用于描述多元化公司中的每种业务的战略地位。纵坐标轴表示的是行业吸引力,横坐标轴表示的是业务竞争力。纵坐标轴被划分为三个区域(高、中和低吸引力),横坐标轴也被划分为三个区域(强、平均和弱竞争力),这形成了一个九宫格。如图 8.3 所示,行业吸引力评分等级 1—10 中,高吸引力评分指的是 6.7 及以上的部分,中等吸引力评分指的是 3.3—6.7,低吸引力评分指的是 3.3 以下。同样,高竞争力指的是评分高于 6.7,平均竞争力指的是分数为 3.3—6.7,低竞争力是 3.3 以下。根据总体吸引力分数和竞争力分数,每个业务单元都被绘制在九宫格矩阵上,显示为"气泡"。每个气泡的大小是各业务产生的收入占公司总收入的百分比的缩影。图 8.3 中网格上的气泡,使用的是表 8.1 中四个行业的吸引力分数和表 8.2 中四个业务单元的竞争力分数。

吸引力—竞争力矩阵中业务单元的位置为部署公司资源提供了有价值的指导。一般来说,多元化公司良好整体业绩的最佳前景,需要将企业资源集中于具有最大竞争力和行业吸引力的业务单元。位于吸引力—竞争力矩阵左上部分三个单元格中的业务,同时具备有利的行业吸引力和竞争力,应该得到高的投资优先级。位于这三个单元格中的业务(例如图 8.3 中的业务 A)被称为"成长和建立"业务,因为它们有能力推动未来股东价值的增长。

接下来的优先级来自位于从左下方到右上方延伸的对角线上的三个业务(例如图 8.3 中的业务 B 和业务 C)。这样的业务通常在总公司资源分配排名中具有中等或中间

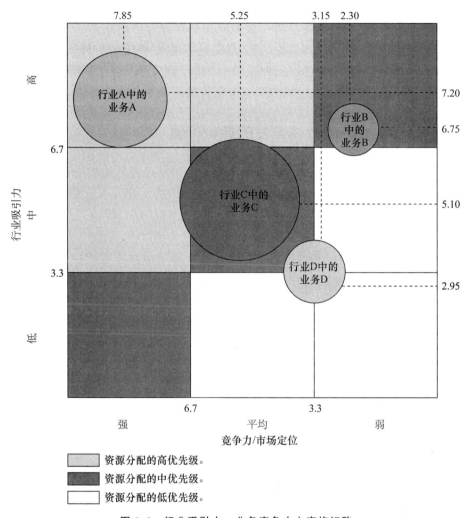

图 8.3　行业吸引力—业务竞争力九宫格矩阵

注：气泡的大小反映了业务部门在公司范围内的收入中所占的百分比。

优先级。然而，在中等优先级对角线网格上的业务，可能具有比其他业务更好或者更不好的前景。例如，在矩阵右上角网格的一个小业务（例如图 8.3 中的业务 B），尽管在一个高度有吸引力的行业，但其在行业中竞争地位较弱，需要得到投资和资源来变成一个强大的市场竞争者。然而，如果右上角的业务具有快速增长的有吸引力的机会，以及随着时间的推移获得更强大的市场地位的良好潜力，管理层也可能将其指定为"成长和建立"业务，此时战略目标应当随着时间的推移在吸引力—竞争力矩阵中将该业务向左移动。

矩阵右下角三个单元格中的业务（例如图 8.3 中的业务 D）通常是表现较差的，对企业资源的要求最低。此类业务通常会被管理者放弃，或者是以从业务中挤出最大现金流的方式来进行管理。来自低绩效/低潜力部门的现金流，可以转移到具有更大市场机会的业务部门中，用于这些部门的融资扩张。在特殊情况下，如果位于右下方三个单元格中的业务具有相当可观的利润，或者具有获得良好收益和投资回报的潜力，则该业务值得被保留、被分配足够的资源以实现更好的业绩。

九宫格吸引力—竞争力矩阵给为什么多元化公司在对不同业务分配资源和投资资本时需要同时考虑行业吸引力和业务竞争力，提供了清晰、强大的逻辑。理想情况下，可以将资源集中在那些具有更高吸引力和竞争力的部门中，对于位于中间位置的部门，可以选择性进行投资，并且可以从吸引力和竞争力较低的业务中撤出资源。

步骤3：确定多业务公司战略契合的竞争价值

潜在的具有竞争力的重要战略契合，对于做出公司相关多元化战略是否具有有效性的结论至关重要。对于业务均不相关的多元化公司（因为根据定义，其不存在跨业务战略契合），可以跳过这一步骤。考察跨业务战略契合的竞争优势潜力需要评估多元化公司可以从现存价值链匹配中获得多少收益：

> ➡ 跨业务战略契合的价值越大，就越适合提升公司在市场中的表现，其相关多元化战略就越强大。

（1）组合特定活动绩效的机会，从而降低成本、获得规模经济。

（2）将技能、技术或智力资本从一种业务转移到另一种业务的机会。

（3）在多个产品和/或服务类别中共同使用受推崇的品牌名称的机会。

不仅仅需要识别战略契合，真正的考验是这种契合究竟可以产生什么竞争价值。可以在多大程度上实现成本节约？技能、技术或智力资本的跨业务转移将带来多少竞争价值？将强有力的品牌名称转移到兄弟业务的产品中是否能够显著增加销售额？如果放弃重大战略契合，将公司的精力专注于用来获得利益，那么需要考虑多元化公司同时运作各项业务，是否能比单独进行运作获得更高的业绩潜力。

步骤4：评估资源契合

> ➡ **核心概念**
> 当多元化公司的业务能加强公司资源和能力的整体组合时，当母公司有足够的资源来支持整个集团的业务并且不会过于弱化自己的实力时，多元化公司就展现出了**资源契合**。

多元化公司的业务需要表现出良好的资源契合。在以下情况中存在**资源契合**（resource fit）：① 当独立业务能够加强公司资源和能力的整体组合时；② 当公司拥有充足的资源增加客户价值以支持整个集团的业务并避免过于弱化自己的实力时。

财务资源契合 评估资源契合的一个重要维度是多元化公司是否能产生足够的内部现金流来满足其业务资本需求、支付股息、履行负债义务及在其他方面保持财务健康等要求。虽然通常可以在金融市场上筹措额外资本，但对于一家多元化公司来说，拥有一个健康的**内部资本市场**（internal

> ➡ **核心概念**
> 强大的**内部资本市场**允许多元化公司通过将资本从产生自由现金流的业务单元转移到需要额外资本以扩展和实现增长潜力的业务单元，以增加价值。

capital market）来支持其业务阵容的财务需求也是非常重要的。多元化公司越是能够通过内部产生自由现金流，而不是通过发行股票或借款获得资金以投资其业务，其财务资源契合度就越强，对外部资金的依赖性也就越小。

确保企业业务间财务契合度的投资组合，是基于不同企业具有不同的现金流和投资特征这一事实的。例如，快速增长行业中的业务部门通常是**"现金猪"**（cash hog），因为它们内部运营所产生的现金流量不足以为其扩张提供充足的资金。为了跟上增长的客户需求，快速增长的业务往往需要大量的年度资本投入——新的设施和设备、技术改进、额外的流动资金等，以支持库存扩张。由于"现金猪"的财务资金必须由母公司提供，公司管理者不得不对"现金猪"业务是否具有良好的财务和战略意义做出决定，以确定是否将新资金注入"现金猪"业务中。

> ➡ 核心概念
>
> "现金猪"产生的经营性现金流量太小，无法为其经营和增长提供充足的资金；"现金猪"必须接受来自外部资金的投入，以满足其流动性和投资需求。

相比之下，在成熟行业中具有领先市场地位的业务单元可能是**"现金牛"**（cash cow）——这种业务会产生大量的、超过为业务提供充足资金所需的现金盈余。缓慢增长行业的市场主导企业通常会产生超过增长和再投资所需要的相当大的积极现金流，因为这类行业增长缓慢的特性通常决定了相对适度的年度投资需求。"现金牛"虽然从增长的角度来看并不总是有吸引力，但从财务资源的角度来看是很有价值的业务。它们产生的现金盈余可用于支付企业股息、融资收购，还可以为公司有前途的"现金猪"的投资提供资金。多元化公司保持"现金牛"的健康状况、加强和保护其市场地位，对于长期保持公司的现金流产生能力，拥有持续的资金来源以配置在各处来说，具有良好的财务和战略意义。

> ➡ 核心概念
>
> "现金牛"产生的经营性现金流超过其内部需求，从而可以提供财务资源用于"现金猪"业务运营、新的收购、基金份额回购计划或支付股息。

当多元化公司的"现金牛"业务产生的超额现金流足以满足有前途的"现金猪"业务的投资需求时，其财务契合良好。理想的情况是，随着时间的推移，对有前景的"现金猪"业务进行投资，能够使其成长为在有吸引力的成长型市场中具有强大或市场领先竞争地位的自我支持的明星业务，并且拥有高水平盈利能力。明星业务通常是未来的"现金牛"。当明星业务市场开始成熟并且放缓增长时，它们的竞争力将产生超过其投资需求的内生现金流。因此一项业务"成功的顺序"是从"现金猪"业务到年轻的明星业务（但也许还是一个"现金猪"），再到自给自足的"明星"业务，最后到"现金牛"业务。

但是，如果"现金猪"的前景令人怀疑（要么是因为行业吸引力低下，要么是因为竞争地位弱），那么它就成为剥离资产的合乎逻辑的候选者。投资一个未来不确定的"现金猪"意义不大，因为它需要母公司持续投入更多的资金，但将其转化为未来"明星"的前景却是黯淡的。这种业务既是一种财务流失也是在资源配置测试上的失败，因为它们削弱了母公司充分资助其他业务的能力。剥离投资吸引力较低的"现金猪"业务通常是最好的选择，除非该业务：① 与其他业务单元的战略契合非常有价值；② 对母公司资本投入的需求相对于公司可获得的资金而言是适度的；③ 有一个好的机会，使其成为一个坚实的底线贡献者。

除了现金流,在评估多元化企业投资组合中的财务资源契合时,还需要考虑另外两个因素:

- 单独的业务是否能够为实现全公司的绩效目标做出充分贡献？如果业务吸收了公司财务资源中比例失调的份额,但对于最终赢利的贡献却是低于标准或微不足道的,则说明其财务契合较差。太多表现不佳的业务会降低公司的整体业绩,最终限制股东价值的增长。
- 公司是否有足够的财力在资助不同的业务的同时保持健康的信用评级？当投资组合的资源需求过度消耗了公司的财务健康,并且对公司的信用评级产生危害时,那么该多元化公司的战略不能够通过资源契合测试。例如,通用汽车、时代华纳和皇家阿霍德(Royal Ahold)在发现自己的财务过度扩张时,不得不出售一些业务部门来筹集资金以减轻沉重的债务负担,继续为其余业务提供必要的资本性支出。

审查多元化公司的非财务资源契合 多元化公司还必须确保有能力满足其业务投资组合中的非财务资源需求。正如一个多元化公司必须避免过多的急需现金的业务危及其财务稳定性一样,它还应该避免过度扩充业务阵容而导致过度消耗非财务资源,如管理人才、技术和信息系统、营销支持等。

- 公司是否已经拥有或能够开发每个业务取得成功所需的专属资源和竞争能力？[11] 有时公司在其核心业务中积累的资源,与多元化业务取得成功所需的竞争能力的匹配度很差。例如,英国的一家多业务公司 BTR 发现,该公司的资源和管理技能非常适合管理工业制造业务,但不适合管理分销业务(National Tyre Services 和位于得克萨斯州的 Summers Group)。因此,BTR 决定剥离分销业务,专注于小型工业制造业的多元化。

> ➡ 资源契合不仅仅指财务资源,还包括公司资源和核心竞争力之间的良好契合,以及已经多元化进入的各个行业的关键成功因素。

- 公司的资源是否因一个或多个业务的资源需求而被消耗,变得过于稀薄？一个多元化公司必须防止资源的过度消耗,在下列情形中可能会出现资源过度消耗的情况:① 它进行了狂热收购,管理层被要求很快同化和监管许多新业务;② 它缺乏足够的资源深度,无法将技能和能力从一种业务转移到另一种业务上。

步骤5:对业务部门进行排序并设置资源分配的优先级

在对多元化公司的业务从行业吸引力、竞争力、战略契合和资源契合的角度进行评估后,下一步骤就是使用这些信息对业务的业绩前景从最优到最差排序。这种排序能够帮助高层管理人员对每个业务的企业资源支持和新资本投资分配优先级。

不同业务在九宫格的吸引力—竞争力矩阵中的不同位置,为确定高机会业务和低机会业务提供了坚实的基础。通常,具有吸引力的行业中竞争力较强的业务比缺乏吸引力的行业中竞争力较弱的业务,具有明显更好的业绩前景。此外,通常情况下,快速增长企业中的业务的收入和盈利前景,要优于缓慢增长企业中的业务。一般而言,具有最显著的利润和增长前景、在九宫格矩阵中具有吸引力、拥有坚实的战略和资源契合的业务子公司,应该被优先分配企业资源。然而,在对不同业务的前景从最优到最差进行排序时,明智的做法通常是考虑每种业务过去的业绩,包括销售增长、利润增长、对公司收益的贡献、业务的投资回报率及经营性现金流。虽然过去的表现并不总是对未来表现的可靠预测,但它的确能够表明该业务是否已经具有良好甚至卓越的性能,或者是否有需要克服的问题。

财务资源分配 图 8.4 展示了多元化公司中财务资源分配的主要战略和财务选择。剥离未来前景最为黯淡的业务和缺乏足够的战略契合、资源契合的业务,是产生额外资金并将资金重新分配给拥有更好的机会、更好的战略和资源契合的业务的最佳方式之一。来自"现金牛"业务的自由现金流也补充了可以用于重新部署的资金池。理想情况下,一家多元化公司拥有足够的财务资源来加强或扩大现有业务、进行任何合意的新收购、为有前途的业务机会提供资金、偿还现有债务、定期增加股东的股利支付、回购股份。但是,实际上,公司的财务资源是有限的。因此,对于高级管理人员而言,他们必须充分利用现有资金,将资源引导至那些具有最佳机会和业绩前景的业务,并将少量资源分配给边缘化或前景黯淡的业务,这就是为什么将各种业务的业绩前景从最优到最差进行排序是如此重要。除非有充分的理由加强公司的资产负债表或更好地回报股东,公司财务资源的战略性使用(见图 8.4)通常应该优先考虑。

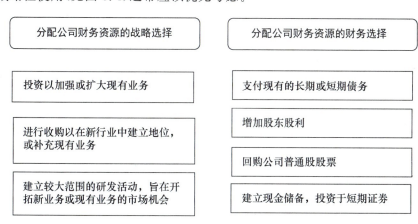

图 8.4 多元化公司中财务资源分配的主要战略和财务选择

步骤 6:制定新的战略行动,以提高整体公司业绩

前五个分析步骤的结论为制定战略行动以提高多元化公司的整体业绩设置了议程。战略选择归结为四大类行动:

➡LO5
了解多元化公司用于巩固多元化战略和提高公司业绩的四个主要战略选择。

(1)密切关注现有的业务阵容,并寻求这些业务所带来的机会。
(2)通过在新行业中进行新的收购来扩大公司的业务范围。

(3) 剥离部分业务，缩减业务范围。

(4) 重组公司的业务阵容，为公司的业务构成建立一个全新的面貌。

密切关注现有的业务阵容 当公司的现有业务存在有吸引力的增长机会，并可以指望其产生良好的收益和现金流时，坚持当前业务阵容的选择是有意义的。只要公司的一系列现有业务能使公司在未来拥有良好的地位，并且这些业务具有良好的战略和/或资源契合，那么通常不需要在是否对公司业务组合进行重大变化方面摇摆不定。公司高管可以集中注意力，从每个业务中获得最佳绩效，将企业资源引导至最具潜力和盈利能力的领域。然而，如果企业高管对公司现有的业务机会不是完全满意，他们可以在以下三种战略备选方案中选择任何一种。

拓宽多元化基群 多元化公司有时会发现，出于单一业务公司可能追求初始多元化的任何一种同样的原因，增加多元化基群都是可取的。收入或利润增长缓慢、季节性或衰退带来的脆弱性、向其他相关业务转移资源和能力的潜力或核心业务面临的不利驱动力，都是多元化公司管理层可能选择拓宽多元化的原因。增加新业务的另一个激励因素（通常是非常重要的）是补充并加强一个或多个现有业务的市场地位和竞争能力。宝洁收购吉列强化并拓展了宝洁公司的个人护理和家居产品线——吉列的业务包括欧乐-B（Oral-B）牙刷、吉列剃须刀和刀片、金霸王（Duracell）电池、博朗（Braun）剃须刀和小家电（咖啡机、搅拌机、吹风机和电动牙刷）、洗浴用品（Right Guard、Foamy、Soft&Dry、White Rain 和 Dry Idea）。

➡ 将公司资源集中于几个核心业务以及与核心业务相关的业务上，避免了投资过于分散导致的资源和管理层注意力被过分拉伸的错误。

剥离部分业务，缩减业务范围 一些多元化公司在管理多元化业务集团方面存在困难，因此会选择从一些业务中退出。如果高级管理层认为其多元化战略的范围过于广泛，公司通常会缩减业务范围，通过在少数核心业务和行业中集中精力建立更强大的市场地位来改善长期业绩。惠普公司将其测试和测量业务剥离，成立一家名为安捷伦科技（Agilent Technologies）的独立公司，以便更好地集中精力在其个人电脑、工作站、服务器、打印机和周边设备以及电子业务上。

但是，剥离一种或多种公司现有业务还有其他重要原因。有时剥离业务是因为考虑到一个曾经有吸引力的行业的市场条件已经严重恶化。当一种业务缺乏适当的战略或资源契合时，也会成为被剥离的主要候选者，或者是因为它是一个具有可疑的长期潜力的"现金猪"，或者是因为它在行业中处于较弱的地位，获得可观的投资回报的可能性极小。有时一家公司的某些业务受到阻碍，即使管理层已经尝试了他们可以想到的所有办法，这些业务依然不能够按照预期运营并获得利润。或者有些业务，尽管财务业绩良好，但可能与其他业务的契合程度不像最初想象的那样好。例如，百事公司剥离了其快餐店业务板块，将其资源集中于核心软饮料和零食业务中，这样其资源和能力可以增加更多的价值。

证据表明，剥离业务和缩小企业的多元化基群提高了企业业绩。[12] 母公司往往因剥离一项业务太迟导致股价太低,而牺牲了股东利益。[13]确定是否或何时剥离业务子公司的有效指南是:"如果我们当前不在这个业务中,我们现在是否要进入这个业务?"[14]当答案是"否"或者"可能不会"时,应该考虑剥离。业务应当成为剥离候选者的另一个信号是,与母公司相比,该业务对另一家公司的价值是否更高,在这种情况下,如果公司出售该项业务,并能够从获得该业务价值的买方那里收取溢价,股东将获得良好的收益。[15]

将业务直接销售给另一家公司无疑是剥离业务最常用的选择。但有时选择剥离一个业务是因为它有足够的资源来使自己竞争成功。在这种情况下,母公司可以选择将不需要的业务成立为财务和管理独立的公司,或者通过首次公开发行向投资者出售股票,还可以将新公司的股票分配给母公司的现有股东。

重组公司的业务阵容,为公司的业务构成建立一个全新的面貌 企业重组(corporate restructing)战略是通过剥离一些业务和收购其他业务,使公司的业务阵容形成新的面貌。当公司的财务业绩被下列情况挤压或侵蚀时,对公司业务阵容进行彻底改变是一种有吸引力的企业战略:

• 有太多业务增长缓慢、正在衰退、利润较低,或在不具吸引力的行业中。

• 有太多竞争力较弱的业务。

• 超额的债务负担和利息成本深深地影响到利润。

• 没有达到预期的不合理收购。

> ➡ **核心概念**
>
> **企业重组**是指通过剥离缺乏战略契合或表现不佳的企业,获得更有希望提高股东价值的新业务的方式,从根本上改变业务阵容。

在企业重组努力中具有代表性的剥离候选业务,不仅包括那些财务报表坝较差或起伏不定、处于不具吸引力行业中的业务单元,还包括与保留业务缺乏战略契合的业务单元、"现金猪"业务或缺乏其他类型的资源契合的业务单元,以及与公司修订的多元化战略不相容的业务单元(即使它们可能本身是有利可图的,或处于一个有吸引力的行业中)。随着业务的剥离,企业重组通常还会将剩余的业务单元调整为具有最佳战略契合的阵容,然后将被剥离业务的现金流重新部署用来偿还债务或进行新的收购。

在过去十年里,企业重组已成为许多多元化公司常用的战略,特别是那些已广泛分散到许多不同行业和业务线的公司。2004年,通用电气的首席执行官杰弗里·伊梅尔特(Jeffrey Immelt)带领通用电气退出了保险业务,剥离了做保险业务的部门。他通过其他主要行动进一步重组了通用电气的业务阵容,包括① 花费100亿美元收购了位于英国的Amersham,并将通用电气的医疗系统业务扩展到诊断药物和生物科学领域,从而创造了一个价值150亿美元的业务,并将其称为通用电气医疗;② 收购了负债沉重的法国传媒集团Vivendi的娱乐资产,并将其业务整合到通用电气的美国全国广播公司(NBC)中,从而创建了130亿美元的基础深厚的媒体业务,定位为与华特迪士尼、时代华纳、福克斯和维亚康姆(Viacom)进行竞争。2009年,通用电气同意向康卡斯特(Comcast)出售美国全国广播环球公司约300亿美元的51%的股权。伊梅尔特建议,剥离媒体业务部门,公司便能够将资源重新部署到能源业务中。2011年,公司出资约80亿美元收购了

Converteam（一家专门从事风力涡轮机的法国公司）和两家石油工业公司（John Wood 和 Dresser）。概念与链接 8.1 讨论了威富（VF）公司的股东是如何通过公司的大规模重组计划受益的。

概念与链接 8.1

威富的企业重组战略使它成为服装行业的明星企业

威富公司的企业重组是资产剥离和收购的组合，为股东提供的回报率超过竞争对手服装制造商提供的回报率的五倍。事实上，威富公司在 2000—2010 年的股东总回报率为 21%，2010 年的收入为 77 亿美元，在《财富》杂志列出的"美国 500 强企业"中排名第 310 位。公司的企业重组始于 2000 年，当时它剥离了增长缓慢的业务，包括名为 Vanity Fair 的内衣和睡衣品牌。该公司 2000 年以 1.36 亿美元收购的 North Face，是其收购的一系列与人们的生活、工作和娱乐方式相关的"生活方式品牌"中的第一个。自从收购和转向 North Face 后，威富花费近 50 亿美元收购了 19 家企业，其中包括 2011 年以 20 亿美元收购的 Timberland。威富公司收购的新服装品牌包括 Timberland、Vans 滑板鞋、Nautica、John Varvatos、7 For All Mankind 运动服、Reef 冲浪服和 Lucy 运动服。该公司还收购了各种从事专业服装制造（如职业棒球服、足球服及执法机关制服）的公司。

威富公司在收购交易确定之前，已经对每家公司进行了多年的调查研究并与收购候选公司的总经理建立了合宜的关系。该公司有一种习惯做法，即将已收购公司的管理者留在原来的位置上，同时只有在缺乏必要的人才和技能时才招聘新经理。此外，威富允许被收购的公司保持其悠久的传统，以塑造文化并激发创造力。例如，位于加利福尼亚州赛普里斯的 Vans 总部保留了混凝土地面，以便其员工仍能够使用滑板去参加会议。

2010 年，威富公司是该行业最赚钱的服装公司，净利润为 5.71 亿美元。该公司预计，2011 年新的收购将推动公司的收入达到 85 亿美元。

资料来源：Suzanne Kapner, "How a 100-Year-Old Apparel Firm Changed Course," *Fortune*, April 9, 2008, online edition; www.vf.com, accessed July 26, 2011.

关键点

1. 多元化的目的是为股东创造价值。当多元化业务集团在单一母公司的支持下，比各自作为独立企业表现得更好时，就可以认为其建立了股东价值——目标不仅仅是实现"1+1=2"的结果，而是实现重要的"1+1=3"的业绩优势。是否进入有增强股东价值潜力的新业务，取决于公司进入该业务是否可以通过行业吸引力测试、进入成本测试和"相得益彰"的测试。

2. 进入新业务可以采取以下三种形式之一：收购、内部开发以及合资企业或战略伙伴关系。每种形式都有其优点和缺点，收购通常是最快进入一个新行业的方式；内部开发需要相当长的时间才能得到想要的结果；而合资企业或战略伙伴关系往往是最不持久的。

3. 有两种基本的方法来实现多元化：相关业务多元化和不相关业务多元化。相关业务多元化的原理基于跨业务战略契合：多元化进入与价值链具有战略契合的业务中，利用战略契合关系获得竞争优势，然后利用竞争优势实现期望的对股东价值"1＋1＝3"的影响。

4. 不相关业务多元化战略放弃了战略契合的竞争优势潜力。由于缺乏跨业务战略契合，通过不相关业务多元化战略创造股东价值的任务取决于母公司的能力：① 能很好地识别和收购能够持续产生良好收益和投资回报的新业务；② 能很好地谈判有利的收购价格；③ 能很好地监督和培育所收购的业务，使其比自身努力达到更高的水平。公司多元化拓展的业务数量越多且领域越分散，公司高管就越难选择有能力管理每项业务的经理，也越难了解业务单元的主要战略提议是否健全，同时在一项业务单元瘫痪时，越难决定出一个明智的恢复路线。

5. 评估公司多元化战略的过程有六个步骤：

• 步骤1：评估企业多元化进入的行业的长期吸引力。确定行业吸引力需制定行业吸引力指标的列表，其中的每一项都具有不同的重要性权重。

• 步骤2：评估每个公司业务部门的相对竞争力。对每项业务的竞争力进行评级的目的是，清楚地了解哪些业务是它们行业中强有力的竞争者，哪些是较弱的竞争者，以及它们存在优势或劣势的根本原因。行业吸引力的结论可以与竞争力的结论相结合，行业吸引力—竞争力矩阵可以帮助确定每项业务的前景，以及分配企业资源和投资资本时应该给予每项业务的优先级。

• 步骤3：检查跨业务战略契合。当一项业务与具有以下潜力的兄弟业务单元具有价值链关系时，它在战略上更具吸引力：① 实现范围经济或更具成本效益；② 将技术、技能、专门知识或其他资源和能力从一项业务转移到另一项业务；③ 共同使用众所周知并值得信赖的品牌名称。跨业务战略契合代表了产生超过任何一项业务自身能够产生的竞争优势的重要途径。

• 步骤4：检查公司的资源是否符合其现有业务阵容的要求。在下列情况中存在资源契合：① 单独的业务能够加强公司资源和能力的整体组合；② 一家公司有足够的资源来支持整个业务集团，且不会使自己变得薄弱。财务资源契合的一个重要测试是确定一家公司是否拥有充足的"现金牛"，而不是过多的"现金猪"。

• 步骤5：将企业的业绩前景从最好到最差排序，并确定母公司将资源分配给各项业务时的优先级。判断业务部门绩效时最重要的考虑因素是销售增长、利润增长、对公司收益的贡献、现金流特征和业务投资的资本回报率。通常，具有吸引力的行业中强大的业务部门应该被列入企业资源支持的名单。

• 步骤6：制定新的战略举措，提高整体公司业绩。这一步骤是以前述分析的结果为基础，通过选择四个不同战略路径中的一个，来改善多元化公司的业绩。① 密切关注现有的业务阵容,并寻求这些业务提供的机会;② 通过进入更多的行业来扩大多样化的范围;③ 通过剥离表现不佳的企业,缩小多元化范围;④ 通过多次资产剥离和/或收购来广泛地重组业务阵容。

巩固练习

1. 你是否能够使以下公司的业务建立价值链关系且具有竞争力。特别地,你应该考虑是否有交叉的商机以① 转移有竞争力的宝贵资源、专门知识、技术知识和其他能力;② 分担价值链活动可以合并的成本;③ 共同经营一个备受推崇的品牌名称。

欧喜餐厅(OSI Restaurant)合作伙伴
- Outback Steakhouse。
- Carrabba's Italian Grill。
- Roy's Restaurant(夏威夷美食)。
- Bonefish Grill(美味的海鲜)。
- Fleming's Prime Steakhouse & Wine Bar。
- Lee Roy Selmon's(南方美食)。
- Cheeseburger in Paradise。
- Blue Coral Seafood & Spirits(美味的海鲜)。

欧莱雅(L'Oréal)
- 化妆品:美宝莲(Maybelline)、兰蔻(Lancôme)、HR 赫莲娜(Helena Rubenstein)、科颜氏(Kiehl's)、卡尼尔(Garnier)和植村秀(Shu Uemura)。
- 护发产品:欧莱雅和卡森柔(SoftSheen Carson)。
- 专业护发护肤产品:丽得康(Redken)、美奇丝(Matrix)、欧莱雅沙龙专属(L'Oréal Professional)和巴黎卡诗(Kerastase Paris)。
- 香水:拉夫·劳伦和阿玛尼(Giorgio Armani)。
- 护肤产品:碧欧泉(Biotherm)。
- 皮肤学级护肤品:理肤泉(La Roche-Posay)和薇姿实验室(Vichy Laboratories)。

强生
- 婴儿产品(爽身粉、洗发水、油、身体乳)。
- 邦迪创可贴(Band-Aids)和其他急救产品。
- 女性健康和个人护理产品(Stayfree,Carefree,Sure&Natural)。
- 护肤品:露得清(Neutrogena)和艾惟诺(Aveeno)。
- 非处方药:泰诺(Tylenol)、布洛芬(Motrin)、法莫替丁(Pepcid AC)、胃能达(Mylanta)、硝酸咪康唑(Monista)。
- 处方药。
- 假肢和其他医疗设备。

- 手术和医院产品。
- 安视优(Acuvue)隐形眼镜。

2. 仔细阅读以下联合技术公司(United Technologies)在其网站(www.utc.com)展示的业务列表。你将如何描述该公司的企业战略？相关多元化、非相关多元化，还是相关和非相关多元化战略的组合？解释你的答案。

- 开利公司(Carrier)——全球最大的空调、供暖和制冷设施提供商。
- 汉胜公司(Hamilton Sundstrand)——技术先进的航空航天和工业产品制造商。
- 奥的斯公司(Otis)——世界领先的电梯、自动扶梯和自动人行道的制造、安装和维护商。
- 普·惠公司(Pratt & Whitney)——设计、制造、服务和支持飞机发动机、工业燃气轮机和太空推进系统。
- 西科斯基公司(Sikorsky)——直升机设计、制造和服务的世界领导者。
- 联合技术消防安保公司(UTC Fire & Security)——为商业、工业和住宅客户开发防火和安全系统。
- 联合技术动力公司(UTC Power)——全方位且环境友好的先进电源解决方案提供商。

3. 华特·迪士尼公司有以下业务：

- 主题公园。
- 迪士尼游轮。
- 度假区不动产。
- 电影、视频和戏剧作品(适合于儿童和成人)。
- 电视广播，包括 ABC、Disney Channel、Toon Disney、Classic Sports Network、ESPN 和 ESPN2、E! 以及 Lifetime、A&E networks。
- 无线电广播(Disney Radio)。
- 动画的音乐录制和销售。
- 阿纳海姆巨鸭冰球联盟队(Anaheim Mighty Ducks NHL)的经营权。
- 阿纳海姆天使职业棒球队(Anaheim Angels Major League Baseball)的经营权(25%所有权)。
- 图书和杂志出版。
- 可交互软件和网站。
- 迪士尼商店。

基于上述列表，你能说出迪士尼的业务阵容所反映的相关多元化、非相关多元化或相关和非相关多元化相结合的战略吗？迪士尼的业务之间存在的战略契合可以产生什么利益？此外，迪士尼公司应该考虑收购什么类型的公司来提高股东价值？证明你的答案。

模拟参与者练习

1. 如果你的公司有机会多元化到你选择的其他产品或业务,你会选择追求相关多元化、非相关多元化还是两者的结合?解释原因。

2. 贵公司拥有哪些具体的资源和能力,使得多元化进入相关业务中具有吸引力?指出通过将这些资源和竞争能力转移到新收购的相关业务,可以获得什么样的战略契合收益。

3. 如果贵公司选择实施相关多元化战略,贵公司可以将哪些业务或产品类别多元化,以便实现经济效益?说出两个或三个这样的业务/产品类别,并指出进入每个这些业务/产品类别可能产生的具体的成本节省。

4. 如果贵公司选择实施相关多元化战略,你的公司能够进行哪些行业或产品类别的多元化,使你的公司能够利用公司现有的品牌名称和企业形象,在这些新进入的行业或产品类别中获得优势?说出两个或三个此类行业或产品类别,并指明将贵公司的品牌名称转移到其他每个业务/产品类别可能带来的具体好处。

你愿意实施相关或非相关多元化战略吗?为什么?

尾注

1. Constantinos C. Markides, "To Diversify or Not to Diversify," *Harvard Business Review* 75, no. 6 (November-December 1997).

2. Michael E. Porter, "From Competitive Advantage to Corporate Strategy," *Harvard Business Review* 45, no. 3 (May-June 1987).

3. Michael E. Porter, *Competitive Strategy: Techniques for Analyzing Industries and Competitors* (New York: Free Press, 1980).

4. Yves L. Doz and Gary Hamel, *Alliance Advantage: The Art of Creating Value through Partnering* (Boston: Harvard Business School Press, 1998).

5. Michael E. Porter, *Competitive Advantage* (New York: Free Press, 1985); Constantinos C. Markides and Peter J. Williamson, "Corporate Diversification and Organization Structure: A Resource-Based View," *Academy of Management Journal* 39, no. 2 (April 1996).

6. Jeanne M. Liedtka, "Collaboration across Lines of Business for Competitive Advantage," *Academy of Management Executive* 10, no. 2 (May 1996).

7. Kathleen M. Eisenhardt and D. Charles Galunic, "Coevolving: At Last, a Way to Make Synergies Work," *Harvard Business Review* 78, no. 1 (January-February 2000); Constantinos C. Markides and Peter J. Williamson, "Related Diversification, Core Competencies and Corporate Performance," *Strategic Management Journal* 15 (Summer 1994).

8. A. Campbell, M. Goold, and M. Alexander, "Corporate Strategy: The Quest for Parenting Advantage," *Harvard Business Review* 73, no. 2 (March/April 1995); Cynthia A. Montgomery and Birger Wernerfelt, "Diversification, Ricardian Rents, and Tobin-Q," *RAND Journal of Economics* 19,

no. 4 (1988).

9. Patricia L. Anslinger and Thomas E. Copeland, "Growth through Acquisitions: A Fresh Look," *Harvard Business Review* 74, no. 1 (January-February 1996).

10. Lawrence G. Franko, "The Death of Diversification? The Focusing of the World's Industrial Firms, 1980-2000," *Business Horizons* 47, no. 4 (July-August 2004).

11. Andrew Campbell, Michael Gould, and Marcus Alexander, "Corporate Strategy: The Quest for Parenting Advantage," *Harvard Business Review* 73, no. 2 (March-April 1995).

12. Constantinos C. Markides, "Diversification, Restructuring, and Economic Performance," *Strategic Management Journal* 16 (February 1995).

13. Lee Dranikoff, Tim Koller, and Antoon Schneider, "Divestiture: Strategy's Missing Link," *Harvard Business Review* 80, no. 5 (May 2002).

14. Peter F. Drucker, *Management: Tasks, Responsibilities, Practices* (New York: Harper & Row, 1974).

15. David J. Collis and Cynthia A. Montgomery, "Creating Corporate Advantage," *Harvard Business Review* 76, no. 3 (May-June 1998).

第九章

战略、道德与企业社会责任

学习目标

LO1 理解为什么商业行为中的道德标准与一般的道德标准并无差异

LO2 识别引发不道德战略和商业行为的因素

LO3 认识商业不道德行为的成本

LO4 了解企业社会责任和环境可持续性的概念,以及企业如何平衡这些责任与股东的经济利益

显然，一家公司有盈利和业绩增长的需求，但同时公司及其职员也有遵守法律和公平竞争规则的责任。那么公司有法律规定之外的义务吗？或者必须要按照所在社会的伦理规范进行运营吗？它有责任或义务来改善社会福利、满足顾客的个性化需求和偏好吗？公司应该展现出社会良知并投入相应的资源来改善社会吗？它的战略行动要考虑到对未来几代人的负面影响吗？

本章主要关注公司在制定和执行能为客户和股东带来价值的战略时，是否还应该① 基于一个道德的方式，② 展现自身作为企业公民时理应承担的社会责任，以及③ 采取能够节约自然资源、维护后代利益的商业行为。

商业道德是什么意思？

商业道德（business ethics）是用于判定和规范商业组织及其员工行为的道德原则和标准。[1] 商业道德原则与一般的道德原则并无实质区别，因为评判商业行为的对错也必须基于社会的是非观，并不存在一种商人评判自身行为的特殊规则。如果不诚实被认为是不符道德规范和道德标准的，那么在商业领域中，无论是对客户、供应商、员工还是对股东

➜ LO1
理解为什么商业行为中的道德标准与一般的道德标准并无差异。

➜ 核心概念
商业道德是用于判定和规范商业组织及其员工行为的道德原则和标准。

而言，不诚实的行为也同样被认为是不符合伦理规范和道德标准的。如果某种行为在道德层面上普遍被认为是正确的或错误的，那么管理者必须考虑公众对该种行为的看法，并以此来制定和执行策略。

虽然大多数公司经理都谨慎地确保其公司战略在合法范围内，但有证据表明他们并不总是那么小心地确保其公司战略也是处于道德范围内。近年来，安然公司、泰科国际（Tyco International）、南方保健公司（HealthSouth）、Adelphia 有线电视公司、荷兰皇家壳牌集团、意大利帕玛拉特（Parmalat）公司、来德爱公司（Rite Aid）、墨西哥国家石油公司（Pemex）、美国国际集团（AIG）、花旗集团（Citigroup）以及几个主要的经纪公司、共同基金公司、投资银行及大量抵押贷款机构的管理者都故意忽视了社会道德规范的要求。2007—2008 年出现在美国的房地产危机正是因为某些银行和抵押贷款公司为了提高他们在住房抵押贷款领域的收入，而有意识地采取了不道德的战略：故意降低贷款标准，将

住房贷款贷给收入不足以支付每月还款账单的人。这些银行和抵押贷款公司通过不合格的贷款人赚到了所谓的次级贷款费,然后就寻求投资银行的协助:投资银行将这些住房抵押贷款打包成债务抵押债券和抵押贷款支持证券,并想办法将这些高风险证券的评级变成AAA级,最后拍卖给对它们毫无戒心的投资者。这样,如果贷款人拖欠贷款,投资者便会遭受巨大的损失。这一不能通过道德审查测试的策略导致的后果十分严重,表现为公司股票价格大跌,以至于公司股东数十亿美元的财产蒸发,公司遭遇毁灭性的公关危机并面临巨额的罚款,公司高管们也将面临刑事指控和刑事判决。

不道德战略和商业行为的驱动力

➡LO2
识别引发不道德战略和商业行为的因素。

近年来几个著名的商业丑闻,除明显地展示了"在商言商,无关道德"的思想之外,还凸显了三个非常引人注目的不道德商业行为的主要驱动力:[2]

- 过分地追求财富和其他私人利益。人们贪婪地沉醉于财富积累,过度地迷恋着权力、地位和其他私利,常常把道德准则放在私利之后。受野心的驱使,他们不假思索地破坏规则,做出任何能实现他们目标的事情。这个"坏苹果"企业优先考虑甚至唯一考虑的就是寻求自身利益最大化,即使攀登成功的阶梯意味着无所顾忌的行为以及对他人福利的忽视,它们也在所不惜。伯纳德·麦道夫(Bernard Madoff)主导的涉案金额高达500亿美元的庞氏骗局就印证了这一驱动力。

- 公司经理面临达到或超过业绩目标的沉重压力。当主管人员发现自己忙于达到或超过投资者和金融分析师所期望的季度、年度销售额和利润及其他雄心勃勃的业绩指标时,他们常常感受到巨大的压力,因而会尽一切努力达成良好的结果以保护自身的声誉。伴随着越来越大的压力,他们开始越来越多地跨越规则限制,直到忽视伦理道德。[3]一旦人们通过跨越道德界限的方式达到或超过了预定的要求,他们对于在更大程度上违反道德规范的行为的妥协门槛将变得更低。

- 将盈利能力和良好业绩居于道德之上的企业文化。当一家公司的文化培养出腐坏堕落或不道德的工作环境时,职员们无视"什么是正确的"的行为便会得到企业的认可,从而促使他们开展任何自认为能侥幸逃脱惩罚的行为或策略。"其他人都这么做"和"为了完成工作,这种规则可以被打破"等企业文化渗透到工作环境中。在这样的公司,无视伦理规范或不道德的人肯定会故意淡化遵守道德战略行动和商业行为的重要性。此外,在这种利用不道德行为钻空子的文化压力下,如果经营环境面临挑战,其他正直的人也会被促使着做出不道德的行为。

道德战略的商业案例

不道德的商业行为有时可能会给公司带来更高的利润(只要这种行为能够逃脱公众监督),这种观点无疑是正确的,但从股东利益和企业声誉的角度来看,刻意追求不道德的战略和容忍不道德的行为是一项危险的实践。图 9.1 列举了公司被发现存在不道德行为并被迫进行整改时将面临的大量成本。公司违反道德的情节越严重,面临的成本就越高,对公司和职员声誉的损害就越大。在引起广泛关注的情况下,不道德行为的成本很容易达到数亿甚至数十亿美元,特别是当其激起公愤并使许多人受到伤害的时候。

➡LO3
认识商业不道德行为的成本。

不道德行为对公司的不利影响不仅局限于补偿该行为时所付出的成本。买家往往会因公司出现黑幕丑闻而拒绝与其交易。从事过不道德行为的公司难以招聘并留住有才华的员工。[4] 大多数正直的人不想被禁锢在这样一个难堪的环境中,同时也不希望自己的个人声誉因公众厌恶的雇主而受损。公司不道德行为所带来的风险会严重损害股东权益,如丧失收入、成本变高、利润降低、股票价格下降、企业声誉受损等。因此,在很大程度上,符合道德要求的战略与行为才是门好生意。

➡ 当公司的不道德行为被发现并受到惩罚时,股东会遭受重大损失。改正不道德商业行为的成本巨大,并且需要花费多年时间才能恢复公司受损的声誉。

可见成本	内部行政成本	无形或不可见的成本
・政府罚款和处罚 ・旨在惩罚公司过错和对他人造成伤害所产生的集体诉讼和其他民事诉讼费用 ・股东持有的股票价格下降(以及可能降低的股息)	・公司花费的法律和调查费用 ・向公司人员提供补救教育和道德培训的费用 ・采取纠正措施的成本 ・确保未来会遵守规范的管理成本	・客户流失 ・声誉受损 ・失去员工士气、员工内部犬儒主义盛行 ・更高的人员流动率 ・较高的招聘成本,对员工的吸引力下降 ・对员工劳动生产率产生的不良影响 ・因往往要遵守更严厉的政府监管而导致成本增加

图 9.1　公司不道德行为被发现并受到惩罚时的成本

资料来源:改编自 Terry Thomas, John R. Schermerhorn, and John W. Dienhart, "Strategic Leadership of Ethical Behavior," *Academy of Management Executive* 18, no. 2 (May 2004), p.58。

概念与链接 9.1

苹果公司的挑战：规范供应商的行为准则

苹果公司要求供应商遵守其自拟的供应商行为准则，并以此作为授予合同的先决条件。为确保符合准则要求，苹果的供应商监控程序包括供应商工厂审计、修正经营计划和检验措施成效三大步骤。2010年，在苹果公司发表的24页供应商责任进度报告中，苹果公司称，2009年对设在中国、捷克、马来西亚、菲律宾、新加坡、韩国、泰国和美国等地的供应商进行了102项供应商设施审计，其中80项是首次审计，22项是重复审计。

苹果公司对违规行为的严重性进行了区分，其中，"核心违规"行为是指那些与苹果公司供应商行为准则的核心原则相悖的行为，这类行为必须立即改正。2009年审计报告的一部分内容指出了17例被发现的违规行为，包括3例雇用未成年劳动者的行为，8例涉及过多招聘费用的行为，3例危险废物处置不当的行为，3例故意伪造审计记录的行为。苹果回应称，已确保违规者立即采取了纠正措施，并予以留用察看处分，计划在新的一年里对其进行重新审计。

如2009年审计报告所说，尽管苹果公司的6家最后组装制造商测评分数都很高，所有检测项合格率超过90%，但其他的一些供应商并没有如此好的表现。其中，有60家代工工厂的工人们在超过50%的情况下被要求每周工作超过60小时，而苹果公司规定工人每周最多工作60小时（突发状况或紧急情况除外）；在65家代工工厂中，工人们被要求每月至少有一周连续工作时间超过6天，而苹果公司规定工人至少每工作7天就休息1天（突发状况或紧急情况除外）。

苹果的审计师发现，有48家代工工厂的加班工资计算不当，导致工人加班补偿发放不足；有24家代工工厂的工人收入达不到规定的最低工资标准；有45家代工工厂通过克扣工资约束员工；还有57家代工工厂的职工福利（如退休、病假、产假等）低于法定标准。

苹果需要供应商为员工提供一个安全的工作环境并消除可能危害员工的物理威胁。但是2009年的审计报告表明，有49家代工工厂被发现没有给工人佩戴合适的个人防护设施，有70家代工工厂被发现存在工人训练不当、无证人员操作设备、没有对设备进行必要检查等违规行为。苹果公司的审计师还发现有44家代工工厂没有进行环境影响评估，11家代工工厂没有空气排放许可证，4家代工工厂所用的设备不符合它们的排放标准。此外，现有55家代工工厂没有设置任何人员来确保公司遵守苹果公司的供应商行为准则。

对于苹果公司来说，审计是一个通过严格的审查、教育和培训供应商职员的方式激励供应商合规经营的起点。苹果公司搜集季度数据来确保供应商对自己的行为负责，并在某种程度上将这些数据作为采购决策的基础。无法满足苹果公司高标准的供应商最终也会失去来自苹果公司的业务。

资料来源：Apple's 2010 Progress Report on Supplier Responsibility；Dan Moren, "Apple Releases 2010 Report on Supplier Responsibility," *Macworld.com*, February 23, 2010；www.macworld.com/article/146653/2010/02/suppliers_2010.htm, accessed July 1, 2010；Andrew Morse and Nick Wingfield, "Apple Audits Labor Practices：Company Says Suppliers Hired Underage Workers, Violated Other Core Policies," *Wall Street Journal Online*, March 1, 2010, http://online.wsj.com/article/SB10001424052748704231304575091920704104154.html, accessed July1, 2010；Nicholas Kolakowski, "Apple Finds Violations During 2009 Supplier and Manufacturer Audit," *eWeek.com*, March 1, 2010, www.eweek.com/c/a/Mobile-and-Wireless/Apple-Finds-Violations-During-2009-Supplier-and-Manufacturer-Audit-522622/, accessed July 1, 2010。

在美国，得益于2002年颁布的《萨班斯—奥克斯利法案》(the Sarbanes-Oxley Act)，许多公司都有一套能指导自己如何开展业务的道德规范，该法案同时要求上市公司必须有一套道德准则文件，否则需要向美国证券交易委员会(SEC)书面解释它们没有此类文件的原因。

确保涉及国际业务的公司信守商业道德承诺

对与错、公平与不公平、伦理与非伦理、道德与不道德的观念存在于所有社会、组织和个人的心中。但是，关于道德标准能够横跨文化差异的程度及跨国公司是否可以在其所有经营地运用相同的道德标准，有三种学说。概念与链接9.1描述了苹果公司试图在其庞大的全球供应商网络中执行一套共同的道德标准时所面临的困境。

道德普遍主义学说

根据**道德普遍主义**（ethical universalism）学说，有一些观点被普遍认为是正确的或者错误的，超越了所有文化、社会和宗教差异。[5]比如，所有国家的人民都认为诚信做人是对的。许多伦理学家认为普遍的道德规范应该包括诚实、诚信、尊重他人的权利、实行黄金法则以及避免对工人、公司产

➡ **核心概念**

据**道德普遍主义**学说的核心概念，大多数人们评判道德与否不会因当地风俗和文化的不同而发生不同。因此，普遍的道德标准可以用来评判员工在不同国家、不同文化的市场中的行为。

品的用户和所服务的客户造成不必要的伤害。[6]从某种程度上来说，不同的文化和国家之间对某些行为有着共同的是非观，世界上存在一组统一的道德标准，可以追究所有社会、企业和个人的责任。道德普遍主义的力量在于它利用多个社会和文化的集体观点对什么是道德的商业行为设定了一些清晰的界限，而无关每个国家市场运行的具体模式。这就意味着上述这些基本道德标准不会因当地文化、传统或宗教信仰的不同而发生显著的变化。因此跨国公司可以确立一套或多或少能够普遍适用于其全球业务的道德规范。

道德相对主义学说

> **➡ 核心概念**
>
> 根据**道德相对主义**学说，不同的社会文化和风俗诞生出不同的善恶标准，道德与否必须在当地风俗和社会习俗下评判，不同国家间的评判结果也大相径庭。

除了被广泛接受的道德规范，因为宗教信仰、社会习俗和主流政治经济学说等的差异，不同国家间的许多道德标准可能会有所不同。**道德相对主义**(ethical relativism)学说认为，在评判商业情形道德与否时，若涉及国家或文化差异，应优先使用当地的道德标准而非母公司国内市场的道德标准。

其观点是，如果一个文化认为某件事是对的或错的，那么对于该文化来说，这就是对的或错的。[7]

> ➡ 对跨国公司来说，基于道德相对主义学说的行为规范会给公司带来一个复杂的道德评判体系并可能会带来一系列的道德风险。

采用道德相对主义原则并要求职员遵守当地道德标准的公司，会默认当地的公序良俗就是公司在当地经营时恰当的道德行动指南。这一策略会引发道德风险，导致这样的后果：如果一个国家的文化能接受贿赂、环境恶化或将工人暴露在危险条件下等负面情况，公司经理在这个国家经营时就可以自由参与此类活动。如果需要在拥有更高道德标准的国家为这些活动的利益相关者辩护，那么采取这一立场就会将公司置于危险的境地。此外，从全球市场角度来看，道德相对主义学说导致跨国公司产生了一套错综复杂又相互矛盾的道德标准。比如，试想一下，一个遵循道德相对主义的跨国公司在将贿赂和吃回扣视为风俗的国家里允许公司员工也这样做，但在认为贿赂和吃回扣是不道德甚至非法的国家里禁止公司员工这样做。这样一来，在不同的国家的相同情形下，公司就采取了相互冲突的道德标准，经理就没有一个能够在全公司范围内适用的用于执行道德标准的道德基础，这样就会传递给员工一个明确的信息：公司没有自己的道德标准或原则，而是根据所在国的要求而见风使舵。

综合社会契约理论

综合社会契约理论(integrative social contracts theory)提供了一个介于普遍主义和相对主义这两个对立观点之间的观点。[8] 根据综合社会契约理论，符合道德标准的公司应该致力于维护和管理：① 有限的几种但却被普遍认可的道德原则，无论在何种情形下，这些原则都被广泛地视为在合法的道德界限内；② 在考虑到当地文化、传统和共同价值观的情况下，进一步规定什么是道德允许的行为、什么不是道德允许的行为。在这种无论何种情况经理都有责任遵守的"社会契约"理论下，"一阶"的普遍道德规范总是优于"二阶"的当地更宽容的道德规范。综合社会契约

> **➡ 核心概念**
>
> 根据**综合社会契约理论**，基于多元文化价值观的普遍道德原则融合形成了一种"社会契约"，所有国家市场的全体员工都有义务遵守。在这种社会契约范围内设置道德标准时，东道国文化才能施加一定影响力。然而，"一阶"的普遍道德规范总是优先于"二阶"的当地道德规范，因为当地的道德规范更宽容。

理论为志在解决跨文化道德难题的跨国公司管理者们提供了明确的指导:公司道德规范中涉及全球普遍道德标准的必须严格执行;但在这些标准之内,有承认道德多样性的空间,并有权利考虑东道国文化的影响,制定符合当地风俗的道德标准。

有关综合社会契约理论的运用,一个很好的例子是应对贿赂和吃回扣问题。在一些国家,收受贿赂和吃回扣似乎很常见,但这是否证明应该行贿?不能因为一个国家贿赂盛行就认为贿赂是一个真正或合法的道德规范。世界上几乎所有的主要宗教(佛教、基督教、印度教、伊斯兰教、犹太教、锡克教和道教)和所有的道德学说都谴责贿赂和腐败。[9]因此,跨国公司可能得出这样的合理结论:正确的道德标准之一就是拒绝容忍公司员工收受贿赂和吃回扣,无论"二阶"的当地规范是什么样子,无论销售业绩会怎样变化。运用综合社会契约理论的另一个例子是,在确定涉及员工招聘和选拔实践的标准时,允许适用"二阶"的当地风俗来规定道德上的界限。一家采用了能体现平等机会"一阶"普遍准则的公司,可以允许申请人在提交简历时加入自己的照片,这在很多国家都很常见。美国的法律禁止经理们接受内含照片的就业申请简历,但在欧洲,就业申请简历中不含申请人照片的情况是十分罕见的。这时禁止经理接受内含申请人照片的简历会导致几乎所有申请人都被拒绝。但即使在综合社会契约理论的指导下,很多时候,各国风俗间的差异还是会产生一条"灰色地带",人们很难在其中画出一条能明确判断决策、行动和商业实践的对错的界限。

企业的社会责任和环境可持续性

在过去50年间,企业是否有义务促进社会改良成了一个备受争议的话题。企业有义务促进社会改良的观点起源于19世纪,那些得益于工业革命的公司开始为工人们提供住房和其他设施。在20世纪60年代,那些认为企业高管应该平衡所有利益相关者(包括股东、员工、客户、供应商、所在的社区甚至整个社会)的利益的观点开始发展。具有社会责任的企业行为的本质是一家公司的经营战略能够在使股东获益和履行良好企业公民义务之间找到平衡。基本的论点是企业管理者应该在开展业务的同时体现出社会良知,着重考虑如何进行管理决策和实施公司商业行为才能让员工、当地社区、环境和社会都实现利益最大化。[10]以对社会负责的方式行事,不仅包括参与社区服务项目、捐赠资金给慈善机构、开展其他有价值的社会事业,想要展示企业社会责任(corporate social responsibility,CSR),企业还需要进行能获得所有利益相关者信任与尊重的活动,包括以正直和道德的方式运营公司,努力提供一个很棒的工作场所,展现对环境真正的尊重并尝试造福和改善社会。企业社会责任项目通常包括:

➔LO4
了解企业社会责任和环境可持续性的概念,以及企业如何平衡这些责任与股东的经济利益。

➔核心概念
企业社会责任是指一个公司有责任以正直的方式运营,为员工提供良好的工作环境,鼓励员工构成的多样性,对环境友好,并且努力使业务所在的社区和整个社会变得更好。

- 在商业运营时，采用一个符合道德标准的战略并且时刻遵守道德原则。真诚地承诺并坚决地遵守道德原则是企业实施社会责任战略的一个先决条件，这是因为不道德的行为是不符合良好的企业公民和对社会负责的商业行为这两者的定义的。
- 进行慈善捐款、支持社区服务活动、参与更广泛的慈善活动、接触并帮助弱势群体的生活。一些公司通过在多个慈善和社区活动上的努力来履行它们的慈善义务，比如微软公司和强生公司就支持了各种社区活动、艺术和社会福利项目。还有些企业喜欢集中力量于一点，比如，麦当劳重点推出的赞助住房计划（为有重病孩子的家庭提供一间便于在附近医院接受治疗的房子）；英国电信公司直接将其1%的利润给予社区，主要应用于教师培训、校内工作坊和数字技术等教育方面；领先的处方药制造商葛兰素史克（GlaxoSmithKline）和其他制药公司捐赠或打折销售药物给最不发达的国家。通过匹配员工贡献的计划，公司也经常采用鼓励员工支持慈善事业和社区事务的方式来强化自身在慈善事业上的努力。
- 采取行动保护环境，最小化甚至消除企业经营活动对环境造成的负面影响。当企业的社会责任推广至环境保护领域时，就要求企业积极努力地成为环境友好者。这就意味着企业需要应用最好的科学技术来降低企业经营对环境造成的损害，使废物排放等低于现行环保法规所规定的水平。这也意味着扩展公司过去的行业界限，将时间和金钱投入改善环境中，如参与回收项目、采用节能操作、努力清理并保护当地水源等。
- 采取措施，创建一个能提高员工生活质量的工作环境。许多企业付出额外的努力来提高员工在单位和家庭中的生活质量。这些措施包括在工作场所提供日托服务、灵活的工作安排、在工作场所加设锻炼设施、给员工特别假期以照顾其生病的家人、在家工作的机会、职业发展规划和教育机会、特别安全项目等。
- 采取措施引进不同性别、种族、国籍的多样化劳动力。美国相当数量的大型企业均实施了多样化劳动力计划，并辅以额外的努力以确保它们所提供的工作岗位对少数民族、不同派别和不同观点的人都具有吸引力。

> **➡ 核心概念**
> **企业社会责任战略**是指贡献时间、金钱和其他资源以支持一系列特定的对社会有益的活动。

承担多样的社会责任体现了公司为确定和追求企业社会责任战略（corporate social responsibility strategy）所做出的努力。概念与链接9.2概述了由约翰迪尔提出的企业社会责任路径。但企业社会责任战略的核心要件因公司而异，通常与一个公司的核心价值观相关。例如，通用磨坊公司围绕"滋养生命"的主题构建其企业社会责任战略，将主要精力放在营养承诺、慈善事业、社区建设和环境保护上。[11] 星巴克的企业社会责任战略包括四个主要元素（道德采购、社区服务、环境管理和农民支持），所有这些都与公司采购咖啡的方式相联系，成为其产品差异化战略的一个关键点。[12]

概念与链接 9.2

约翰迪尔(John Deere)的企业社会责任路径

约翰迪尔的企业社会责任战略的重要组成	执行战略的特定行动
秉承诚信、品质、承诺和创新的核心价值观 诚信意味着讲真话，信守诺言，公平公正地对待他人； 品质意味着每天为客户、员工、股东和其他商业伙伴提供价值； 承诺意味着尽最大努力去满足人们对我们的长期期望； 创新是发明、设计和开发具有突破性的产品和服务，让客户都想购买约翰迪尔的产品。	• 在所有商业关系中都坚持道德的行为和公平的交易 • 提供业务行为指引，向员工展示如何合规地开展公司业务 • 创建一个公司合规办公室，确保在全球运营中保持道德和公平的商业习惯 • 开设 24 小时匿名举报热线，检举不道德行为 • 当员工在复杂或不明确的商业和文化环境中工作时，给他们提供职业指导
从事慈善事业、推动社区发展	• 支持资源贫乏国家的农业发展 • 为非洲农村贫困人口提供更多的融资渠道（与国际机构合作） • 帮助美国启动为学龄儿童提供补充食品的"背包计划" • 支持多种高等教育项目以及青年成就（Junior Achievement）、FFA 和国家 4-H 理事会等项目 • 制定个性化的员工奖励方案
节约资源和保护环境	• 在未来 5 到 10 年内设立雄心勃勃的温室气体减排目标 • 在所有公司运营中采取强制措施以减少废物排放并回收利用废品 • 执行全球性环境管理系统标准与 ISO14001 标准 • 通过美国国家环境保护局（Environmental Protection Agency）气候领导人计划，帮助制定应对气候变化的综合性长期战略 • 设计节约用水的产品，鼓励生物燃料开发以及支持农业可持续发展
支持和提升劳动力工作环境	• 践行有效的工作场所安全计划，获得了来自美国国家安全委员会的 1 000 多项奖项 • 有专门的项目来促进员工的健康和工作生活的平衡 • 建立与当地医疗保健和基础设施相配套的全球职业健康项目 • 通过指导、辅导和规划的方式帮助员工发展职业生涯 • 建立持续的学习环境，提供全面的培训机会，并建立学费报销计划

约翰迪尔的企业社会责任战略的重要组成	执行战略的特定行动
促进多样性和包容性	• 创造包容性的企业文化,使所有背景的员工都可以发挥他们的领导潜力 • 提供各式技能培训,使工作团队更具多样化、生产力和效率 • 支持建立员工人脉网络,汇集来自世界各地的有共同兴趣、性别、种族或技能的人们 • 鼓励公司经销商和供应商的多样性 • 支持少数民族教育项目和大学多样性的倡议

资料来源:www.deere.com,accessed July 8,2010。

环境可持续发展战略:一个新的优先级战略

> **➡ 核心概念**
>
> **环境可持续发展**包括保护环境、延长自然资源寿命、为子孙后代保持生态支持系统稳定及保护地球免受根本性危害的行动。

越来越多的公司正在扩大它们承担企业社会责任的范围,包括尝试以更环保和可持续的方式经营。**环境可持续发展**(environmental sustainability)战略需要深思熟虑和协调一致的行动,企业以保护甚至优化自然资源和生态系统的方式来运营,防范最终可能会危及地球的行为,因此这个战略会持续几个世纪。[13] 公司采取可持续发展战略是为了有针对性地改善公司的三重盈余——从经济、环境和社会三方面对公司业绩进行综合考量。[14] 联合利华公司是一个经营范围包括加工食品、个人护理用品和家用清洁产品的多样化企业,同时也是环境可持续战略最坚定的追求者和实践者。该公司在其食品加工业务中持续追踪11个可持续农业指标,并推出各种各样的项目来提高供应商的环境绩效。这些项目包括对想更换节水灌溉系统的番茄供应商提供专项的低利率融资;在印度开展培训项目帮助黄瓜种植承包商在减少90%杀虫剂用量的同时提高78%的产量。

联合利华还重新设计了许多内部流程来提升公司可持续性措施的整体实施效果。例如,该公司的工厂通过实施可持续发展计划已经减少了50%的用水量和14%的生产废物。联合利华还重新设计了许多原有产品的包装,以保护自然资源,减少垃圾的产生。公司重新设计了其在美国市场上的Swave牌洗发水瓶,每年减少近150吨的塑料树脂消耗,这相当于每年少向垃圾填埋场所运送1 500万个空瓶子。同时,联合利华减小了立顿汤盒的宽度,这样每年能节省154吨纸板。因为联合利华有约40%的产品销往发展中国家,因此该公司还致力于满足这些国家消费者的社会需求。该公司承担社会责任的例子还包括在发展中国家的贫困社区开设免费洗衣店,在印度为女性创办的小微企业提供援助,在加纳的村庄提供免费饮用水。

有时节约成本和提高盈利能力是公司实施可持续发展战略的驱动力。杜邦公司

(DuPont)在1990—2005年间,通过节能行动共节省超过20亿美元。宝洁公司的速易洁(Swiffer)清洁系统是该公司最畅销的新品之一,它是一个符合可持续发展理念的产品。该清洁系统不仅加入了环保设计,还在性能方面优于其他忽视生态的替代方案。尽管大多数消费者没有意识到速易洁拖把能够节约用水和用电,并且无须添加洗涤剂从而不会污染下水道和耗费处理设施,他们仍然被速易洁拖把所吸引,这是因为与传统的拖把(必须重复洗涤并拧干水分,直到地板被擦干净)相比,他们更喜欢速易洁的一次性清洁纸巾。

制定体现社会责任和可持续发展的战略 在努力承担社会责任并参与环境可持续发展的商业行动时,每家公司都有足够的空间去声明自己专注于哪方面的慈善援助、着力于什么样的社区服务项目、支持什么样的环保行动、如何使公司工作环境变好并实现劳动力的多样化、未来还会推进哪些慈善事业或对社会有益的项目等。一个公司可以将其社会责任战略定位于解决普遍的社会问题,但契合客户价值观或符合核心价值链活动的社会责任战略有可能助力企业建立竞争优势。[15]例如,虽然对富国银行这类金融机构来说,碳排放问题可能只是一个普遍的社会问题,但丰田公司旨在减少碳排放的社会责任战略却为其带来了竞争优势和环境效益。普锐斯混合动力(电动/汽油动力)汽车不仅是污染最小的汽车,而且是美国最畅销的混合动力车,这既帮助丰田公司树立了绿色环保的品牌形象,又为其赢得了环保主义买家的大力支持。

> ➡ 企业社会责任战略具有产生有价值的社会效益和满足客户需求的双重优势,可以帮助企业以一个更优的方式塑造竞争优势。致力于解决普遍社会问题的企业社会活动,可能有助于提升企业声誉,但不太可能提高其在市场上的竞争力。

承担企业社会责任的商业案例

长期以来,人们普遍认为公司需要在开明的利己主义指导下努力成为良好的企业公民,投入精力和资源改善员工工作条件、助力经营所在地的社区和全社会的发展。总之,企业承担社会责任有如下多个原因:

- 这样的行为会增加消费者光顾的频率。强有力的社会责任战略给了公司一个区分自己与竞争对手的亮点,并且能吸引那些更愿意与良好企业公民做生意的消费者。例如,Ben & Jerry's、Whole Foods Market、Stonyfield Farm 和 The Body Shop 通过对自身的社会责任感进行有力而广泛的宣传不断扩大了客户基础。
- 对承担社会责任做出强有力承诺的行为可以减少有损企业声誉的风险事件发生。公司依照不重视社会责任的方式进行运作更容易导致丑闻和尴尬事件。消费者、环保主义者和人权活动团体会迅速批评被曝光不良行为的企业,它们擅长将消息发布到媒体和互联网上。多年来,耐克一直受到非官方的尖锐批评:耐克在亚洲的工厂是"血汗工厂",导致其创始人兼前首席执行官菲尔·奈特(Phil Knight)说道:"耐克已经成为奴隶工厂、强迫加班和滥用职权的代名词。"[16]1997年,耐克开始广泛监测800家生产耐克鞋的合同制造商的工厂条件。奈特说:"优质的鞋来自有良好劳资关系的工厂。"尽管如此,耐克还在饱受着人权活动人士的批评,指责其监控程序是有缺陷的,不能有效解决工厂工人的困境。

- 承担社会责任的行为能产生内部效益(特别是在员工招聘、人才挽留和培训花销方面),可以提高公司运行效率。在改善社会方面花费时间和金钱的公司会收获良好的声誉,相较于声誉受损的公司,前者能更好地吸引和留住员工。一些员工会为能在一家致力于改善社会的公司工作而欣喜自豪。[17]这可能会产生更低的人员流动率和更高的工作效率。其他直接和间接的经济效益包括降低员工招聘和培训的成本。例如,星巴克咖啡就被认为受益于较低的员工流动率,因为公司福利覆盖所有的全职和兼职员工,管理层努力使星巴克成为很棒的工作场所并且积极承担公司的社会责任。当一家美国生产再生纸的企业怀着一颗崇尚生态效益的心时,它发现了如何提高纤维回收率,这相当于解决了20万吨纸张浪费的问题,帮助该公司成为行业中成本最低的生产商。强生公司通过帮助其2/3的员工戒烟并建立员工健康计划,在过去的10年里节省了2.5亿美元的医疗保健费用。[18]

- 成熟的社会责任战略有助于提升股东权益。对行业领先企业为期两年的研究发现,更加符合环保要求且致力于开发环保产品的公司可以提高每股收益、公司盈利能力,还可以增加中标、签约的可能性。研究还发现,在社会和环境绩效标准方面表现优异的公司股票价格比道琼斯全球指数中2 500家公司的平均股价水平高出35%—45%。[19]回顾135个相关研究,可以发现在良好的企业行为和良好的财务业绩之间有一个较小但是正向的相关性;只有2%的研究表明将企业资源投入承担社会责任的活动中会损害股东的利益。[20]

总之,企业重视承担社会责任可以提高它们的商业声誉和运营效率,同时减小风险敞口,提高员工忠诚度,激发业务创新。总的来说,企业要特别致力于保护环境(在法律要求的限度之上)、积极参与社区事务、慷慨支持慈善事业或造福社会的项目等,这些方面很有可能成为企业的良好投资,并且让其他公司愿意与之合作。虽然股东们有权关心公司在履行社会责任上花费的时间及金钱是否大于收益,并要求减少不合理的投入,但他们也有可能将承担社会责任视为公司一个卓有成效的商业行为。

关键点

商业道德涉及用道德规范和标准去决定公司及其员工的行为。商业道德原则与普通的道德原则并无实质区别。

1. 不道德商业行为的三个主要驱动力包括:
   - 过分或偏执地追求个人利益、财富和其他私利。
   - 公司经理面临达到或超过业绩目标的沉重压力。
   - 将盈利能力和良好的经营业绩居于道德之上的企业文化。

2. 商业不道德可能导致可见成本（罚款、处罚、民事惩罚引起的诉讼、股票价格下跌）、内部行政成本、无形或不可见的成本（客户流失、声誉受损、更高的人员流动率、政府更严厉的监管）。

3. 存在三种指导跨国企业有关道德标准的学说：

- 根据道德普遍主义学说，无论当地传统和文化规范如何，大多数社会的人们具有相同的是非观，因此，普遍的道德标准可以用来判断公司职员在不同国际市场和文化环境中的行为。
- 根据道德相对主义学说，不同的社会文化和风俗习惯产生不同的价值观和是非标准，因此，必须根据当地习俗和社会风俗来判断什么是道德的、什么是不道德的，同样的行为在不同文化、不同国家间的评判结果也会不同。
- 根据综合社会契约理论，基于多元文化价值观的普遍道德原则融合形成了一种"社会契约"，所有人在所有情况下都有义务去遵守。在这个社会契约的边界内，可以由当地文化确定其他不允许的行为，然而，普遍的道德规范总是优先于当地的道德规范。

4. 企业社会责任这个词是指公司有责任以正直的方式运营：为员工提供良好的工作环境、提倡员工多样性、做一个环境友好者、支持运营所在地的社区及更大范围的社会的慈善活动。公司选择承担特定的社会责任活动来定义和实践其企业社会责任的战略。

5. 三重盈余是指公司在三个领域的业绩情况：经济、社会、环境。越来越多的公司开始展示其在所有上述三个维度的表现。

6. 可持续性是一个广泛使用的术语，但它最常用于企业与环境和自然资源的关系方面。环境可持续性的商业活动是那些能够满足现代人的需求又不损害未来世界需求的商业活动。公司的环境可持续性战略包括采取谨慎的行动来保护环境、节约自然资源、为子孙后代维护生态系统，以及杜绝对地球产生根本性危害的行为。

7. 有几个充分的理由证明坚持企业社会责任和环境可持续性战略可能是正确的商业行为：有利于消费者光顾、减少风险事件的发生、提供增加收入的机会、创造更低的成本。用心经营企业社会责任和环境可持续性战略有利于股东的长期利益，除了上述原因，还因为这样可以避免企业承担高昂的法律诉讼费用或监管行动带来的成本。

巩固练习

1. 宜家（Ikea）以其商业道德和环境可持续性战略而闻名于世。搜索宜家网站（www.ikea.com/ms/en_us/about_ikea/index.html），找出有助于该公司实现其提出的"让世界各地的人们生活得更好"计划的十项具体政策。

2. 使用大学图书馆访问 Lexis-Nexis，或者利用其他互联网资源，准备 1—2 页分析最近公司道德丑闻的报告。你的报告应该：① 讨论引起不道德的经营策略和行为的情况；② 概述公司的商业道德失败所导致的成本。

3. 基于概念与链接 9.2 中所提供的信息，说明约翰迪尔公司如何确保在业务经营中贯彻公司道德战略,如何确保员工遵守道德原则。描述约翰迪尔公司如何通过慈善事业和社区支持服务来践行其企业社会责任战略。约翰迪尔公司从事可持续的商业实践了吗?解释你的答案。

4. 阅读雀巢公司网站(www.nestle.com)上最新的公司可持续发展报告。雀巢环境可持续性战略的关键举措是什么?这些举措与公司的原则、价值观和文化有何关系?这些举措是如何帮助公司在食品行业建立竞争优势的?

模拟参与者练习

1. 贵公司的战略是否合乎道德规范?为什么?贵公司做了或正在做什么可以被竞争对手视为"黑幕"的行为?

2. 贵公司用什么方法践行企业社会责任?贵公司的企业社会责任战略的要素是什么?你认为这一战略可以有什么变化?

3. 如果一些股东抱怨你和你的同事们在履行公司社会责任上花费太少或太多精力,你会如何解释?

4. 贵公司是否以可持续的方式开展业务?贵公司可以采取哪些具体的额外行动,为环境的可持续发展做出更大的贡献?

5. 贵公司的环境可持续性战略通过什么方式最能满足股东的长期利益?该战略是否有助于保持贵公司的竞争优势或盈利能力?

尾注

1. James E. Post, Anne T. Lawrence, and James Weber, *Business and Society: Corporate Strategy, Public Policy, Ethics*, 10th ed. (New York: McGraw-Hill Irwin, 2002).

2. John F. Veiga, Timothy D. Golden, and Kathleen Dechant, "Why Managers Bend Company Rules," *Academy of Management Executive* 18, no. 2 (May 2004).

3. Ronald R. Sims and Johannes Brinkmann, "Enron Ethics (Or: Culture Matters More than Codes)," *Journal of Business Ethics* 45, no. 3 (July 2003).

4. Archie B. Carroll, "The Four Faces of Corporate Citizenship," *Business and Society Review* 100/101 (September 1998).

5. Mark S. Schwartz, "Universal Moral Values for Corporate Codes of Ethics," *Journal of Business Ethics* 59, no. 1 (June 2005).

6. Mark S. Schwartz, "A Code of Ethics for Corporate Codes of Ethics," *Journal of Business Ethics* 41, nos. 1-2 (November- December 2002).

7. T. L. Beauchamp and N. E. Bowie, *Ethical Theory and Business* (Upper Saddle River, NJ: Prentice Hall, 2001).

8. Thomas Donaldson and Thomas W. Dunfee, "Towards a Unified Conception of Business Ethics: Integrative Social Contracts Theory," *Academy of Management Review* 19, no. 2 (April 1994);

Thomas Donaldson and Thomas W. Dunfee, *Ties That Bind: A Social Contracts Approach to Business Ethics* (Boston: Harvard Business School Press, 1999); Andrew Spicer, Thomas W. Dunfee, and Wendy J. Bailey, "Does National Context Matter in Ethical Decision Making? An Empirical Test of Integrative Social Contracts Theory," *Academy of Management Journal* 47, no. 4 (August 2004).

9. P. M. Nichols, "Outlawing Transnational Bribery through the World Trade Organization," *Law and Policy in International Business* 28, no. 2 (1997).

10. Timothy M. Devinney, "Is the Socially Responsible Corporation a Myth? The Good, the Bad, and the Ugly of Corporate Social Responsibility," *Academy of Management Perspectives* 23, no. 2 (May 2009).

11. "General Mills' 2010 Corporate Social Responsibility Report Highlights New and Longstanding Achievements in the Areas of Health, Community, and Environment," *CSRwire*, April 15, 2010, www.csrwire.com/press_releases/29347-General-Mills2010-Corporate-Social Responsibility-report-nowavailable.html.

12. Arthur A. Thompson and Amit J. Shah, "Starbucks' Strategy and Internal Initiatives to Return to Profitable Growth," 2010.

13. Robert Goodland, "The Concept of Environmental Sustainability," *Annual Review of Ecology and Systematics* 26 (1995); J. G. Speth, *The Bridge at the End of the World: Capitalism, the Environment, and Crossing from Crisis to Sustainability* (New Haven, CT: Yale University Press, 2008).

14. Gerald I. J. M. Zwetsloot and Marcel N. A. van Marrewijk, "From Quality to Sustainability," *Journal of Business Ethics* 55, (December 2004); John B. Elkington, *Cannibals with Forks: The Triple Bottom Line of 21st Century Business* (Oxford: Capstone Publishing, 1997).

15. Michael E. Porter and Mark R. Kramer, "Strategy & Society: The Link between Competitive Advantage and Corporate Social Responsibility," *Harvard Business Review* 84, no. 12 (December 2006).

16. Tom McCawley, "Racing to Improve Its Reputation: Nike Has Fought to Shed Its Image as an Exploiter of Third-World Labor Yet It Is Still a Target of Activists," *Financial Times*, December 2000.

17. N. Craig Smith, "Corporate Responsibility: Whether and How," *California Management Review* 45, no. 4 (Summer 2003), p. 63; World Economic Forum, "Findings of a Survey on Global Corporate Leadership," accessed at www.weforum.org/corporatecitizenship, October 11, 2003.

18. Michael E. Porter and Mark Kramer, "Creating Shared Value," *Harvard Business Review* 89, no. 1/2 (January-February 2011).

19. James C. Collins and Jerry I. Porras, *Built to Last: Successful Habits of Visionary Companies*, 3rd ed. (London: HarperBusiness, 2002).

20. Joshua D. Margolis and Hillary A. Elfenbein, "Doing Well by Doing Good: Don't Count on It," *Harvard Business Review* 86, no. 1 (January 2008); Lee E. Preston and Douglas P. O'Bannon, "The Corporate Social-Financial Performance Relationship," *Business and Society* 36, no. 4 (December 1997); Ronald M. Roman, Sefa Hayibor, and Bradley R. Agle, "The Relationship between Social and Financial Performance: Repainting a Portrait," *Business and Society* 38, no. 1 (March 1999); Joshua D. Margolis and James P. Walsh, *People and Profits* (Mahwah, NJ: Lawrence Erlbaum, 2001).

第十章

成功的战略执行：获得竞争优势的另一条途径

学习目标

- **LO1** 明白什么是管理者必须要做的事情，从而建立一个能够完成良好战略执行的组织

- **LO2** 了解为什么资源分配应始终基于战略优先级

- **LO3** 了解制定政策和程序来促进良好战略执行的必要性

- **LO4** 了解过程管理程序如何持续地帮助组织实现卓越运营

- **LO5** 认识到信息和操作系统在使员工熟练履行其战略角色方面的作用

- **LO6** 了解如何以及为什么使用精心设计的激励和奖励措施，是管理层提高公司运营能力最有力的工具

- **LO7** 了解公司文化如何以及为什么可以帮助公司推动战略的熟练执行

- **LO8** 了解是什么构成了有效的管理领导力，以成功实现公司的战略执行

一旦管理者决定了一个战略,将其转化为行动和良好的结果便成为接下来的重点。将战略落实到位,让组织能够有效执行,需要不同的管理技能。虽然制定战略主要是由市场和资源驱动的,但战略实施是一项主要涉及人员和业务流程管理的运营驱动的活动。成功的**战略执行**(strategy execution)取决于管理层指导组织变革的能力,并且要求管理层合理分配资源、建立和加强竞争能力、建立战略支持性政策、改进流程和系统、激励和奖励员工、创造和培养战略支持性企业文化、持续完成或超越绩效目标等。虽然组织的首席执行官和其他高级管理人员最终负责确保战略的成功执行,但是中层和基层管理者必须负责一线员工和工作团队能够胜任战略关键活动以完成公司的绩效目标。因此,战略执行需要每个管理者思考以下问题的答案:"在我的权限领域内需要做什么来实施战略计划?我应该怎么做才能有效、高效地落实这些事情?"

> ➡ 核心概念
>
> 良好的**战略执行**需要团队合作。所有管理者在其权限领域内都有战略执行的责任,所有员工都应积极参与到战略执行的过程中。

战略执行过程的主要管理任务

战略执行者需要找出完成任务及达到目标所需的具体技术、行动和做法。那些被安排在管理层行动议程上的项目,需要精心地制定以适应公司的具体情况,因为以低成本为目标的战略与差异化战略所涉及的关键因素往往是不同的。一个在金融危机中奋力挣扎的公司实行的新战略,显然不同于发展良好的公司中使用的不断改进的战略。虽然没有某种管理方法能够适应所有公司的情况或适应所有类型的战略,但一些基本的管理理论是适用于所有公司的所有发展阶段所面临的情况的。公司执行战略的过程中,下述八项管理任务会重复循环出现(见图10.1)。

(1)建立一个具备成功执行战略所需的能力、员工和结构的组织。
(2)将充足的资源分配给战略关键活动。
(3)确保政策和程序能够促进而不是妨碍战略的有效执行。
(4)采用流程管理计划,推动战略执行活动的持续改进。
(5)安装信息和操作系统,使公司人员能够执行基本活动。
(6)对绩效目标的实现进行直接奖励。
(7)培养能够促进良好战略执行的企业文化。

(8) 具备能够推动战略成功执行的内部领导力。

管理人员如何完成这八项任务,对于结果是惊人的成功、是巨大的失败,还是处于两者之间都有决定性的影响。我们将在本章讨论战略执行的八个关键管理任务及其所涉及的内容,这些任务确定了实施和执行战略的过程。

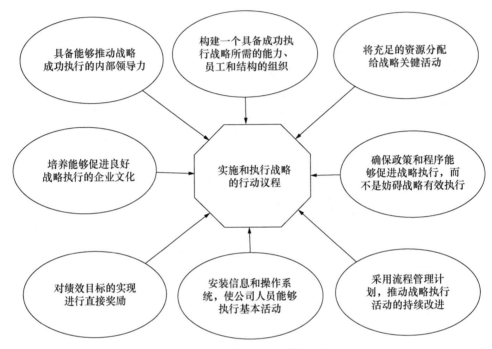

图 10.1　战略执行的八项管理任务

建立具备良好战略执行所需的能力、员工和结构的组织

➡LO1
明白什么是管理者必须要做的事情,从而建立一个能够完成良好战略执行的组织。

熟练的战略执行在很大程度上取决于能干的员工、更强的竞争力和有效的内部组织。因此,建设一个有能力的组织始终是战略执行的首要任务。以下三种类型的组织建设行动是至关重要的。

(1) 员工配置——组建一支强有力的管理团队,招聘并留住具有经验、技术技能和智力资本的人才。

(2) 建立和加强能力与核心竞争力——培养熟练执行战略关键价值链活动的能力,并根据不断变化的市场条件和客户期望更新这些能力。

(3) 构建组织及工作投入——构建价值链和业务流程,建立权力和报告关系,决定将多少决策权下放来激励基层经理和一线员工。

员工配置

没有公司可以在不具备拥有合适技能和智力资本的有才华的管理者和员工的前提下,成功执行战略所需的各项活动。

建设管理团队 组建一支有能力的管理团队是组织建设任务的基石。[1]虽然根据公司的具体情况,有时需要不同背景、经验、管理风格和专业知识的员工,但最重要的考虑是将那些善于找到需要做什么、擅长促进事情发生并成功执行的人填补到关键的管理岗位。[2]如果公司缺乏一个执行能力强、以结果为导向的管理团队,那么在执行战略的过程中最终会因错过期限、错误使用或浪费精力、管理不适当等阻碍而无法达到目标。[3]没有能力的高管是获得最佳结果的严重障碍,因为他们无法区分有价值的想法和被误导的想法。相比之下,具有强大战略执行能力的管理者具备提出困难、尖锐问题的能力。他们对企业的细节足够了解,能够挑战并确保周围人员的方法是合适的,并且他们可以分辨出人们要求的资源在战略上是否有意义。他们善于通过他人完成工作,通常是能够确保适合的人员被安置在合适的岗位上。他们会持续关注事态的进展,不会遗漏任何重要细节。

有时公司现有的管理团队是合适的,但也有些时候,可能需要从内部或外部引进合格的人来加强或扩大管理团队。建立管理团队的首要目标应该是组建一支足够数量的、有才干的管理队伍,他们可以作为变革的推动者,成为进一步推动一流战略执行的原因。当一流的管理者得到其他一流管理者的帮助和支持时,创建一个效率大于每个人努力之和的管理团队是有可能的——有才干的管理者在团队中一起工作,与"一星"或"二星"管理者独自执行任务相比,能够获得显著优异的结果。[4]

招聘和留住有能力的员工 仅仅组建一个有能力的管理团队是不够的,为了能成功执行价值链活动,在为组织挑选合适员工的时候,必须要比管理工作的执行更加慎重。一个组织中员工的质量永远是成功战略执行的重要组成部分——知识渊博、敬业的员工是公司对具体运营进行改进从而产生卓越运营的创造性思想的最佳来源。类似宝洁、西南航空公司和英特尔这样的公司,都致力于招募他们能找到的最优秀和最聪明的人,并以卓越的薪酬待遇、快速发展和职业成长的机会以及富有挑战性和有趣的任务留住他们。拥有一支具有强大技能组合和大量智能资源的"A队员",对它们的业务至关重要。微软聘请了它们可以找得到的最聪明、最有才华的程序员,并以良好的薪资报酬和在尖端软件设计项目中工作的挑战来激励他们。领先的全球会计师事务所不仅根据会计专业知识筛选候选人,还根据他们是否具有与客户和同事建立良好关系的人际交往能力来筛选候选人。西南航空公司倾向于雇用那些有趣的、能够在工作中获得乐趣的人,它用特殊的面试和筛选方法来衡量申请客户维护工作的人员是否具有外向型个性特征,以符合其为乘客创造兴奋、快乐的飞行气氛的战略。西南航空公司往往精挑细选,只有3%的申请者可以获得工作。

下面列出的战略是致力于找到最好的人员来工作的公司的共同点:

(1) 在筛选和评估工作申请人方面付出相当大的努力——只选择那些具有合适技能、精力、主动性、判断力、学习能力和适应公司文化能力的人。

(2) 投资于持续贯穿员工职业生涯的培训计划。

(3) 为有前途的员工提供富有挑战性、有趣和技能延伸的任务。

(4) 通过跨越功能和地理界限的工作使人员流动。

(5) 通过升职、增加薪酬、增加绩效奖金、提供股票期权和股权所有权、提供额外福利待遇和额外津贴的方式,努力留住有才能的高绩效员工。

(6) 对业绩处于平均水平的员工进行训练,以提高他们的技能和能力,同时淘汰表现不佳者和"板凳"队员。

建立和加强能力与核心竞争力

战略执行过程中,组织建设的优先事项之一是建立和加强具有竞争力、有价值的能力和核心竞争力。鉴于管理人员在制定战略过程中能够识别出所需的能力和竞争力,良好的战略执行需要将所需的能力和竞争力放在适当位置,并根据需要升级,根据市场条件的变化对它们进行完善。[5]有时候,公司已经具有类似的能力和竞争力,在这种情况下,管理者可以集中精力加强和培养它们,以促进战略更好地执行。然而,更多的情况是,公司管理者必须大幅拓宽或深化某些能力,甚至增加全新的竞争力,以制定并熟练地执行战略计划。管理层面临的组织建设挑战是决定何时及如何重新调整现有的竞争力和能力,何时以及如何开发新的能力。概念与链接10.1讨论了丰田如何积极升级其燃油高效混合动力发动机技术,并不断微调著名的丰田生产系统,以提高其在以较低成本制造顶级车辆方面已经精通的能力。

概念与链接 10.1

丰田的传奇生产系统——能够转化为竞争优势的能力

丰田汽车公司战略的核心是以更低的成本制造世界级的高质量车辆并以有竞争力的价格进行销售,从而在与竞争对手的竞争中胜出。执行这一战略需要一流的制造能力和对员工、设备及材料的超高效管理。50多年前,丰田就在提高制造能力上进行了有意识的努力。通过不断的犯错和不懈的试验,公司逐渐通过对技术和实践的松散收集,最终整合成一个完整的过程,并以丰田生产系统(Toyota Production System,TPS)命名。TPS驱动了所有的工厂运营和公司的供应链管理实践。TPS基于以下原则、方法和技术:

• 将零件和组件及时交付到车辆装配点。这里是指省略那些需要将一些零碎材料从一个地点转移到另一个地点的活动,并且终止所有没有增加值的活动(特别是没有制造或组装任何材料的活动)。

• 培养能够为改善生产提出独特想法的人。丰田鼓励所有级别的员工质疑现有的做事方式——即使这意味着对老板指令的的挑战。丰田前总裁 Katsuaki Watanabe 鼓励公司员工"选择友好的战斗"。此外,丰田不会开除那些最初对改进工作流程没有什么判断的员工,相反,公司会给予他们全面的培训,以使他们成为更好的问题解决者。

- 强调持续改进。工人们应该利用自己的头脑,开发更好的做事方式,而不是机械地遵循指示。丰田管理者会传递诸如"永不满意"和"这里必须有一个更好的方式"的信息。丰田的另一个口头禅是 TPS 的 T 也代表"思考"。他们的论点是,人们必须思考的工作环境会产生智慧,从而找到使任务更简单和更容易执行的机会,以提高执行活动的速度和效率,并不断提高产品质量。

- 授予工人在出现问题或发现缺陷时停止装配线的权力。丰田认为,工人弥补缺陷和立即解决问题的努力,与在生产过程中提高质量一样重要。根据 TPS,"如果生产线不停止,无用或有缺陷的项目将进入下一个阶段。如果你不知道问题发生在哪里,你就不能做任何事情来解决它"。

- 仅在发生缺陷时处理缺陷。TPS 哲学认为,当事情顺利运行时,不应该对其进行控制;如果将注意力集中在解决发现的问题上,那么可以使用较少的员工来处理装配线的质量控制问题。

- 问自己五次"为什么?"。虽然错误需要在发生时予以纠正,但是询问五次"为什么?",能够使得人们辨别出错误的根本原因,并且予以纠正,使其不再发生。

- 围绕人的移动来组织所有的工作,以创造一个没有浪费精力的生产/装配系统。以这种方式组织的工作被称为"标准化工作",人们被训练遵守标准化的工作程序(包括在适当的时间在装配线上为每个流程提供部件、以最佳的方式对工作进行排序,以及允许工人在一系列子过程中连续工作)。

- 找出制造成本低廉的部件,并将该价格作为基准。

TPS 利用独特的术语表[如看板管理(kanban)、节拍时间(takt-time)、精益工厂(jikoda)、经营改善法(kaizen)、均衡化(heijunka)、造物论(monozukuri)、防差错技术(poka yoke)和消除浪费(muda)等],精确地讨论特定的 TPS 元素。2003 年,丰田建立了全球生产中心,以最新的 TPS 方法有效地培训了大量车间专家,从而对全球越来越多的生产基地进行更好的运营。从那时起,丰田进行了额外的升级和改进,有一些是为了应对丰田汽车在 2009—2010 年出现的大量缺陷。

有这样一种广泛的共识,丰田在改善和提高其著名的 TPS 上所做出的不间断的努力,给予了丰田重要的制造能力,这也是其他汽车制造商所羡慕的。不仅福特、戴姆勒、大众和通用汽车这样的汽车制造商试图效仿 TPS 的关键元素,甚至医院和邮政服务机构也在采用丰田生产理念中的元素。

资料来源:发布在 www.toyotageorgetown.com 上的信息;Hirotaka Takeuchi, Emi Osono, and Norihiko Shimizu, "The Contradictions that Drive Toyota's Success", *Harvard Business Review* 86, no. 6 (June 2008), pp. 96-104; Taiichi Ohno, "*Toyota Production System: Beyond Large-Scale Production*" (New York: Sheridan Books, 1988).

匹配组织结构与战略

建立一个有良好战略执行能力的组织,还依赖于一种组织结构,它以支持公司关键战略举措的方式安排了权力和报告的关系。安排组织结构的最佳方法是首先考虑能够为客户提供价值的关键价值链活动。在任何企业中,价值链的一些活动总是比其他活动更重要。例如,酒店及汽车旅馆企业必须擅长快速办理入住和退房、家政、餐饮等服务,并能够创造愉悦的氛围。对于研究特种化学品的公司而言,执行战略的关键活动包括研发、产品创新、快速将新产品推向市场、有效营销及用专业知识帮助客户。对于管理者而言,围绕有利于促进这些活动的方面建立组织结构,并使它们成为组织系统图中的中心部件或主要构件是非常重要的。

使战略关键活动成为业务结构的主要构件的理由是令人信服的:如果对战略成功至关重要的活动要拥有所需的资源、决策影响和组织影响,那么它们不得不成为组织结构的核心。此外,新的或改变的战略可能需要新的或不同的关键活动或能力,因此需要新的或不同的组织结构。[6] 尝试用旧的组织结构来执行新的战略通常是不明智的。

组织结构的类型 从事单一业务的公司通常使用功能(或部门)组织结构,将关键战略活动编组为不同的功能、产品、地理、流程或客户群体。例如,技术仪器制造商可以围绕研究和开发、工程、供应链管理、装配、质量控制、营销技术服务和企业管理来进行组织安排。地理区域分布广泛或在许多国家运营的公司,可以根据地理位置组织活动和报告关系。许多多元化的公司都使用多部门的组织结构。多部门结构适用于设计、生产和销售橱柜、水管装置、窗户、油漆和污渍的多元化建筑材料公司。这种结构将所有的价值链活动组织在一起,能够满足住宅施工人员及自助施工人员对所有类型的家庭建筑产品的需求,如此,每个部门就都成了独立的利润中心。矩阵组织结构允许公司为各种创造价值的结构模块指定双重报告关系。例如,在刚才提到的多元化建筑材料公司,如果采用矩阵结构可能需要管道设备部的营销部门同时向公司总营销部门和管道设备部的总经理进行报告。

决策制定时的组织结构和权力 对整个组织决策的结果的责任,最终由位于组织结构顶部的管理者承担,但在实践中,低级管理者可能在决策制定中拥有很大的权威性。公司赋予各个组织单位管理者的权力有所不同,在执行工作时给予雇员的决策权限也有所不同。集中决策(CEO和几个接近的副手拥有决策权力)和分散决策(给予管理者和员工在他们的责任领域中相当大的决策权限)是决策制定的两个极端。这两种方法基于截然不同的基本原理和信念,每种都有优缺点。在一个高度去中心化的组织中,决策权力被推到最低的组织层面,以便能够做出及时、知情和适当的决策。组织的目标是将决策权放在最接近和最熟悉情况的人手中,并训练他们权衡所有因素,以做出良好的判断。分散决策意味着每个组织单位的管理者都有责任来决定如何以最好的方式执行战略。

授权基层管理者和员工做出与日常运营和战略执行相关的决策是基于这样的信念:利用所有员工综合智力资本的公司可以胜过命令—控制型的公司。[7]分散决策意味着与客户联系的员工有权做

> 分散决策的最终目标是将决策权力交给那些最接近和最了解情况的人员或团队。

出令顾客满意的决策。星巴克鼓励员工主动提高客户满意度,例如,曾经就有一个商店员工,在电脑收银机系统离线时,热情地向等待的客户提供免费咖啡。

将决策权力下沉到组织结构中并赋予员工权力时也面临相应的组织挑战:如何对授权员工的行为进行充分控制,以便使企业在实现权力下放所带来的利益的同时规避风险。通常可以通过限制授权人员的权力、让员工对其决策负责和制定薪酬激励(奖励那些以其工作方式为良好公司绩效做出贡献的人员)等方式来保持对员工足够的组织控制,还可以创造一种企业文化,来增加员工对其个人行为负责任的强烈的同僚压力。

在高度集中的组织结构中,高层管理人员保留了大多数战略和运营决策的权力,并严格地控制业务部门主管、部门主管和主要运营单位管理者;基层主管和普通员工的自由裁量权相对较小。集中化结构的命令—控制模式是基于以下假设:一线员工既没有时间也没有意向去指导和正确地控制他们正在进行的工作,他们缺乏如何最好地做出明智决定的知识和判断。

这种权威结构的最大优势是,当事情不顺利时,很容易知道是谁应该对此负责。但也有一些严重的缺点,分等级的命令—控制结构使得组织对不断变化的情况反应迟钝,因为审查/批准流程在管理官僚机构的所有层次中完成运行需要时间。此外,集中决策通常是不切实际的——公司规模越大,业务越分散,决策权力就必须越大限度地分配给更接近"行动现场"的管理人员。

将资源分配给战略关键活动

在实施和执行新战略或不同战略的早期,高层管理人员必须确定需要提供多少资金来执行新的战略举措、支持

➡ LO2
了解为什么资源分配应始终基于战略优先级。

价值创造过程及加强公司的能力和竞争力。这包括对新员工招聘和新设施设备申请的仔细筛选,批准那些承诺为战略执行做出贡献的申请,拒绝那些未承诺执行战略的申请。如果内部现金流不足以为计划的战略举措提供资金,那么管理层必须通过向意向投资者借款或增发股票等方式来筹集额外资金。

公司提供支持新战略举措所需资源的能力对战略执行过程有重大影响。资金过少会减慢并阻碍组织有效执行其战略计划,资金过多会浪费组织资源并降低财务绩效。为避免这两种结果,管理人员需要深入参与审查预算建议,并将适当的资源用于战略的关键组织单位。

> 公司的优先战略必须推动资本配置的制定和每个单位经营预算的规模。

战略的变化往往意味着预算的重新分配和资源的转移。原来战略中起到重要作用的部门,在新的战略中或许只有很小的作用,这时候就需要缩小该部门的规模;而在新的战略中起到重要作用的部门,就需要更多的员工、新的设备、额外的设施以及高于平均水平的预算额。战略实施者必须行使其权力,在新战略举措中投入足够的资源,促进战略的执行,并且他们必须做出艰难的决定,抛弃不再合理的项目和活动。本田强大的研发活动支持促使它开发出第一个低污染四冲程舷外船用发动机、各种超低排放汽车,以及美国市场上的第一辆混合动力汽车(本田 Insight)和第一辆氢燃料电池汽车(本田 Clarity)。然而,在 2006 年 Insight 销售失败时,本田的管理人员并没有在停产 Insight 方面犹豫,而是将资源转移到其他有前途的混合动力车型的开发和制造中,包括 2009 年在美国推出的重新设计的 Insight。

制定战略支持政策和程序

> **LO3**
> 了解制定政策和程序来促进良好战略执行的必要性。

公司的政策和程序可以成为良好战略执行的辅助,也可能成为障碍。公司更改业务战略时,管理人员应当谨慎而仔细地审查现有政策和程序,并修改或废除不同步的政策和程序。精心设计的政策和操作程序以三种方式来促进组织的变革和良好的战略执行:

(1) 政策和程序有助于实现特定战略的关键活动在执行时所需的一致性。标准化和严格一致性有时是良好战略执行的理想组成部分。消除不同工厂、销售区域或客户服务中心操作实践中的重大差异,有助于公司为客户提供一致的产品质量和服务。

(2) 政策和程序通过对需要做的事情提供自上而下的指导,对计划的改变做出支持。要求大家改变现有的习惯和程序往往会扰乱事物的内部秩序,在习惯和程序发生变化并对大家产生影响时,大家表现出一定程度的压力和焦虑以及对变化的抵抗是正常的。政策在抵消一些人抵抗变革的倾向上特别有用——在没有事先获得批准或有充分理由时,大多数人不会违反公司政策或违反操作规程和程序。

(3) 精心设计的政策和程序会产生有利于良好战略执行的工作气氛。管理人员可以将政策变革的过程用作改变企业文化的强大杠杆,从而使企业文化更加适应新的战略。

麦当劳的政策手册制定了详细的程序,每个单位的人员都应该遵守,以确保其 31 000 个门店拥有一致的质量。例如,"厨师必须慢慢旋转而永不快速翻转汉堡。如果没有被购买,巨无霸必须在烤熟 10 分钟后被丢弃,炸薯条必须在炸熟 7 分钟之后被丢弃。"为了使商店员工努力提供优秀的客户服务,诺德斯特龙百货公司有一个政策,只晋升那些工作记录中在取悦客户方面,尤其是在客户提出了需要特殊努力的"不合理请求"时,有"英勇行为"的员工。

政策制定的重大问题之一是哪种活动需要严格规定,而哪种活动允许有权力的人员采取独立行动。很少有公司需要厚厚的政策手册来明确规定如何进行日常操作,太多政策可能会令员工混淆并成为良好战略执行的障碍。折中的方法的智慧在于:规定足够的政策来界定员工行为的边界;然后赋予他们在界限内以他们认为有意义的任何方式行动的权利。当个人的创造力和主动性比标准化和严格一致性对于良好的战略执行更重要时,允许公司人员在"白线"之间的任何地方行动是尤其合适的。

在流程和活动中实现持续改进

公司管理者可以通过推动组织单位和公司人员努力持续改进价值链活动的执行方式,显著推进战略的成功执行。为了实现卓越运营,许多公司依赖

➡LO4
了解过程管理程序如何持续地帮助组织实现卓越运营。

三种有效的管理工具:业务流程重组、全面质量管理(total quality management,TQM)和六西格玛质量控制。业务流程重组包括将战略关键活动从不同部门中抽出,并在单个部门或跨职能工作组中对它们的业绩进行综合。[8]操作得当时,业务流程重组可以产生巨大的运营效益。在通用电气断路器部门的订单处理部分,通过将六个生产单元合并为一个,从订单接收到交货所需的时间从三周减少到三天,减少了之前的各种库存和处理步骤,而且用自动化设计系统取代了人类的定制设计过程,并将管理者和工人之间的组织层次从三个层次削减为一个层次。最终一年内生产率提高了 20%,单位制造成本下降了 30%。[9]

TQM 是一种管理一系列业务实践的理念,这种理念强调了所有操作阶段的持续改进、执行任务时 100% 的准确性、各级员工的参与和授权、基于团队的工作设计、标杆管理和客户满意度。[10]虽然 TQM 专注于生产高质量的产品和充分满足客户的期望,但它在向人力资源、记账、研发、工程、会计账目及信息系统等所有部门的员工努力方面扩展时取得了最大的成功。它涉及改造企业文化,并转向贯穿组织各个方面的全面质量/持续改进的经营理念。[11]TQM 主义宣扬:世界上没有"完美"的战略,每个人都有责任参与战略的持续改进。TQM 就像一个没有终结的比赛,它的成功来自每天向前迈进一步,这也是日本所提倡的对经营方法的改善(kaizen)。

六西格玛质量控制由一个严格的、基于统计的系统组成,旨在对任何业务流程(从制造到交易)的每百万次迭代中,产生不超过 3.4 个缺陷。[12]定义、测量、分析、改进和控制(define,measure,analyze,improve,control,DMAIC)的六西格玛流程是针对低于规范的现有流程的改进系统。定义、测量、分析、设计和验证(define,measure,analyze,design,verif,DMADV)的六西格玛方法论被用于开发符合六西格玛质量水平的新过程或产品。[13]DMADV 有时被称为六西格玛设计(design for six sigma,DFSS)。六西格玛的统计思想基于以下三个原则:所有工作都是一个过程,所有过程都有变异性,所有过程

都会产生解释变异性的数据。[14] 为了说明这三个原则的工作原理,我们以密尔沃基 (Milwaukee) 医院为例,它使用六西格玛来规划处方管理的过程。医院的处方源于医生的书写,由医院药房调剂,然后由护士管理。DMAIC 分析显示,大多数错误来自医生的笔迹错误。[15] 该医院执行了要求医生在计算机中输入处方的程序,大大减少了错误的数量。

虽然六西格玛计划提高了许多经营活动和过程的效率,但证据表明六西格玛计划也会扼杀创新。六西格玛的本质是减少过程中的变异性,但创造的过程本质上就包括相当多的变异性。在许多情况下,只有在成千上万的想法被舍弃后,才会有突破性创新,有前途的想法也是经过了多次迭代和大量原型设计的。谷歌首席执行官埃里克·施密特 (Eric Schmidt) 评论说,创新过程也是"反六西格玛"的过程,将六西格玛原则应用于谷歌具有创造性的工作上,会阻碍公司的创新。[16]

詹姆斯·麦克纳尼 (James McNerney) 是美国通用电气公司前首席执行官,也是六西格玛的支持者,他在成为 3M 公司的首席执行官后,制定了基于六西格玛的制度,因此,3M 公司无法建立一个长期的创新业绩记录。该公司的研究人员抱怨说,创新过程不能很好地满足六西格玛对大规模数据搜集和分析的需要,而且员工在完成相关报告(概述研发所有阶段的项目的市场潜力和可能的制造问题)上花费了太多时间。3M 公司在波士顿咨询公司最具创新力公司名单中从第一下跌到第七,这被归咎为麦克纳尼自 2005 年担任首席执行官起所使用的六西格玛原则的僵化及其对 3M 研发预算的冻结。[17]

六西格玛的混合实施方法越来越受欢迎,它追求的是提高运营效率,同时也为研发和其他允许公司开发为客户提供价值的新方法赋予了更多的自由。这些灵活的组织中的管理者善于在操作的过程中不断改进流程,同时允许研发在那些支持突破性创新的规则下运作。隐形眼镜的全球领导者视康公司 (Ciba Vision) 通过运用持续改进计划大大降低了运营成本,同时均衡发展,开发了新系列的隐形眼镜产品,这些都使其收入在十年内增长了 300%。[18]

业务流程重组与持续改进计划之间的区别

➡ 使用标杆管理、最佳实践、业务流程重组、TQM、六西格玛质量控制或其他运营改进计划的目的,都是提高战略关键活动的绩效,促进成功的战略执行。

业务流程重组和持续改进计划,如 TQM 和六西格玛,目的都在于提高效率、达到更好的产品质量和更好的客户满意度。业务流程重组与持续改进计划之间的本质区别在于,重组的目标是获得大约 30%—50% 或更突飞猛进的增益,而 TQM 则强调渐进式进步——努力在一个永无止境的潮流中不断地增加收益。提高价值链活动的业绩和实现卓越运营的两种方法之间不是相互排斥的,协调运用它们是有意义的。可以首先使用业务流程重组来产生良好的基本设计,从而在执行业务流程时得到快速、显著的改进,然后使用 TQM 计划来实现持续改进。

安装信息和操作系统

如果没有足够数量的内部操作系统,公司战略和价值创造的内部流程就不能被很好地执行。亚马逊从完全计算机化的仓库出售书籍、光盘、玩具和其他物品,仓库容量超过1750万平方英尺。这个仓库的技术非常复杂,以至于它需要的代码与亚马逊网站一样多。计算机使用复杂的拣选算法,通过向工人的无线接收器发送信号来启动拣选过程,告诉他们哪些物品以哪种顺序从货架上取下。计算机还可以生成有关误装箱项目、滑槽备份数量、流水线速度、工人生产率和订单发货重量的数据。系统定期升级,并且积极地追求生产率的提高。在2003年,亚马逊系统的库存周转率达到20,而行业的平均库存周转率为15。亚马逊的仓库效率非常高且订单的单位成本非常低,这使得亚马逊业务增长最快和利润最高的一个部分是利用仓库来经营大型零售连锁店的电子商务运营,如塔吉特公司。

> ➡ LO5
> 认识到信息和操作系统在使员工熟练履行其战略角色方面的作用。

电话公司有详细的信息系统来测量信号质量、连接时间、中断、错误连接、账单错误和其他影响客户服务和满意度的可靠性措施。英国石油公司已经为装载了危险材料的轨道车配备了传感器和全球定位系统,以便通过卫星跟踪这些货物的状态、位置和其他信息,并将数据传送到公司内部局域网。易趣网有一些系统用于实时监控新列表、出价活动、网站流量和网页浏览量等。

> ➡ 拥有最先进的操作系统、信息系统和实时数据是成功的战略执行和卓越运营的一部分。

信息系统需要涵盖五大领域:客户数据、操作数据、员工数据、供应商/合作伙伴/合作盟友数据、财务绩效数据。所有关键战略绩效指标都必须经常实时跟踪和报告。长期使用的月度损益表和月度统计摘要正在逐渐被每日统计更新甚至是按分钟更新的绩效监控所取代。许多零售公司都有自动化的联机系统,为每家商店生成每日销售报告,并维护每个项目的最新库存和销售记录。制造工厂通常生成每日生产报告,并在每个班次上跟踪劳动生产率。许多零售商和制造商都有与供应商连接的在线数据系统,用于监控库存状态、跟踪货物和交货,并测量缺陷率。无论行业如何,实时信息系统都能令公司管理者保持在实施计划和日常运营的顶部,以便在事情有偏离规划的倾向时进行干预。

使用奖励和鼓励措施以促进更好的战略执行

为了创建一个奖励和激励的战略支持系统,公司必须强调奖励那些有效为客户创造价值的员工,而不仅仅是尽职尽责完成分配的任务的员工。要将雇员的注意力和精力集中在实现什么,而不是做什么,从而使得工作环境能够以结果为导向。失败的管理层才会将奖励及激励与满意的任务结果和活动绩效挂钩,而不是与期望的商业成果和公司业绩挂钩。[19]在任何工作中,执行分配的任务并不等同于实现预期的结果。勤奋的工作表现和致力于工作任务本身不能保证结果。正如任何学生都知道的,教师教学和学生上课的事实并不一定意味着学生正在学习。

激励和奖励系统

> **LO6**
> 了解如何以及为什么使用精心设计的激励和奖励措施,是管理层提高公司运营能力最有力的工具。

组织单位和个人与优先战略相匹配,并积极地执行战略是非常重要的。为了获得员工持续的、精力充沛的承诺,管理层必须在设计和使用动机激励(包括货币和非货币激励)方面有足够的能力。管理者越有动机去了解如何激励下属,就越能够成功地激励下属,那么员工完成日常工作并实现绩效目标的可能性就越大。

➡ 正确设计的奖励结构是管理层最有力的工具,可以获得员工对成功战略执行和卓越运营结果的承诺。

设计货币激励系统的指导方针

建立将员工行为与组织目标联系起来的激励薪酬体系的指导方针包括:

(1) 总体薪酬体系中,业绩回报应该成为主要的部分。高绩效个人和团队的回报必须明显高于平均绩效者的回报,平均绩效者的回报要高于那些低于平均绩效的员工的回报。

(2) 不仅要激励管理人员,也要激励所有的员工。基层管理人员和基层员工同高层管理人员一样,也要有获得丰厚回报的机会。

(3) 以审慎的客观性和公平性管理激励制度。如果绩效标准设置得过高以至于不可能达到,或者对个人/团体地绩效没有进行准确和良好的记录,那么员工对系统的不满将抵消掉激励带来的正面影响。

(4) 将激励与那些直接关系到良好的战略执行和财务业绩的绩效直接联系起来。对员工进行激励不应该只是因为员工被认为"工作做得好"或者因为他们"努力工作"。有种观点认为对于因环境不可控因素而导致没有达到目标的情况可以给予例外处理。但对不可知、不可控或不可预见的情况进行例外处理可能会产生一定的问题:一旦有员工有充分的理由为自己低于预期的结果进行辩解,那么就会有各种各样的理由来解释为何实际业绩未能达到目标业绩。

(5) 确保每个个人或团队预期实现的绩效目标,是需要每个人或每个团队共同努力才能得到的。激励的作用是在有利的方向上增强个人的承诺和行动。

(6) 保证实现目标绩效结果和激励兑现之间的时间尽可能短。在大多数工作类型中,每周或每月便兑现激励,比在年度结束时才兑现激励要好很多。年度末才兑现激励的方式更适合于高级管理人员,因为对他们绩效的评判是基于公司整体盈利能力或股价表现的。

公司一旦设计了激励措施,就必须对其进行沟通和解释。每个人都需要了解他们的激励补偿是如何计算的,以及个人/团体绩效目标是如何对组织绩效目标做出贡献的。

非货币激励

财务激励通常是激励工具名单中的第一个,财务激励通常是为了获得员工对良好战略执行和卓越运营的全心全意的承诺。但是,大多数成功的公司也广泛地使用非货币激励。下面列出了一些用来增强动机的最重要的非货币方法。[20]

- 提供有吸引力的额外津贴和附带福利。公司有丰富的选项,包括完全承担健康保险费用、大学学费报销、带薪假期、现场儿童看护、内部健身中心、远程办公和压缩工作周(用每周工作四天、每天工作十小时来代替每周工作五天、每天工作八小时)等。
- 在政策允许的范围内提拔员工。这种做法有助于将工人与他们的雇主互相绑定,此外还有助于获得良好的绩效。
- 按照员工的建议行事。研究表明,许多公司采取的推动决策制定和对员工授权的举措,在提高员工积极性和满意度的同时,也提高了生产率。
- 创造员工之间以及管理层和员工之间充满真诚、关怀和相互尊重的工作氛围。在充满"家庭"氛围的工作环境中,每个人都有相同的认同,便会有强烈的同志情谊来促进团队合作和跨部门的合作。
- 管理者应该与员工分享有关财务绩效、战略、运营措施、市场条件和竞争对手行为有关的信息,并信任自己的员工,只有这样才能实现信息的及时沟通和传达。
- 创造有吸引力的办公空间和设施。工作场所及硬件设施对员工的吸引力往往会对员工的士气和生产率产生显著的积极影响。

概念与链接10.2介绍了《财富》杂志列出的"美国100家最适合工作的公司"名单上的几家知名公司所采用的激励措施的具体例子。

概念与链接 10.2

公司如何激励和奖励员工

公司提出了各种各样的激励和奖励措施,以便创造一个工作环境来激励员工和促进更好的战略执行。以下是一些公司的例子:

- 谷歌的总部大楼是一个庞大的20层建筑,被称为Googleplex,在那里,谷歌的几千名员工可以使用19家咖啡馆和60个小吃中心,有无限量供应的冰淇淋、4个健身房、温水游泳池、乒乓球桌和台球桌,以及用于往返不同大楼间的社区自行车。管理层将Googleplex建成一个"梦想的工作场所",并体现出环保型建筑设计和结构。
- 林肯电气(Lincoln Electric)以其计件支付的工资和激励计划而闻名,并奖励那些生产了无瑕疵产品的员工。工人必须在自己的工作时间内发现产品存在的质量问题并进行纠正,同时,顾客使用过程中反馈的有缺陷的产品,可以追溯到生产这些产品的个体员工。林肯电气的计件工作计划能够激励员工同时注意产品的质量和产量。此外,公司将其利润的大部分留在用于工人奖金的指定基金上。为了确定奖金的大小,林肯电气给每个工人四个同等重要的绩效评价:可靠性、质量、产出以及想法与合作。工人的绩效评分越高,获得的奖金就越高,在高利润年份,最高等级的工人获得的奖金高达其计件工资补偿的110%。

- 诺德斯特龙百货公司因其卓越的内部客户服务体验而受到广泛的认可,其向销售人员支付的小时工资和每次的销售提成,通常比其他百货公司现行的工资更高。鉴于鼓励销售人员全力以赴地满足客户并寻求推广新时尚理念的企业文化,诺德斯特龙百货公司的销售人员的收入通常是竞争对手商店销售人员的平均收入的两倍。典型的诺德斯特龙百货公司的销售人员每年赚取近38 000美元,销售部经理平均每年赚取49 500美元。诺德斯特龙百货公司的员工规则很简单:"规则1:在任何情况下都要运用你的判断力。没有额外的规定。"

- 在戈尔(W. L Gore,Gore-Tex的制造商),员工可以选择他们工作的项目/团队,每个团队成员的薪酬都基于团队中其他成员对该成员在企业贡献方面的排名。

- 在生物技术领导者安进(Amgen)公司,员工可以获得16天的带薪假期、慷慨的度假期、高达10 000美元的学费补助、现场按摩、打折的洗车服务及农贸市场便捷的现场购物。

资料来源:《财富》杂志上列出的"美国100家最适合工作的公司"名单,2002年、2004年、2005年、2008年、2009年和2010年;Jefferson Graham,"The Search Engine That Could," *USA Today*,August 26,2003,p. B3;公司网站,2010年6月访问。

培养促进良好战略执行的企业文化

➡LO7
了解公司文化如何以及为什么可以帮助公司推动战略的熟练执行。

➡核心概念
企业文化是公司的内部工作环境,由其核心价值观/信念和商业原则塑造。企业文化是非常重要的,因为它影响了公司传统、工作实践和经营风格。

每个公司都有自己独特的文化。企业文化或工作气氛的特征定义了"我们如何在这里做事情",其对员工管理的方法和"化学成分"渗透在工作环境中。共同的核心价值观、信念、根深蒂固的行为和态度以及商业原则的结合构成了一个**企业的文化**(corporate culture)。企业文化是非常重要的,因为它会影响组织行动和组织开展业务的方法——在真正意义上,文化是公司组织的DNA。[21]

企业文化的灵魂差别很大。例如,沃尔玛企业文化的基础是致力于客户满意度、热忱地追求低成本和节俭的经营做法、强烈的工作伦理、通过仪式性的周六总部晨会交流想法和检讨问题、公司高管对巡店的承诺、倾听客户并征求员工的建议。通用电气企业文化的基础则在于强驱动，以结果为导向的气氛（公司中的所有业务部门都在各自所处的行业中保持第一或第二的排名，并取得了良好的业绩），广泛的跨业务交流思想，最佳实践和学习，依靠"训练会议"来确定、辩论和解决紧要的问题，对六西格玛质量的承诺，以及公司的全球化。

高绩效文化

一些公司有所谓的"高绩效"文化，其突出的文化特质是一种"乐观进取"的精神，自豪于做正确的事情，不推卸责任，以及一种普遍的以结果为导向的工作氛围，在这种工作氛围中人们会为了满足或超越目标而付出额外的努力。在高绩效文化中，公司人员的参与感较强，个人的主动性和创造力也较强。整个公司、每个部门及每个员工，都有明确的绩效预期，问题都能够被迅速解决。在高绩效文化中有一种争取良好结果的积极压力，这对于良好的战略执行和卓越的运营很有价值。以结果为导向的企业文化渗透着一种争取成就的气氛，并且会对达到或者超过绩效目标的情况进行完整的记录。[22]

建立高绩效企业文化最大的挑战在于如何激发员工的忠诚度和奉献精神，只有这样，他们才可以全力以赴将每一件事情做好。管理者必须在激发员工的建设性行为方面做出努力，对表现优异的员工进行奖励，并尽可能清除所有阻碍良好结果的习惯和行为。他们必须要了解下属员工的优势和弱势，只有这样才能将人才更好地与任务匹配。总之，必须用一种严谨、注重绩效的态度来管理企业。

适应性文化

适应性企业文化的特点是部分组织成员愿意接受变革、承担引进和执行新战略的挑战。与抵抗变化的文化形成鲜明对照，适应性文化非常支持所

➡ 随着公司战略的演变，适应性文化在战略执行过程中更适用。

有级别的管理者和员工提出或帮助启动有用的变革，并鼓励和奖励个人和团体的内部企业家精神。高级管理者寻求、支持和晋升这样的员工：他们能够行使主动性、寻求合适的改进机会，并已经在当前工作中显示出了自己的能力。在高绩效文化中，公司展示了一种积极主动的方法来识别问题、评估影响和选择，并快速推进可行的解决方案。

技术公司、软件公司和基于互联网的公司都是具有适应性文化组织的良好例证。这些公司在变化中茁壮成长——驱动它、引领它并利用它（但有时候，当他们做出错误举措或者被对手更好的技术或更优的商业模式所淹没时，他们会屈服于变化）。例如谷歌、思科、易趣网、苹果、亚马逊和戴尔等公司培养了快速采取行动和做出反应的能力。它们是创业和创新的狂热实践者，显示出敢于冒险去创造新产品、新业务和新产业的意愿。为了创造和培养出一种能够快速地适应变化或转变商业条件的文化，它们雇用积极主动、适应变革并且具有适应性的员工。

在瞬息万变的商业环境中，能够接受组织实践和行为改变的企业文化实际上是一种

必需。当然,适应性的企业文化不仅仅对处于快速变化环境中的企业有利,它更适用于所有的企业。每个企业都是在一个不断变化的市场和商业环境中运作的。随着公司战略的演变,与抗拒变化的企业文化相比,适应性的企业文化在战略实施、执行的过程中更加适用。

不健康的企业文化

不健康的企业文化的特征是存在不利于提高生产率的文化特质,会对工作氛围和公司绩效产生不利影响。[23]下面是五个特别不健康的文化特征:严重的政治化内部环境、面对改变的敌意、一种"不进行创造发明"的心态、对道德标准的无视以及不兼容的冲突的亚文化。

政治化文化 政治化的内部环境是不健康的,因为政治内斗消耗了大量的组织能量,并且常常导致公司的战略议程受到潜在的政治操纵的影响。在内部政治渗透工作氛围的公司,"帝国建设"管理者追求自己的议程,他们对问题的立场通常旨在保护或扩大他们的地盘。在存在既得利益的部门里,具有政治影响力的高管和/或联盟的支持或反对,通常在决定公司采取什么行动时占据很大权重。所有这些操纵都有损于以真正的熟练程度执行战略的努力,并使那些政治权力较低、更倾向于为公司的最佳利益而工作的公司员工感到失望。

抵抗变化的文化 抵抗变化的文化鼓励一些不良或不健康的行为——避免风险、追求新兴机会时犹豫不决,以及在执行价值链活动的持续改进时的普遍厌恶。抵抗变化的公司对成为先行者或快速追随者没有什么欲望,认为处于变革的前沿太冒险了,而且行动过于迅速会增加犯下代价高昂的错误的脆弱性。它们更倾向于采取观望态度,从早期行动者的失误中吸取教训,然后采取被认为安全的举措谨慎行事。对于变化的敌意最常见于那些拥有多层次管理官僚的公司,这些公司在过去几年中取得了相当大的市场成功,并且固执于"我们多年来就是以这种方式行事"的观点。

通用汽车公司、IBM 公司、西尔斯百货公司(Sears)和柯达公司是抵抗变化的官僚机构损害了公司市场地位和财务业绩的典型例子。这些公司紧握使它们成功的原因不放,当市场变化的信号首先响起时,它们不愿意改变经营做法和修改它们的业务方法。随着逐渐变化的战略取得了大胆的创新,这四家公司的市场份额都输给了那些迅速转变为更加适应不断变化的市场条件和买家偏好的变化的对手。虽然 IBM 在构建市场成功所需的文化方面取得了长足进步,但是西尔斯百货公司、通用汽车公司和柯达仍然在努力收回失地。

孤立的、向内聚焦的文化 有时一个公司在相当长的时间内担当行业领导者或享有巨大的市场成功,以至于公司的员工开始相信他们拥有所有的答案或者可以自己进行发展。这种信心导致了傲慢——公司人员将外部人员所做事情的优点和可以向一流执行者学习的东西打了折扣。标杆管理和寻找外部人员的最佳实践被认为不会带来很大的回报。"必须在这里发明"的心态和孤立的文化思想的风险是,公司可能低估竞争对手公司的能力和成就,并高估自己的进步——随着时间的推移,竞争优势会逐渐损失。

不道德和贪婪驱动的文化 没有考虑道德标准或者由贪婪和自我满足驱动的高管管理的公司,迟早会发生丑闻。安然在2001年的崩溃,很大程度上是一个伦理功能失调的企业文化的产物——尽管安然的文化中包含产品创新的积极性、积极的风险承担,以及引领全球能源业务变革的驱动野心,但是它的高管充满了傲慢、自我、贪婪和一种追求扩张收入和盈利目标的"结果使手段正当化"的心态。[24]安然的许多高级管理人员都对不道德的行为视而不见,甚至自己跨越道德底线(有时是犯罪的),并故意延伸普遍接受的会计原则,使安然的财务表现看起来远远好于真实情况。

不兼容的亚文化 企业拥有多个亚文化是正常的,这些亚文化的价值、信念和根深蒂固的行为和态度在一定程度上因部门、地理位置、区域和业务单元的不同而不同。只要亚文化和总体的企业工作环境不冲突并且支持战略执行的努力,那么公司内的这些亚文化不会造成问题。但是当这些亚文化彼此不相容或与总体企业文化不兼容时,它们就变得不健康了。相互冲突的商业哲学和价值的存在最终导致前后矛盾的战略执行。不兼容的亚文化十分常见,可能是因为公司与最新收购的公司之间存在着重要的文化差异,或者由于合并的公司之间存在文化差异。对文化的尽职调查在决定是否进行收购或兼并时往往与财务尽职调查同样重要。在许多场合,公司不得不决定停止收购特定的公司,因为它们认为文化冲突较难解决。

改变问题文化

改变那些阻碍战略顺利执行的公司文化是最艰难的管理任务之一。对公司员工来说,坚持熟悉的做法,并且对如何做事情的新方法保持敌对性或警惕性是非常自然的。因此,这需要在一段时间内采取协调一致的管理行动,根除某些不想要的行为,并用更有效的做事方式来取代不同步的文化。高层领导者的能力决定了文化变革的成功与否。重大的文化变革及对根深蒂固的文化的改变,需要强大的权力来推动——强大的权力只有最高级的高管,特别是首席执行官才拥有。然而,虽然高层管理人员必须领导文化变革的努力,但灌输新文化的行为是整个管理团队的工作。中层管理者和一线主管在实施新的工作实践和操作方法方面,在帮助获得普通工人对变化的接受和支持方面,在灌输期望的行为规范方面,发挥着重要作用。

如图10.2所示,解决问题文化的第一步是让高层管理人员辨别当前文化中的哪些方面会妨碍执行新战略举措。第二,管理者必须清楚地定义他们想要创造的文化的行为及特征。第三,管理者必须说服公司员工为什么当前的文化会带来问题,以及为什么新的行为和操作方法能够提高公司绩效及如何提高。第四,在所有关于重塑当前文化的讨论之后,管理层必须迅速采取可见的、强有力的行动,促进期望的新行为和工作实践。

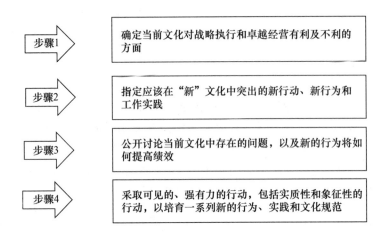

图 10.2　改变问题文化的步骤

为文化变革提出令人信服的主张　管理层应该通过向企业员工推销公司当前对新行为和工作实践的需求,开始对企业的文化进行改造。这意味着要对下面的问题提出令人信服的主张:为什么新的战略方向和文化重塑工作代表了公司的最佳利益,以及为什么公司员工应该全心全意地加入使事情变得不同的努力,这可以通过以下方式完成:

- 引述当前战略必须修改的原因,以及为什么要采取新的战略举措。改变旧的战略通常需要以其缺点为切入点——为什么销售增长缓慢,为什么很多客户都选择了竞争对手的产品,为什么成本太高等。举办活动使得管理人员和其他关键人员被迫倾听不满意的客户或战略盟友的投诉可能是有好处的。
- 引述当前文化中的某些行为规范和工作实践为何及如何对新战略举措的良好执行构成障碍。
- 解释为什么新的行为和工作实践在新文化中具有重要作用,并将产生更好的结果。

管理层必须提出有说服力的理由来说明当前的企业文化存在的问题,并在多个方面迅速采取有力的、高调的行动。移植新文化的行动必须包括实质性和象征性两个方面。

实质性文化变革行动　当领导者仅仅谈论对不同的行动、行为和工作实践的需求时,文化变革通常走不远。领导者必须通过发起一系列行动,让公司员工看到对变革计划的明确支持,从而给文化变革的努力一些支撑。管理层真正致力于灌输新文化的最明显的迹象包括:

(1) 替换阻碍组织和文化变革的主要管理者。

(2) 晋升那些向前迈进、提倡向不同文化转变的人,以及那些可以作为所期望的文化行为之榜样的人。

(3) 任命具有所期望的文化属性的外部人员为高层管理者——引入新的管理者释放了明确的消息,即新的时代正在开始。

(4) 仔细筛选新职位的所有候选人,只招聘那些看起来符合新文化的人。

(5) 强制公司的所有员工参加文化培训项目,以使他们更好地了解与期望的文化相关的行动和行为。

（6）制定薪酬激励措施，为表现出所需文化行为的团队和个人加薪，同时给抵制文化变革的个人减薪。

（7）以有助于推动文化变革的方式修订政策和程序。

象征性文化变革行动 要改变问题文化和促进战略文化协调性，还有一个重要的方面，就是象征性管理行动。最重要的象征性行动是高层管理者以身作则。例如，如果组织的战略是成为行业中低成本驱动的生产者，那么高层管理者就必须在自己的行动和决策中表现出节俭：廉价的行政办公室的装饰、保守的费用账户和娱乐津贴、精简的公司办公室人员、较低的行政津贴等。在沃尔玛，所有行政办公室的装饰都很简单，管理人员的个人行为习惯是节俭的，他们热衷于自己控制成本和提高效率。在纽柯钢铁公司（Nucor），世界钢铁产品低成本生产商之一，高管乘坐的是经济舱，在机场乘坐出租车而不是豪华轿车。公司员工也会观察高层管理者的行动和决定，看他们是否在践行自己说过的话。[25]

另一种类型的象征性行动包括举行仪式活动来突出和褒奖那些以其行动和表现体现新文化要求的人。一个要点是举行活动来庆祝每种文化变革的成功。在促进战略文化协调性方面有敏感性的高层管理者，会在庆典中习惯赞扬那些参与计划的个人和团体。他们在员工培训计划中表现出了强调战略重点、价值观、道德原则和文化规范的倾向。每次团队聚会都是一个重复传达价值观、表扬合适的行为、举例说明新工作实践和操作方法是如何改善结果的机会。

领导战略执行过程

为了使企业以真正熟练的方式执行其战略并实现卓越运营，高层管理者必须领导实施/执行过程，并亲自推动进展。他们必须在现场观看运营的进

➡LO8
　　了解是什么构成了有效的管理领导力，以成功实现公司的战略执行。

展情况，收集第一手的信息，并评判所取得的进展。熟练的战略执行需要公司管理者勤于并善于发现问题、了解执行的阻碍，然后清除战略执行道路上的一切阻碍，其目标是快速和高效地产生更好的结果。[26]一般来说，良好的战略执行和卓越运营要求管理者做到以下三点：

- 掌握发生的情况，密切监测进展。
- 对组织施加建设性压力来保证战略执行良好并实现卓越运营。
- 启动纠正措施，以改善战略的执行过程并实现目标绩效结果。

掌握战略执行进展

高层管理者掌握战略执行的最佳方法之一是定期访问工作现场，并与不同级别的员

工进行交流，这通常被称为"通过走访来管理的技术"（managing by walking around, MBWA）。长期以来，沃尔玛的高层管理者们每周都会花两天到三天的时间去访问商店，与店长及员工交谈。亚马逊的首席执行官杰夫·贝佐斯就经常进行现场访问，并且他坚持认为亚马逊的其他管理者也应该在与员工沟通上花时间，以防止管理思维的过分抽象和脱离实际。[27]

大多数管理者都实践了 MBWA，非常重视从不同组织层面的员工那里收集信息，了解战略执行各个方面的进展情况。他们感觉现场访问和面对面的接触很好，从中可以了解当前的进展、遇到的问题以及是否需要额外的资源或不同的方法。同样重要的是，MBWA 提供了将注意力从旧的优先战略转移到新的优先战略上的机会，并鼓励这种创造的激情——所有这些都有助于组织调动战略的执行。

对组织单位施加建设性压力，以取得良好成果和卓越运营

管理者必须时刻走在执行战略和实现卓越运营的前端，并培养以结果为导向的工作氛围，即要有高的绩效标准和强烈的达成目标的愿望。为了成功地培养以结果为导向的氛围，带动绩效的增长，通常管理者要做到以下几点：

- 尊重员工。
- 鼓励员工在工作中发挥主动性和创造力。
- 设定目标，并清楚地表达自己对员工的期望——希望每个员工都能够尽最大努力去实现绩效目标。
- 注重持续改良。
- 使用全方位的激励方法和薪酬激励来奖励高绩效员工。
- 对个人、团体和公司的成功进行表扬。最高管理层不应错过任何一个表达对每个员工尊重的机会，面对成绩卓越的个人和团体，应该对他们表示欣赏。[28]

管理者对员工设定较高的目标并要求员工持续努力，有其积极的一面，但也不能忽视其消极的一面。绩效较低的员工和拒绝以结果为导向的文化的员工必然遭到淘汰，或者至少被调到不重要的职位上。不得不告诉那些绩效在平均水平的员工，为了不被淘汰，他们需要做出额外的努力、学习更多的技能来促进自己进步，并提高自己实现良好绩效的能力。此外，绩效表现持续较差团队的管理者也不得不被替换。

推进纠正措施，以改善公司的战略及其执行情况

对公司的战略或战略执行进行纠正调整时面临的领导力挑战表现在两个方面：决定何时需要调整，决定要做出哪些调整。这两个决定都是战略管理过程中正常和必要的部分，因为没有一个实施和执行战略的计划可以预见所有将要发生的事件和问题。[29]每个公司都需要管理者调整或修改公司战略或战略的执行方法，以达到更好的结果。显然，当公司的战略或战略执行没有产生好的结果时，领导者有责任站出来推进纠正措施。

关键点

实施和执行战略是一种围绕人员和业务流程管理的运营驱动的活动。管理的重点是将战略计划转化为行动和良好的结果。如果公司实现了目标战略和财务绩效，并且在将战略愿景变为现实方面取得了良好进展，那么管理层对所选战略的实施和执行过程的操作可以被认为是成功的。

像制定战略一样，执行战略是公司整个管理团队的工作，而不仅仅是几个高级管理人员的工作。高层管理者必须依靠中下层管理者的积极支持与配合，将战略变革推广到职能领域及运营单位，并且看到组织的日常实际上都在按照战略运作。

公司执行战略时，将会有八项管理任务重复出现：

1. 建立一个能够成功执行战略的组织。建立一个能够实现良好战略执行的组织需要三种类型的组织建设行动：① 员工配置——组建一个专业的、乐观进取的管理团队，招聘并留住具有所需经验、技术技能和智力资本的人才；② 建立和加强能力与核心竞争力，使得在战略和外部条件发生变化时，能够实现良好的战略执行和战略更新；③ 构建组织和工作投入——组织价值链活动和业务流程，并决定下放多少决策权力来推动下级管理人员和一线员工。

2. 将充足的资源分配给战略关键活动。实施和执行新的或不同战略的管理人员必须确定每个新战略举措的资源需求，然后考虑目前的资源分配模式和各个子单位的预算是否合适。

3. 确保政策和程序能够促进而不是妨碍有效的战略执行。当公司每次更改战略时，管理者都应审查现有的政策和操作程序，主动修改或废除不同步的政策和程序，并制定新的政策和程序以促进新战略举措的执行。

4. 采用那些能够推动战略执行活动持续改进的业务流程。重新设计核心业务流程和持续改进计划，如全面质量管理（TQM）或六西格玛计划，旨在提高效率、降低成本、提高产品质量和提高客户满意度。

5. 安装信息和操作系统，使公司人员能够执行基本活动。精心设计的最先进的支持系统不仅有利于战略更好的执行，而且还加强了组织能力，并提供了足以超过竞争对手的竞争优势。

6. 对实现绩效目标进行直接奖励。运行良好的激励薪酬制度包括① 货币收益应是补偿方案的主要部分；② 奖励措施应该扩大到所有管理者和员工；③ 应该谨慎和公平地管理该制度；④ 奖励措施应与战略计划中阐明的绩效目标挂钩；⑤ 每个人的绩效目标应该包括个人可以亲自影响的结果；⑥ 应当对良好的业绩给予及时奖励；⑦ 货币激励应当辅之以灵活的非货币激励。

7. 培养能够促进良好战略执行的企业文化。企业文化的核心差别很大。有五种类型的不健康的企业文化：① 严重政治化的文化；② 抵抗变化的文化；③ 孤立和向内聚焦的文化；④ 不道德和由贪婪驱动的文化；⑤ 阻碍公司协调战略执行努力的冲突性亚文化。高绩效文化和适应性文化都有积极的特点,有利于良好的战略执行。

8. 行使能够推动执行工作所需的内部领导力。良好的战略执行和卓越的运营要求管理者进行以下三种行动:① 掌握正在发生的事情,密切监测其进展,并了解良好战略执行道路上的阻碍;② 对组织施加建设性的压力,以取得良好的结果和卓越的运营;③ 推动调整措施以改进战略执行并实现目标结果。

巩固练习

1. 丰田汽车的战略核心是以较低的成本制造世界一流的高质量汽车并以有竞争力的价格来销售这些汽车,从而在竞争中胜出。执行这一战略需要一流的制造能力,同时需要对员工、设备及材料进行超高效管理。概念与链接 10.1 讨论了以丰田公司著名的丰田生产系统为基础的原则、实践和技术。丰田公司的处理缺陷、授予员工权力和开发能力的哲学如何影响了公司战略的执行?为什么它的口号如"永不满意"和"问自己五次为什么"很重要?

2. 实施和执行新的或不同的策略,需要进行新的资源分配。利用你的大学所提供的资源搜索最近的文章,讨论一家公司是如何通过调整其资源分配模式和部门预算来支持新的战略计划的。

3. 当政策和程序的设计旨在符合公司的战略和目标时,就会促进战略执行。利用你的大学提供的资源搜索最近的文章,讨论公司是如何通过修订政策和程序来自上而下地指导公司人员如何做某些事情的。

4. 阅读网站 www.isixsigma.com 上最近发布的一些有关六西格玛的文章。准备一份一页的报告,详细说明各个公司是如何运用六西格玛原则的,以及这些公司通过实施六西格玛原则而获得的好处。

5. 如果没有足够数量的支持系统来进行业务操作,公司战略就不能实施或执行。利用你的大学提供的资源搜索最近的文章,讨论公司是如何使用实时信息系统和控制系统来进行良好的战略执行的。

6. 概念与链接 10.2 提供了一些知名公司采用激励战略的例子(其中许多出现在《财富》杂志评选的"美国 100 家最适合工作的公司"名单上)。分别讨论谷歌、林肯电气、诺德斯特龙百货公司、戈尔公司和安进公司的激励方式是如何有助于每个公司的战略执行的。

7. 访问网站 www.intel.com 中的职业部分,了解英特尔在职业、多样性和工作场所上对文化的看法。这个网站上的内容只是招聘宣传还是在传达管理者目前正在营造的工作氛围?解释你的答案。

8. 在过去几年里,丽诗加邦有限公司(Liz Claiborne, Inc.)一直试图扭转其步履蹒跚的 Mexx 产品链。使用你最喜爱的浏览器搜索 Mexx 的周转计划信息,并阅读至少两篇有关此主题的文章或报告。用一到两页来介绍你所使用的方法。在你看来,参与的管理人员是否展现了 Mexx 成功的战略执行所需的内部领导力？解释你的答案。

模拟参与者练习

1. 你将如何描述贵公司的高层管理团队组织？是将一些决策权下放并委托给了个别管理者（如果是，请解释是如何进行权力分散的），还是所有管理者共同协商一致后做出决定？你认为贵公司当前采用的决策方法的优点和缺点是什么？

2. 你和你的合作管理者是否为战略关键领域分配了充足的资源？如果是，解释这些投资是如何促进良好的战略执行和提高公司绩效的。

3. 贵公司是否有机会使用薪酬激励策略？如果有机会，请解释贵公司的薪酬激励方法。你有没有什么可以引用的真凭实据，来表明贵公司的薪酬激励方法起到了作用？例如，贵公司的薪酬激励措施是否真的提高了生产率？你能援引证据表明提高生产率会带来较低的劳动力成本吗？如果生产率的提高没有转化为较低的劳动力成本，那么可以说贵公司使用的薪酬激励是失败的吗？

4. 如果让你向公司员工进行演讲，你会告诉他们你希望你的公司有什么样的企业文化吗？你想要贵公司展示何种具体的文化特质？请具体说明。

5. 每个决策周期后，你和你的合作管理者是否对贵公司的战略或战略执行情况进行了纠正性调整？至少列出最近三次这样的调整。你可以列出什么真凭实据（比如以贵公司最近一年业绩报表的形式）来表明你做出的各种纠正性调整在提高公司业绩方面是成功的或是失败的？

尾注

1. Christopher A. Bartlett and Sumantra Ghoshal,"Building Competitive Advantage through People," *MIT Sloan Management Review* 43，no. 2（Winter 2002）.

2. Justin Menkes,"Hiring for Smarts," *Harvard Business Review* 83，no. 11（November 2005）；Justin Menkes, *Executive Intelligence*（New York：HarperCollins，2005）.

3. Larry Bossidy and Ram Charan, *Execution：The Discipline of Getting Things Done*（New York：Crown Business，2002）.

4. Jim Collins, *Good to Great*（New York：HarperBusiness，2001）.

5. David J. Teece, Gary Pisano, and Amy Shuen,"Dynamic Capabilities and Strategic Management," *Strategic Management Journal* 18，no. 7（1997）；Constance E. Helfat and Margaret A. Peteraf,"The Dynamic Resource-Based View：Capability Lifecycles," *Strategic Management Journal* 24，no. 10（2003）.

6. Alfred Chandler, *Strategy and Structure*（Cambridge，MA：MIT Press，1962）.

7. Stanley E. Fawcett, Gary K. Rhoads, and Phillip Burnah,"People as the Bridge to Competitiveness：Benchmarking the 'ABCs' of an Empowered Workforce," *Benchmarking：An International Journal* 11，no. 4（2004）.

8. Michael Hammer and James Champy, *Reengineering the Corporation* (New York: HarperBusiness, 1993).

9. Gene Hall, Jim Rosenthal, and Judy Wade, "How to Make Reengineering Really Work," *Harvard Business Review* 71, no. 6 (November-December 1993).

10. M. Walton, T*he Deming Management Method* (New York: Pedigree, 1986); J. Juran, *Juran on Quality by Design* (New York: Free Press, 1992); Philip Crosby, *Quality Is Free: The Act of Making Quality Certain* (New York: McGraw-Hill, 1979); S. George, *The Baldrige Quality System* (New York: John Wiley & Sons, 1992); Mark J. Zbaracki, "The Rhetoric and Reality of Total Quality Management," *Administrative Science Quarterly* 43, no. 3 (September 1998).

11. Robert T. Amsden, Thomas W. Ferratt, and Davida M. Amsden, "TQM: Core Paradigm Changes,"*Business Horizons* 39, no. 6 (November-December 1996).

12. Peter S. Pande and Larry Holpp, *What Is Six Sigma?* (New York: McGraw-Hill, 2002); Jiju Antony, "Some Pros and Cons of Six Sigma: An Academic Perspective," *The TQM Magazine* 16, no. 4 (2004); Peter S. Pande, Robert P. Neuman, and Roland R. Cavanagh, *The Six Sigma Way: How GE, Motorola and Other Top Companies Are Honing Their Performance* (New York: McGraw-Hill, 2000); Joseph Gordon and M. Joseph Gordon, Jr., *Six Sigma Quality for Business and Manufacture* (New York: Elsevier, 2002); Godecke Wessel and Peter Burcher, "Six Sigma for Small and Medium-sized Enterprises,"*The TQM Magazine* 16, no. 4 (2004).

13. Based on information posted at www.sixsigma.com, November 4, 2002.

14. Kennedy Smith, "Six Sigma for the Service Sector," *Quality Digest Magazine*, May 2003, www.qualitydigest.com, accessed September 28, 2003.

15. Del Jones, "Taking the Six Sigma Approach," *USA Today*, October 31, 2002.

16. As quoted in "A Dark Art No More," *The Economist* 385, no. 8550 (October 13, 2007).

17. Brian Hindo, "At 3M, a Struggle between Efficiency and Creativity," *BusinessWeek*, June 11, 2007.

18. Charles A. O'Reilly and Michael L. Tushman, "The Ambidextrous Organization," Harvard *Business Review* 82, no. 4 (April 2004).

19. Steven Kerr, "On the Folly of Rewarding A while Hoping for B," A*cademy of Management Executive* 9, no. 1 (February 1995); Steven Kerr, "Risky Business: The New Pay Game,"*Fortune*, July 22, 1996; Doran Twer, "Linking Pay to Business Objectives," *Journal of Business Strategy* 15, no. 4 (July-August 1994).

20. Jeffrey Pfeffer and John F. Veiga, "Putting People First for Organizational Success," *Academy of Management Executive* 13, no. 2 (May 1999); Linda K. Stroh and Paula M. Caliguiri, "Increasing Global Competitiveness through Effective People Management," *Journal of World Business* 33, no. 1 (Spring 1998); and articles in*Fortune* on the 100 best companies to work for (various issues).

21. Joanne Reid and Victoria Hubbell, "Creating a Performance Culture," *Ivey Business Journal* 69, no. 4 (March/April 2005).

22. Jay B. Barney and Delwyn N. Clark, *Resource-Based Theory: Creating and Sustaining Competitive Advantage* (New York: Oxford University Press, 2007).

23. John P. Kotter and James L. Heskett,*Corporate Culture and Performance* (New York: Free

Press, 1992).

24. Kurt Eichenwald, *Conspiracy of Fools: A True Story* (New York: Broadway Books, 2005).

25. Judy D. Olian and Sara L. Rynes, "Making Total Quality Work: Aligning Organizational Processes, Performance Measures, and Stakeholders," *Human Resource Management* 30, no. 3 (Fall 1991).

26. Larry Bossidy and Ram Charan, *Confronting Reality: Doing What Matters to Get Things Right* (New York: Crown Business, 2004); Larry Bossidy and Ram Charan, *Execution: The Discipline of Getting Things Done* (New York: Crown Business, 2002); John P. Kotter, "Leading Change: Why Transformation Efforts Fail," *Harvard Business Review* 73, no. 2 (March-April 1995); Thomas M. Hout and John C. Carter, "Getting It Done: New Roles for Senior Executives," *Harvard Business Review* 73, no. 6 (November-December 1995); Sumantra Ghoshal and Christopher A. Bartlett, "Changing the Role of Top Management: Beyond Structure to Processes," *Harvard Business Review* 73, no. 1 (January-February 1995).

27. Fred Vogelstein, "Winning the Amazon Way," *Fortune*, May 26, 2003.

28. Jeffrey Pfeffer, "Producing Sustainable Competitive Advantage through the Effective Management of People," *Academy of Management Executive* 9, no. 1 (February 1995).

29. Cynthia A. Montgomery, "Putting Leadership Back into Strategy," *Harvard Business Review* 86, no. 1 (January 2008).

附 录

关键财务比率：计算方法及含义

比率	计算方法	含义
利润比率		
毛利率（gross profit margin）	销售收入－销售成本/销售收入	显示销售收入能覆盖销售成本并得到的利润。越高越好，应该是向上的趋势
营业利润率（operating profit margin）	销售收入－营业成本/销售收入	显示当前营业的盈利能力（不考虑利息和收入税）。越高越好，应该是向上的趋势
净利润率（net profit margin）	税后利润/销售收入	显示每美元收入的税后利润。越高越好，应该是向上的趋势
总资产收益率（total return on assets）	税后利润＋利息/总资产	衡量企业所有资金投资的收益。税后收入加上利息是因为总资产是由债权人和股东共同投资的。越高越好，应该是向上的趋势
资产收益率（net return on total assets, ROA）	税后利润/总资产	衡量股东从公司总资产获得的收益。越高越好，应该是向上的趋势
股东权益回报率（return on stockholder's equity, ROE）	税后利润/股东权益总额	衡量股东从所投资公司的资本中获得的收益。12%—15%的收益是"中等的"，应该是向上的趋势
资本回报率（return on invested capital, ROIC）	税后利润/长期债务＋股东权益总额	衡量股东从公司长期资本投资中获得的收益。越高越好，应该是向上的趋势
每股收益（earnings per capital, EPS）	税后利润/流通的普通股数量	显示每股普通股的收益。应该是向上的趋势，年度收益率越高越好

(续表)

流动性比率		
流动比率(current ratio)	流动资产/流动负债	衡量企业能用流动资产(短期内可转换为现金)偿还流动负债的能力。该比率至少应该大于1,2或者以上更好
营运资金(working capital)	流动资产－流动负债	数量越大越好,这样企业就有更多的内部资金用于(1)及时支付流动负债;(2)扩大库存、增加应收账款、扩大经营,从而不必为此借债或筹集权益资本
杠杆比率		
资产负债率(total debt-to-asset ratio)	总负债/总资产	衡量所借资金(包括长期负债和短期负债)被用于公司经营的程度。越低越好,该比例过高意味着借债过多或破产风险过大
长期负债资本比率(long-term debt-to-capital ratio)	长期负债/长期负债＋股东权益总额	衡量企业信用度和资产负债表稳健性的重要指标,代表企业所投资资本在长期负债和股东权益中的比例。该比率低于0.25是较好的,因为这意味着股东投资的资金在企业资本中占75%甚至更高。该比率越低,借用更多资金的能力越大。该比率超过0.50甚至0.75意味着过于依赖长期负债、较低的企业信誉度以及资产负债表缺乏稳健性
负债权益比率(debt-to-equity ratio)	总负债/股东权益总额	显示了企业负债(包括长期负债和短期负债)与股东所投资资本的关系。该比率越低于1.0,企业借用更多资金的能力越强。该比率高于1.0甚至2.0意味着债权人承担着较大的风险、资产负债表缺乏稳健性以及较低的信用评级
长期负债权益比率(long-term debt-to-equity ratio)	长期负债/股东权益总额	显示企业长期资本结构中,长期负债与股东权益的关系。该比率越低意味着企业借用更多资金的能力越强
利息保障倍数(times-interest-earned ratio)	营业收入/利息费用	衡量企业支付年度利息的能力。借款人一般要求该比率高于2.0,不过越高于3.0意味着信用度越好
活动比率		
存货周转天数(days of inventory)	存货/(销售成本÷365)	衡量企业存货管理效率。该值一般越低越好
存货周转率(inventory turnover)	销售成本/存货	衡量企业一年的存货周转次数。该比率越高越好
平均收款期(average collection period)	应收账款/(销售收入÷365)	衡量企业在实现收入后收回现金所需的平均时间。该时间越短越好

(续表)

其他衡量财务表现的重要指标		
普通股股息率(dividend yield on common stock)	每股年度股息/每股市场价格	衡量股东收到的股息回报。股息率"通常"为2%—3%。快速增长企业的股息率常常低于1%（甚至是0），较慢增长企业的股息率能达到4%—5%
市盈率(price-earning ratio)	每股市场价格/每股收益	该比率高于20意味着投资者对公司前景和收益增长保有信心。对于未来收益存在风险或增长较慢的公司，该比率低于12
股息支付率(dividend payout ratio)	每股年度股息/每股收益	代表税后利润中用于支付股息的比例
内部现金流(internal cash flow)	税后利润+折旧	大致衡量企业经营获得的现金量（扣除营业费用、利息和税）。这些资金可用于支付股息或投资资本
自由现金流(free cash flow)	税后利润+折旧－资本支出－股息	大致衡量企业经营获得的现金量（扣除营业费用、利息、税、股息和再投资）。企业的自由现金流越大，企业越有能力使用内部资金实施新的战略、支付债务、进行新的兼并、回购股票或增加股息